现代工程经济与项目财务

齐新红　王维李　孟　鑫◎著

中国财富出版社有限公司

图书在版编目(CIP)数据

现代工程经济与项目财务 / 齐新红,王维李,孟鑫著.—北京:中国财富出版社有限公司,2020.12

ISBN 978-7-5047-7296-1

Ⅰ.①现… Ⅱ.①齐…②王…③孟… Ⅲ.①工程项目管理—财务管理 Ⅳ.①F284

中国版本图书馆 CIP 数据核字(2020)第 243434 号

策划编辑 杨白雪	**责任编辑** 张红燕 杨白雪	**版权编辑** 李 洋
责任印制 尚立业	**责任校对** 孙丽丽	**责任发行** 董 倩

出版发行	中国财富出版社有限公司		
社 址	北京市丰台区南四环西路 188 号 5 区 20 楼	**邮政编码**	100070
电 话	010-52227588 转 2098(发行部)		010-52227588 转 321(总编室)
	010-52227566(24 小时读者服务)		010-52227588 转 305(质检部)
网 址	http://www.cfpress.com.cn	**排 版**	金熙腾达
经 销	新华书店	**印 刷**	北京九州迅驰传媒文化有限公司
书 号	ISBN 978-7-5047-7296-1/F·3405		
开 本	710mm×1000mm 1/16	**版 次**	2022 年 3 月第 1 版
印 张	14	**印 次**	2022 年 3 月第 1 次印刷
字 数	251 千字	**定 价**	58.00 元

前　言

社会经济快速发展，城市规划逐渐受到人们的关注和重视，工程项目的建设也逐渐增多。在建设工程的施工管理中，工程经济管理是十分重要的组成部分，发挥着巨大的作用。随着经济体系的不断完善，工程经济管理存在的风险需要建筑行业相关人员提高重视程度，因此，对现代工程经济与项目财务的管理进行探讨，不仅对建筑企业生产成本投资起着很好的参考作用，还对市场经济环境的改善有着较大的作用，从而确保工程建设行业健康有效发展。

鉴于此，笔者撰写了《现代工程经济与项目财务》一书，以现代建筑业与基本建设、现代工程建筑产品及其经济特点、现代建筑企业经营管理、现代建筑企业制度及其组织结构为切入点，深入探讨现代工程经济管理的理论；现代工程技术经济分析的程序、要素与方法；现代工程项目可行性研究与技术经济评价；现代工程项目施工与风险管理；现代工程项目施工结算、索赔与财务管理。

本书结构严谨，内容翔实，通俗易懂，既有现代工程经济管理的理论知识，又有现代工程技术经济的理论基础，更有工程项目施工管理知识。且以工程方案和经济效果的内在联系为基本出发点，结合工程经济学的要求，以工程项目的技术经济评价为基本内容，形成了工程经济学完整的学科体系，为相关企业提供了参考。

笔者在撰写本书的过程中，得到了许多专家、学者的帮助和指导，在此表示诚挚的谢意。由于笔者水平有限，加之时间仓促，书中所涉及的内容难免有疏漏之处，希望各位读者多提宝贵意见，以便笔者进一步修改，使之更加完善。

作　者

2020 年 8 月

目　录

第一章　绪　　论

第一节　现代建筑业与基本建设概述

一、建筑业的含义

（一）建筑业的概念

建筑业是国民经济中一个独立的重要物质生产部门，是从事建筑生产经营活动的行业，由建筑企业及其相关的企事业单位和建筑管理部门所组成。

建筑业的生产活动主要是从事建筑安装工程的施工，为物质生产领域各部门提供所需的建筑物、构筑物及各种设备的安装工作，为人民生活提供住宅和文化娱乐设施等。如各种生产与生活用房屋的建造，各种构筑物如铁路、公路桥梁、水库等的修建，影剧院、运动场等的建造以及各种机器设备的安装；各种房屋、构筑物的维修更新和与建设对象有关的工程地质勘探及设计。总之，建筑业是一个独立、重要的物质生产部门，是从事建筑工程勘察设计、施工安装和维修更新的物质生产部门。建筑业是围绕生产最终建筑产品的全过程来开展自己的生产经营活动的。

（二）建筑业的职能和主要任务

建筑业作为一种产业，其职能是为了满足生产和生活的需要，建造出各类房屋和构筑物。建筑业的生产经营活动要围绕建筑的最终产品，不断改善产品的功能，提高产品的质量。生产建筑产品的目的是要为人的生存、生活和生态提供适用、安全、经济、美观的产品。

建筑业的主要任务是以建设城乡住宅公共建筑、工业建筑及基础设施为重点，加速提高产业整体素质和建筑业生产工艺与技术装备水平，使建筑业指标接近国际先进水平，并在国际建筑市场中具有较强的竞争能力，充分发挥建筑业在带动国民经济增长和结构调整中的先导产业作用，使建筑业成为名副其实的国民经济支柱产业。

（三）建筑市场监管

第一，对市场的监管。为保证工程建设的质量和安全维护社会公共利益，根据规定实行市场准入制度：①对工程项目实行施工许可证制度；②对从事建筑活动的勘察设计企业、建筑施工企业、建设监理企业、招标代理单位等实施以资质管理制度为主的市场准入制度；③对从业人员实行注册制度（现已确定了注册建筑师、注册结构工程师、监理工程师、建造师等专业资格认证）。

第二，整顿和规范建筑市场秩序。规范招投标监管机制，促进有形建筑市场功能加强。建筑市场的公开、公平、公正交易得到交易主体和社会各方的肯定和认可。随着专业工程进入有形建筑市场的增加，省市部分专业工程也纳入有形建筑市场的统一监管范围。

第三，建筑市场信用体系建设。针对当前存在的问题，建设部出台了《关于加快推进建筑市场信用体系建设工作的意见》，提出要从以下几个方面切实推进工作：①建立统一的诚信信息平台、诚信评价标准、诚信法规体系、诚信奖惩机制；②加大整合协调力度，信用体系建设要涵盖建设过程中的各方主体和各环节；③政府推动、各行业协会参与，共同推进行业信用建设；④培育信用服务市场，健全信用服务体系。

住房和城乡建设部要推进和深化工程项目管理，实现“四个提升”，即实现工程项目管理水平的提升、实现企业经济效益的提升、实现企业技术创新能力的提升和实现项目文化建设水平的提升；要自始至终、坚定不移地抓好施工现场工程质量和安全管理，建高品质工程；继续强化从业人员专业素质，特别是一线工人操作技能水平的提高；继续推动工程总承包的发展，这是长期战略性任务。

二、基本建设的含义及分类

（一）基本建设的含义

基本建设是指建筑、购置和安装固定资产的活动及与此相联系的其他工作。

基本建设是存在于国民经济各部门以获得固定资产为目的的活动，即基本建设是一种投资的经济活动。

固定资产是指具有生产商品、提供劳务、出租或经营管理等特征，并达到一定价值的有形资产，其使用寿命超过一个会计年度。

固定资产具有以下特征。

（1）为生产商品、提供劳务、出租或经营管理而持有。企业持有固定资产的目的是生产商品、提供劳务、出租或经营管理，即企业持有的固定资产是企业的劳动工具或手段，而不是用于出售的产品。“出租”的固定资产，指企业以经营租赁方式出租的机器设备类固定资产，不包括以经营租赁方式出租的建筑物。后者属于企业的投资性房地产，不属于固定资产。

（2）使用寿命超过一个会计年度。固定资产的使用寿命，指企业使用固定资产的预计期间，或者该固定资产所能生产产品或提供劳务的数量。通常情况下，固定资产的使用寿命是指使用固定资产的预计期间，比如，自用房屋建筑物的使用寿命表现为企业使用其预计年限。对于某些机器设备或运输设备等固定资产，其使用寿命表现为该固定资产所能生产产品或提供劳务的数量，如汽车或飞机等按其预计行驶或飞行里程估计使用寿命。固定资产使用寿命超过一个会计年度，意味着固定资产属于非流动资产，且会随着使用产生磨损，要通过计提折旧方式逐渐减少账面价值。

（3）固定资产是有形资产。固定资产具有实物特征，这一特征将固定资产与无形资产区别开来。有些无形资产可能符合固定资产的其他特征，如无形资产为生产商品、提供劳务而持有，使用寿命超过一个会计年度，但由于其没有实物形态，所以不属于固定资产。

对于工业企业所持有的工具、用具、备品备件、维修设备等资产，施工企业所持有的模板、挡板、架料等周转材料，以及地质勘探企业所持有的管材等资产，企业应当根据实际情况，分别管理和核算。尽管该类资产具有固定资产的某些特征（如使用期限超过一年），也可以获得经济利益，但由于数量多、单价低，考虑到成本效益原则，在实务中通常确认为存货。但符合固定资产定义和确认条件的，如民用航空运输企业的高价周转件等，应当确认为固定资产。

固定资产的各组成部分，如果具有不同使用寿命或者以不同方式为企业提供经济利益，从而适用不同折旧率或折旧方法的，实际上是以独立的方式为企业提供经济利益，企业应当分别将各组成部分确认为单项固定资产。如飞机的引擎，若其与飞机机身具有不同的使用寿命，适用不同折旧率或折旧方法，则企业应当将其确认为单项固定资产。

固定资产按其经济用途，分为生产性固定资产和非生产性固定资产两大类。生产性固定资产，是在物质资料生产过程中，能较长时期内发挥作用而不改变其实物形态的劳动资料，是人们用来影响和改变劳动对象的物质技术手段，如工厂的厂房、机器设备、矿井、水库、铁路等。非生产性固定资产，作为消费资料的一部分，直接服务于人民的物质文化生活方面，在较长时期内不改变其实物形态，如住宅、医院、学校、剧院、办公楼和其他生活福利设施等。

固定资产和流动资产（指企业在一年内或超过一年的一个营业周期内变现或者耗用的资产，包括现金及各种存款、短期投资、应收及预付款、存货等）在经济性质上不同，主要区别在于，第一，固定资产在生产过程中发挥着劳动资料的作用，而流动资产则起着劳动对象的作用。第二，固定资产反复多次地参加生产过程，在生产过程中始终保持着原有的物质形态，直到完全损耗报废为止才需要进行实物形态的补偿或替换；而流动资产只能参加一次生产过程，并在生产过程中改变或消失本身的实物形态，每个生产周期后都必须在实物形态上得到补偿。第三，固定资产在整个发挥作用的时期内，它的价值是按照损耗程度逐渐转移到产品中去；而流动资产只参加一次生产过程，它的价值是一次性全部转移到产品中去。

（二）基本建设的分类

（1）按建设项目的用途分类。按建设项目的用途分为生产性建设和非生产性建设。

生产性建设是指直接用于物质生产或为满足物质生产需要的建设，包括：①工业建设；②建筑业建设；③农林水利气象建设；④运输邮电建设；⑤商业和物资供应建设；⑥地质资源勘探建设。

非生产性建设是指用于满足人们物质文化生活需要的建设，包括：①住宅建设；②文化卫生建设；③科学实验研究建设；④公用事业建设；⑤其他建设。

（2）按建设项目的建设性质分类。①新建项目是指新开始的建设项目。有的建设项目原有基础很小，需重新进行总体设计，经扩大建设规模后，其新增加的固定资产价值超过原有固定资产价值的也属于新建项目。②扩建项目是指原有企事业单位为扩大原有产品的生产能力和效益，增加新产品的生产能力和效益而新建的主要生产车间或工程项目。③改建项目是指原有企事业单位为提高生产效率，改进产品质量或改进产品方向，对原有设备、工艺流程进行技术改造的项目。有些企事业单位为提高综合生产能力，增加一些附属和辅助车间或非生产性工程，也属于改建项目。④恢复项目是指企事业单位的固定资产因自然灾害、战争或人为灾害等原因已全部或部分报废，而后又投资恢复建设的项目。无论是按原来规模恢复建设的，还是在恢复的同时进行扩建的，都属于恢复项目。⑤迁建项目是指原有企事业单位由于各种原因迁到另外的地方建设的项目。搬迁到另外的地方建设，不论其建设规模是否维持原来的规模，都是迁建项目。

（3）按建设项目的规模分类。按建设项目的规模分为大型项目、中型项目和小型项目。对于工业建设项目和非工业建设项目的大型、中型、小型划分标准，住房和城乡建设部、财政部都有明确规定。生产多种产品的工业企业，按其主要产品的设计能力划分；产品种类繁多、难以按生产能力划分的，则按全部投资额划分。

（4）按建设项目的投资主体分类。①国家投资的建设项目是指全部或主要由国家财政性资金、国家直接安排的银行贷款资金和国家统借统还的外国政府或国际金融组织及其他资金投资的建设项目。②地方投资的建设项目主要是指各级地方政府财政性资金及其他资金投资的建设项目。③企业投资的建设项目主要是指国有、集体、民营及外资企业等用自有资金投资的建设项目。④个人投资的建设项目。

三、基本建设的内容与程序

（一）基本建设的内容

基本建设是一个物质资料生产的动态过程，这个过程概括起来就是将一定的物资、材料、机器设备通过购置、建造和安装等活动把它转化为固定资产，形成新的生产能力或效益的建设工作，包括以下部分。

（1）建筑安装工程。建筑安装工程包括建筑工程和设备安装工程两部分。

建筑工程包括：①各种房屋（如厂房、仓库、宿舍、办公楼、学校、医院等）和构筑物（如矿井、桥梁、公路、铁路、涵洞等）的建筑工程，列入建筑工程预算的各种管道（如蒸汽、压缩空气、石油、煤气、给水及排水等管道）、输电线和电信导线的敷设工程；②设备基础、支柱、工作台、梯子等建筑工程，炼钢炉、炼焦炉等砌筑工程及金属结构工程；③为施工而进行的建筑场地的布置、原有建筑物和障碍物的拆除、平整场地、设计中规定为施工进行的工程地质勘探以及建筑场地完工后的清理和绿化工作等；④新矿井开凿、露天矿井的开拓工程、石油和天然气的钻井工程；⑤水利工程，如排水、灌溉、堰堤、码头、水坝、运河、水电及地下建筑等工程；⑥防空等特殊工程，如洞库、地下铁道及地下建筑、人防工程等。

设备安装工程包括：①生产、动力、电信、起重运输、医疗、实验等各种设备的装配、安装工程，与设备相连的金属工作台、梯子等的安装工程，以及附属于被安装设备的管线敷设工程，被安装设备的绝缘、保温和油漆工程；②为测定安装工作质量，对单个设备进行的各种测试和无负荷试车等。

（2）设备、工具、器具购置。设备、工具、器具购置是指购置或自制达到固定资产标准的设备、工具、器具的价值，包括一切需要安装和不需要安装设备的购买和加工制作。

（3）其他基本建设。其他基本建设是指不属于上述各项的基本建设投资，包括建设单位的管理费，勘探设计费，科学研究试验费，土地征用费，建筑场地原有各种建筑物、青苗等迁移补偿费，联合试车费，生产人员培训费，施工单位转移费，农业开荒、造林费用和园林绿化费用，以及新建单位办公用品和生活用品的家具购置费等。

（二）基本建设的程序

基本建设程序是指基本建设项目从设想、选择、评估、决策、设计、施工到竣工验收、投入生产或使用的整个过程中必须遵循的先后次序。

建设程序是在认识建设的客观规律的基础上制定出来的，是建设项目科学决策和顺利进行的重要保证。建设项目内外协作配合的环节较多，工作必须按照一定的程序依次进行。

（1）项目建议书。项目建议书是建设项目正式开展前期工作的依据，是对建设项目的轮廓设想。

（2）可行性研究报告。项目建议书批准后，部门、地区、企业委托有资质的工程咨询单位进行可行性研究，对项目在技术、经济和外部协作方面进行全面分析、论证，为决策提供可靠的依据。

委托有资质的工程咨询公司进行评估，通过项目评估，可行性研究报告才能得到认可。经批准的可行性研究报告，不得随意修改和变更。如果在建设规模、产品方案、建设地点、主要协作关系等方面有变动以及突破投资控制数时，应经原批准机关同意。

（3）建设地点的选择。建设地点的选择，是在拟建地方、地点范围内具体确定建设项目坐落的位置。建设地点的选择是生产力布局最基本的环节，又是建设项目进行设计的前提。建设地点的确定，对于生产力的合理布局和城乡经济文化的发展具有深远的影响。建设地点选择得当，不仅有利于建设、生产和使用，还有利于促进所在地区的经济繁荣和城镇面貌的改善；选择不当，则会增加建设投资，影响建设进度，给生产和使用带来不良后果，影响投资的经济效益，甚至造成损失。在选择建设地点时，从实际出发，认真进行调查研究，进行多方案选择比较，提出推荐方案，编制建设项目地点选择报告，慎重地确定建设场地。

建设地点的选择主要解决的问题：工程地质、水文地质等自然条件是否可靠；建设时所需的水、电、运输条件是否落实；项目建成投产后的原材料、燃料是否具备。

（4）编制设计文件。建设项目的可行性研究报告按规定程序经审查批准后，主管部门经设计招标或委托设计单位，按要求编制设计文件。

设计文件是安排建设项目和组织工程施工的主要依据。编制设计文件是建设程序中必不可少的重要一步。在规划、项目、厂址等已定的情况下，编制设计文件是建设项目能否实现综合经济效益的一个决定性环节。

设计工作是分阶段进行的，一般建设项目（包括民用建筑），按初步设计和施工图设计两个阶段进行；重大项目和特殊项目，经主管部门指定，需增加技术设计阶段。设计各阶段是逐步深入和循序渐进的过程。对于一些大型联合企业、矿区和水利水电枢纽，为解决总体部署和开发问题，还需进行总体规划设计或总体设计。

总体规划设计这个名称是对一个大型联合企业或一个小区内若干建设项目的每个单项工程设计而言的，本身并不代表一个单独的设计阶段，其主要任务是对一个小区、一个大型联合企业或矿区中的每个单项工程根据生产运行上的内在联系，在相互配合、衔接等方面进行统一规划、部署和安排，使整个工程在布置上紧凑、流程上通畅、技术上可靠、生产上方便、经济上合理。主要内容包括：建设规模，产品方案，原材料来源，工艺流程概况，主要设备配置，主要建筑物、构筑物，公用辅助工程，废气、废水、废渣治理和环境保护方案，占地面积估计，总图布置及运输方案，生产组织概况和劳动定员估计，生活区规划设想，施工基地的部署和地方材料的来源，建设总进度及其配合要求，投资估算等。

初步设计是对批准可行性研究报告提出的内容进行概略的计算，做出初步的规定。作用是：阐明在指定的地点、控制的投资额和规定的期限内，拟建工程在技术上的可行性和经济上的合理性，并对设计的项目做出基本的技术决定，同时编制项目的总概算。初步设计的主要内容一般包括下列文字说明和图纸：设计的依据，设计的指导思想，建设规模，产品方案，原料、燃料、动力的用量及来源，工艺流程，主要设备选型及配置，总图布置及运输方案，主要建筑物、构筑物，公用辅助设施，主要材料用量，外部协作条件，占地面积和场地利用情况，“三废”治理和环境保护设施及评价，生活区建设，抗震和人防设施，生产组织和劳动定员，主要经济指标及分析，建设顺序和年限，总概算等。

技术设计是对重大项目和特殊项目解决某些具体技术问题或确定某些技术方案而进行的设计，是对初步设计中的问题研究解决的一个设计阶段。主要任务是解决以下方面的问题：特殊工艺流程方面的试验、研究及确定；新型设备的试验、制作及确定；大型建筑物、构筑物某些关键部位的试验研究及确定。因此，技术设计的具体内容视工程项目的具体情况、特点和需要而定。在技术设计中，要编制修正总概算。

施工图设计是在初步设计或技术设计的基础上，将设计的工程加以形象化和具体化，绘制出正确、完整和尽可能详尽的建筑、结构、安装图纸。设计图纸一般包括：建筑总平面图，建筑平面、立面和剖面图，结构构件布置图，节点大样图，安装施工详图，非标准设备加工详图以及设备和材料明细表等。施工图设计应全面贯彻初步设计的各项重大决策，其内容的详尽程度应能满足以下要求：设备、材料的安排，各种非标准设备的制作，施工预算的编制，土建、安装工程的要求等。施工图设计是现场施工的依据。在施工图设计中，需要编制施工图预算。施工图预算一般不得突破初步设计总概算。

设计文件要按规定程序报告审批，其审批实行分级管理、分级审批的原则。设计文件经批准后，就具有一定的严肃性，不能任意修改和变更。如果必须修改，也须经有关部门批准。

在施工过程中，设计部门应经常派人到现场配合施工，了解设计文件的执行情况。

（5）列入年度计划。建设项目必须有经过批准的初步设计和总概算，进行综合平衡后才能列入年度建设计划。批准的年度建设计划是进行基本建设拨款或贷款的主要依据。

所有建设项目都必须纳入建设计划。大型、中型项目由国务院或国家发改委批准；小型项目按隶属关系，由各省、自治区、直辖市安排。用自筹资金安排的项目，要在国家确定的控制指标内编制计划。

建设项目要根据批准的总概算和工期，合理安排分年投资，年度计划投资的安排要与长远规划的要求相适应。配套项目要同时安排，相互衔接。

（6）做好施工准备工作。为了保证施工的顺利进行，必须做好各项施工准备工作。施工准备工作，是建筑施工管理的一个重要组成部分，是组织施工的前提，是顺利完成建筑工程任务的关键。按施工对象的规模和阶段，可分为全场性和单位工程的施工准备。全场性施工准备指的是大型、中型工业建设项目、大型公共建筑或民用建筑群等带有全局性的部署，包括技术、组织、物资、劳力和现场准备，是各项准备工作的基础。单位工程施工准备是全场性施工准备的继续和具体化，要求做得细致，要能预见到施工中可能出现的各种问题，能确保单位工程均衡、连续和科学合理地施工。

施工准备工作主要包括征地、拆迁、水文地质勘察、“三通一平”、临时设施建设等。这些项目在报批开工前必须由审计机关对项目的有关内容进行审计证明。审计机关主要是对项目的资金来源落实，项目开工前的各项支出是否符合国家的有关规定，资金是否存入规定的专业银行进行审计。对重大项目要进行专项审计和跟踪审计，对审计中发现的问题，要依法严肃处理。

（7）组织施工。建筑安装工程施工是根据计划确定的任务，按照图纸的要求，把建设项目的建筑物和构筑物建造起来，同时将机器设备安装完好的过程。

工程要按照施工顺序合理组织施工。一般应坚持先地下、后地上，场内与场外、土建与安装各个工序要统筹安排，合理组织流水施工和立体交叉作业。在施工的全过程中，应严格掌握进度、质量、安全和成本等目标。凡是地下的隐蔽工程，特别是基础和结构的关键部位，一定要经过检验合格，并做好原始记录，才能进行下一道工序。

施工过程中，要严格按照设计要求和施工验收规范，确保工程质量；对不符合质量要求的工程，要及时采取措施，不留隐患；不合格的工程不得交工；要全面完成工程任务。

（8）生产准备。基本建设的最终目的是要形成新的生产能力或效益。为了保证项目建成后能及时投产，建设单位要根据建设项目的生产技术特点，组织专门的生产队伍，抓好各项生产准备工作。如建立各级生产指挥系统和相应机构；制定颁发各种管理制度和安全生产操作规程；培训生产骨干和技术工人；组织工具、用具、备品、配件的采购与加工；签订原材料、燃料、动力、运输及生产协作的协议等。

（9）竣工验收、交付生产或使用。建设项目的竣工验收是建设全过程的最后一个环节，是建设成果转入生产或使用的标志，是全面考核建设工作、检验设计和工程质量的重要环节，是建设单位按批准的设计内容，就建成后的生产能力、质量、成本和效益等全面情况进行评价，交付新增固定资产的过程。竣工验收对促进建设项目及时投产，发挥投资效益，总结建设经验等都起着重要的作用。

竣工验收的组织工作要根据建设项目的重要性、规模大小和隶属关系确定。大型、中型建设项目，国务院各部委直属的，由主管部门会同所在省、自治区、直辖市组织验收；各省、自治区、直辖市所属的，由所在省、自治区、直辖市组织验收。特别重要的项目，由国家发改委报国务院批准组织验收委员会验收。小型项目，由建设单位报上级主管部门组织验收。对于验收中各主管部门之间出现的争议，由各级主管建设的部门仲裁。

（10）建设项目后评价。建设项目后评价是工程项目竣工投产、生产运营一段时间后，再对项目的立项决策、设计施工、竣工投产、生产运营等全过程进行系统评价的一种技术经济活动。通过建设项目后评价，达到肯定成绩、总结经验、研究问题、吸取教训、提出建议、改进工作的目的。我国目前开展的建设项目后评价一般都按三个层次组织实施：①建设项目单位的评价；②建设项目所属行业（或地区）的评价；③各级计划部门（或主要投资方）的评价。

第二节 现代工程建筑产品及其经济特点

建筑业是以最终的建筑产品为生产对象的。建筑产品的生产同一般工业生产相比较，有一些共同的特点，如把资源投入产品的生产过程，其生产上的阶段性和连续性，组织上的专业化、协作化和联合化。但是，建筑产品的生产同一般工业生产相比，又具有一系列的技术经济特点。建筑产品的特点是：产品的固定性、多样性、体积庞大，由此而引出建筑产品生产的流动性、个体性、生产过程的综合性、受气候条件影响大、生产周期长等技术经济特点。这些特点对建筑业生产的组织与管理影响很大。

一、现代工程建筑产品的特点

（1）建筑产品在空间上的固定性。一般情况下，建筑产品——各种建筑物和构筑物，在一个地方建造后不能移动，只能在建造的地方长期使用，直接与作为基础的土地连接在一起，在大多数情况下，这些产品本身就是土地的不可分割的一部分，如油气田、地下铁道、水库等。

（2）建筑产品的多样性。由于建筑产品的功能要求是多种多样的，每个建筑物和构筑物都有其独特的形式和独特的结构，因而需要单独设计。即使功能要求相同、建筑类型相同，但由于地形、地质、水文、气候等自然条件不同及交通运输、材料供应等社会条件不同，在建造时，也需要对设计图纸及施工方法和施工组织等进行更改。由于建筑产品的这个特点，使建筑业生产每个产品都具有其个体性。

（3）建筑产品的体积庞大。建筑产品的体积庞大，在建造过程中要消耗大量的人力、物力和财力，所需建筑材料数量巨大、品种复杂、规格繁多。

二、现代工程建筑产品生产的技术经济特点

（1）建筑产品生产的单件性。每件建筑产品都有专门的用途，都需采用不同的造型、不同的结构、不同的施工方法，使用不同的材料、设备和建筑艺术形式。根据使用性质、耐用年限和防震要求，采用不同的耐用等级、防火等级和防

震等级。

（2）建筑产品生产的流动性。工业产品一般在工厂进行加工制造，加工后把成品运至使用地点，生产者和生产设备是固定的，而产品则在生产线上流动。建筑产品位置是固定的，由于建筑产品的固定性和严格的施工顺序，必然带来建筑产品生产的流动性，使生产者和生产工具经常流动转移，要从一个施工段转到另一个施工段，从房屋这个部位转到那个部位，在工程完工后还要从一个工地转移到另一个工地。

建筑产品生产流动性的特点，给施工企业的生产管理和生活安排带来很大的影响，例如，生产基地的建立、生产组织形式的变化、生产过程中运输的经济问题等。建筑工业化的发展，将减少建筑生产的流动性。

（3）建筑产品生产的综合性。建筑产品由于体积庞大，又是一个整体性的产品，在生产过程中涉及很多单位。例如，对一般工业厂房，参加的单位有建设单位、勘察设计单位、建筑施工和安装单位、建筑材料和设备生产单位及运输单位等。同样，民用房屋的建造也是如此。在完成建筑产品的过程中要将各方面的力量综合组织起来，围绕缩短工期、降低造价、提高工程质量和投资效益来进行，这是一项相当复杂的工作。因此，建筑生产过程的综合平衡和调度、指挥和控制、组织和管理就显得特别重要。

（4）建筑生产受气候条件影响大。建筑产品生产过程中，影响因素有很多种。例如，设计的变更、地质条件的变化、资金和物质的供应、专业化协作状况、城市交通和环境因素等。这些因素对工程进度、工程质量、建筑成本等都有很大的影响。

由于建筑产品的固定性，施工是在露天进行的，因而受气候条件影响很大，生产者劳动条件较差。

（5）建筑生产过程的不可间断性。首先，从一个建筑产品的生产过程来看：确定项目、选择地点、勘察设计、征地拆迁、购置设备和材料、建筑施工和安装、试车、验收直到竣工投产。这是一个不可间断的、完整的、周期性的生产过程。其次，从建筑施工和安装来看，要形成建筑产品，需要经过场地平整、基础工程、主体工程、装饰工程及交工验收等阶段。

建筑生产过程的不可间断性要求在产品的生产过程中，各阶段、各环节、各项工作必须有条不紊地组织起来，在时间上不间断、空间上不脱节。这一特点要求必须合理组织、统筹安排建筑生产过程的各项工作，遵守施工程序，按照合理的施工顺序，科学地组织施工。

（6）建筑产品的生产周期长。生产周期是指产品自开始生产至完成生产的全部时间。建筑产品的生产周期则是指建设项目或单项工程在建设过程中所耗用的时间，即从开始施工起到全部建成投产或交付使用、发挥效益时所经历的时间。

建筑产品与一般工业产品比较，其生产周期较长。必须科学地组织建筑生产，不断缩短生产周期，尽快提高投资效益。

建筑产品造型庞大而复杂，产品固定而又具有分割性，生产过程中需要投入大量的人力、物力、财力，这些都决定了建筑产品生产周期长的特点。

三、现代工程建筑产品生产经营管理的特点

（1）建筑产品是先有用户后组织生产。建筑产品的用户是指建设单位，又称发包单位（甲方）。组织建筑产品生产的单位是承包单位或施工单位（乙方）。建筑产品一般来说是先有用户，然后根据用户的需要，由施工单位组织生产，经过竣工验收交付使用；而工业产品一般是先成批制造，然后由使用者选购使用。

（2）生产经营业务不稳定。建设工程类型繁多，企业要根据特定用户的委托，按照专门用途的工程组织生产、管理和经营。生产经营业务不稳定，主要表现为时紧时松、时上时下、变化不定。如企业某段时间组织建造了大量的工业建筑后又组织建造了大量的民用住宅。建筑在经济发展时期，需求量大幅度增长；在经济调整时期，需求量急剧下降，而且建筑产品结构也会有很大的调整。生产经营业务不稳定的情况，要求企业必须有适应社会需求的较强的应变能力，要善于预测国家经济发展趋势，经营管理业务要同基本建设投资规模和方向相适应。

（3）管理环境多变。建筑产品地点的固定性造成建筑生产的流动性，从而造成企业管理环境的变化大，可变因素和不可预见因素多的情况。管理环境可分为自然环境与社会环境。自然环境是指建设地点的地形、地质、水文、气象等；社会环境是指建设地区的劳动力来源、物资供应、运输和配套协作条件等，这些环境是经常变化的。在冬、雨季要创造冬、雨季的施工条件，夏季要采取防暑降温措施，在南方或北方施工的条件也有所不同。从地域上看，在大城市组织生产经营管理，无论是物资供应，还是运输或协作配套，条件均较为方便；相反，在边远地区则有诸多不便。管理环境多变，使生产经营的预见性、可控性难度都

很大。

(4) 机构人员变动大。建筑工程和施工条件不固定、不稳定，连续性差，变化因素多，企业难于实现有节奏的、均衡的施工，对职工的需要量起伏波动很大。不同工程、不同时间对不同工种的配合比例很不容易协调。

建筑生产经营管理要求建筑企业领导人有较强的管理能力，且要有丰富的管理经验，企业管理者要针对这些特点做好经营管理工作。如在经营管理方面，要加强经济预测和合同管理，研究投标策略以获得足够的施工任务；生产管理方面，要遵守基本建设程序、施工程序，合理使用人力、物力、财力；经济上要加强预算和决算管理等。只有根据这些特点对建筑企业进行适应性管理，才有可能取得较大的经济效益。

第三节　现代建筑企业经营管理

一、现代建筑企业经营管理的内容

企业管理是指对企业的生产经营活动所进行的预测、决策、计划、组织、指挥、控制、协调、教育、激励等工作的总称。目的是保证顺利地实现企业生产经营活动的总目标，取得最佳的经济效益。

企业管理是对企业生产经营活动的总体概括。包括两部分：一是对企业内部生产活动的管理，如对基本生产过程、辅助生产过程、生产技术准备过程以及为生产服务等以生产活动为中心的管理，称为生产管理；二是对企业经营活动的管理，如生产经营方式、材料设备供应、劳动力的补充与调整、产品销售、资金结算以及市场调查、经营预测与决策等方面，称为经营管理。

企业管理是生产管理与经营管理的统一，基本职能如下。

(1) 计划是企业进行生产经营活动的行动纲领，是决定企业目标和实现目标的途径、方法，也是企业管理的首要职能。

(2) 组织是为了企业总目标和各级分目标的实现，通过一定的组织机构系统，将全体职工有效地结合起来进行合理的分工和协作，合理配备和使用企业资源，以推动整个生产经营活动顺利进行的管理活动。

（3）指挥是为了保证企业生产经营活动的正常进行和预定目标的顺利实现，对企业各级各类人员进行领导或指导，布置任务，安排工作。

（4）控制是为了使企业生产经营活动沿着预定的目标轨道同步进行，对企业的生产、质量、进度、成本等通过信息反馈系统定期进行检查，发现问题并及时采取相应的改进措施。

（5）协调就是调节企业内部所属各单位各部门的工作，调节各项生产经营活动，使之建立起良好的协作配合关系，有效地实现企业的既定目标。

（6）激励是指通过精神和物质的方法调动职工积极性、主动性和创造性的管理活动。全体职工的积极性、智慧和创造力是企业活力的主要源泉。

二、现代建筑企业经营管理的理论

管理是在人们生产劳动中出现分工和协作时产生的。

（1）科学管理的创立。工业生产划分为五大要素，即管理、机器、货币、材料和有技术的人，把管理放在第一位。管理的方法和制度的基本内容是：确定合理的作业方法；确定各项作业的标准时间；制订每人每日的工作定额；实行差别计件制，付给差别工资，用较大的工资级差，刺激工人提高劳动生产率。划分计划职能和管理职能，逐步发展到职能组织和管理专业化。

（2）行为科学管理理论的崛起。广泛推行泰罗制度，提高了劳动生产率，对工人强调服从、管制，把工人当作机器的附属物。要使工人经常保持生产热情，要搞好企业中人与人之间的关系；要通过对人的行为的研究来控制人的行为，调动人的积极因素，从而最大限度地利用人力资源，以提高劳动生产率。对人的行为的研究逐步形成了行为科学理论和行为科学管理学派。

（3）现代管理理论的形成。吸取了科学管理、行为科学、系统理论、计算技术等内容，形成了一整套现代化大生产的管理理论。

经济的发展、市场的激烈竞争、科学技术的发展、新产品的不断出现等环境的迅速变化，对企业产生了巨大的压力。管理人员如何及时地根据外界环境的变化，做出合理的战略决策，是决定企业成败的关键，比企业内部提高工效更为重要。因此，管理的重点就逐步转向决策，尤其是高层的战略决策，管理理论也随之发生了很大的变化。决策贯穿于管理的全过程，管理就是决策，决策决定组织的成败，所以又称为决策论。

三、现代建筑企业经营管理的特性

建筑企业的经营管理，由于建筑产品和施工生产的技术经济特点，使其具有以下特性。

（1）生产经营业务不稳定。建设项目类型繁多，任务多变。建筑企业要按用户的要求和工程特点组织施工，因此经营对象是多变的。建设工程任务与国家投资政策有关，经济发展时期，建设项目大幅度增加；经济调整时期，建设项目缩减。企业任务的获得还要通过投标竞争，因此企业的经营业务是不稳定的，所以建筑企业必须具备适应社会需求的应变能力。

（2）生产经营环境多变化。建筑产品的固定性和建筑生产的流动性，使企业的经营环境随着建设工程的地点而变化。施工地点不同，地形、地质、水文、气候等自然环境差异较大；劳动力供应、物资供应、交通运输、协作配套条件等社会环境也随之变化，增加生产经营的艰巨性和复杂性，给生产经营的预见性和可控性增加难度。

（3）组织机构人员变动大。建设项目和经营业务不稳定，施工生产连续性差，变化因素多，难以实现有节奏地均衡施工。工程任务时大时小，机构人员、工种比例经常需要调整，所以应根据建筑业用工特点采用适宜的用工办法。

四、现代建筑企业经营管理的基础工作

为了保证进行有效的生产经营管理活动，建立正常和稳定的管理秩序，提供企业管理的必要条件和可靠依据，逐步提高企业素质所进行的各种工作，统称为建筑企业经营管理的基础工作。

企业经营管理的基础工作是企业实行科学管理的前提，是衡量企业经营管理的质量和水平的重要标志。为各项专业管理提供数据、资料和信息，是企业领导者对生产经营活动进行计划、组织、指挥、协调、控制和决策的依据；是建立正常管理秩序，有效组织生产经营活动的重要手段；是改善企业经营管理，提高经济效益的有效途径。

建筑企业经营管理基础工作如下。

（1）原始记录和凭证。原始记录和凭证是企业经营管理活动、施工现场生产情况最早的真实记录。如各种会议纪要；隐蔽工程记录；施工日志；施工变更通

知书；实施情况说明；材料和构配件的收、发；消耗凭证及财务报表等。各种生产经营活动情况的记录，必须及时、准确可靠，并且按规定办理签署认证手续。

（2）计量和检测手段。企业的计量、检测工作，是获得生产经营活动信息的重要手段。获得的信息是否及时、准确和全面，直接关系到企业管理的质量和效率，关系到建筑产品的工程质量和建筑企业的综合效益。要严格计量工作责任制，加强挂牌管理，完善计量工具和检测手段，做好计量器具、仪表设备的配置、保管、校正、维护，并且保证正确和合理使用。

（3）定额和标准。建筑工程定额是编制企业经营计划，制定建筑产品价格，参加投标承包报价，实行经济核算和进行企业经济活动分析的重要依据；是调节内部生产，控制劳动消耗，提高劳动生产率，拓展建筑生产和经营等管理工作的基础。

建筑企业执行的定额水平，在一定程度上反映了企业的竞争能力。尤其是在投标竞争中，企业只有反映出自身的技术水平和概率水平，才能有把握地制定竞争策略，并在市场竞争中获胜。

标准化是根据使用要求，对建筑产品的类型、性能、材质、形状、尺寸、精度、试验方法、交工验收等规定出的统一标准。建筑标准化是发展建筑工业化的基本条件。建筑企业针对建筑产品不易定型、施工流动性大、不利于组织工业化生产的特点，努力把建筑物作为定型产品，对房屋建筑的设计、建筑材料的生产供应、构配件的制作、现场施工安装等各个环节，实行标准化管理，推进建筑工业化的不断发展。

第四节 现代建筑企业制度及其组织结构

一、现代建筑企业制度的内容

现代建筑企业制度是适应社会化大生产和市场经济的要求，产权清晰、权责明确、政企分开、管理科学的企业制度。基本内容包括以下几个方面。

（1）企业法人制度。企业中的国有资产所有权属于国家，企业拥有包括国家在内的出资者形成的全部财产权，成为享有民事权利、承担民事责任的法人实体。企业以其全部法人财产依法自主经营、自负盈亏，对出资者承担资产保值的责任。出资者按投入企业的资本额享有所有者的权益，即资产受益、重大决策和选择管理者等权利，但不得干预企业的生产经营活动。建立完善的企业法人制度，关键是确立企业法人财产权，使企业不仅有人负责，而且有条件负责。

（2）有限责任制度。企业以全部法人财产为限，对债务承担有限责任。企业破产清算时，出资者只以投入企业的出资额及其留给企业的收益为限，不涉及出资者的其他资产。市场经济的本质特征之一是竞争，竞争是有限责任制度，是出资者实行自我保护的一种有效办法。

（3）科学的企业组织结构和管理制度。通过科学的企业组织结构和管理制度，使企业的权力机构、监督机构、决策和执行机构之间相互独立、权责明确，形成制约关系。这种组织制度可以调节所有者、经营者和职工之间的关系，形成激励和约束相结合的经营机制。

二、现代建筑企业的体制

非公司制企业中，仍实行工厂制，继续坚持和不断完善厂长（经理）负责制，保证厂长（经理）依法行使职权。

在各类公司制企业中，则应按《中华人民共和国公司法》建立股东会、监事会、董事会和经理队伍，实行相互独立、相互制约、权责明确的领导体制。

（1）股东会。由全体股东组成，是公司的权力机构，享有所有者的权益，即资产受益、重大决策和选择管理者等权利。国家独资公司不设股东会，由国家授权的投资机构或者部门授权董事会行使股东会的权利，决定公司的重大事项。股东会会议由股东按出资比例行使表决权。

（2）监事会。由股东代表和适当比例的公司职工代表组成。股东人数较少和规模较小的可以设 1～2 名监事。董事、经理、财务负责人不得兼任监事。监事会或监事，依据法律、法规或者公司章程对董事、经理、财务负责人执行公司职务时的行为进行监督。

（3）董事会和经理队伍。董事会由组成公司的企业或其他投资主体委派董事组成。董事成员中应当有公司的职工代表，职工代表由公司职工民主选举产生。董事会对股东会负责，是公司的决策机构。董事长为公司的法定代表人。股东人数较少和规模较小的，可以不设董事会，只有一名执行董事。经理和经理队伍，由董事会聘任，对董事会负责。经理负责主持公司的生产经营工作，组织实施董事会决议。经理列席董事会议。

三、现代建筑企业的管理结构

企业的管理组织结构是指管理层次、管理幅度和各组成部分结合的模式。科学的企业组织结构既有利于公司总部的统一领导，又有利于调动各级、各部门及全体职工的积极性和创造性，使各个组成部分能够成为一个有机的整体而高效协调地运转。企业的组织结构，随着企业的发展和外部环境的变化加以调整和改善。

现代建筑企业一般采用以下管理组织结构形式。

（1）集权式直线职能制管理组织结构。集权式直线职能制是现代企业早先采用的管理组织结构形式，是一种以权力集中于企业高层为特征的企业管理机构。在采用集权式直线职能制管理组织结构的建筑企业中，企业的生产经营活动按照职能分成若干垂直管理系统，每个系统又直接由企业最高领导指挥。其优点是：有利于企业按照总体设想，把有限的资源集中投入更有效益的环节中去。当企业规模不大时，该管理组织结构有利于企业抓住市场机遇，集中使用资金，及时形成生产能力；有利于产供销各个环节之间的紧密协调，在实行垂直联合的企业中这一优点表现更为突出。

（2）分权式事业部制管理组织结构。分权式事业部制管理组织结构是以企业总部与中层管理者之间的分权为特征的。当企业承揽工程类型多或工程任务所在地区分散或经营范围多样时，为了提高管理效率，宜实行这种集中决策、分散经营的管理组织结构形式。

实行事业部分权体制的关键是企业分成若干相对独立的事业部，使其成为独立核算的利润中心。每个事业部作为利润中心，拥有自己的经营自主权和财务独立性，可以在公司总部统一发展策略的框架内谋求自我发展。建筑企业一般按地区和产品类型划分事业部。

第二章 现代工程经济管理的理论透视

第一节 现代工程项目的价格、成本与利润

一、现代工程项目建筑的产品价格

研究建筑产品的价格，主要是研究它的价格形成（也称价格构成），也就是研究建筑产品的组成要素及其组成情况，这对于确定建筑工程和建筑产品的价格、掌握成本结构及降低成本的途径、加强经济核算都是必不可少的。

（一）建筑产品的价值与价格

1. 建筑产品价值的形式分析

商品的价值决定商品的价格，价格变动总是以价值为中心，这是商品生产社会中存在的共同规律，是价值规律作用的必然结果。

建筑产品的价值形态可以根据不同的分类目的和方法来划分，如果以建筑产品的“有用性”作为划分标准，建筑产品的价值形态如下。

（1）使用价值。所谓建筑产品的使用价值，是指建筑产品直接用于满足某种需求所表现出来的价值。对建筑产品的使用价值的理解，不局限于物质生产和日常生活需要的范围，而要从建筑产品可能具有的一切功能来分析。建筑产品的使用价值是通过它所具备的功能体现出来的，这些功能可以归纳为使用功能和形象功能两大类。使用功能是为了满足技术或经济目的所具有的功能；而形象功能则是指那些非技术、非经济的功能，例如，美学、舒适、代表性等。各类建筑产品满足以上功能的程度各不相同，正是由于这种差异性，才显示出建筑产品使用价值的差异。

（2）交换价值。所谓建筑产品的交换价值，是指建筑产品用于交换其他产品

所表现出来的价值。

建筑产品的交换价值首先取决于在社会（部门）平均的劳动熟练程度和劳动强度情况下，生产该建筑产品所需要的必要劳动时间，简言之，取决于社会必要劳动时间。其次，建筑产品的交换价值还取决于它的效用。建筑产品的效用表示人们对建筑产品的需要所得到的满足程度。建筑产品的效用是客观和主观的统一。

建筑产品效用的客观因素是因为：第一，建筑产品的自然属性本身是客观的，也就是说，能提供有用的建筑产品必然具有一定的使用价值，同时能满足人们需要的建筑产品又是客观存在的；第二，人们对建筑产品的欲望，虽然表现为意识，但欲望本身并不决定意识，建筑产品的效用是主观的，是因为建筑产品能否满足人们的欲望以及满足的程度如何，必须以人的心理意识为中介而反映出来。只有客观的一面或只有主观的一面都不能反映建筑产品的效用。

（3）收益价值。所谓建筑产品的收益价值，是指建筑产品通过一系列价值转换过程所能得到的收益价值。建筑产品在使用过程中的收益一般是按年计算。建筑产品的收益价值就可以表示为建筑产品各年度收益的价值之和。

2. 建筑产品价值与价格的内容

商品生产是历史发展的产物，商品出现和存在的社会条件是社会分工和劳动产品属于不同的所有者。社会分工是商品经济的基础。在我国现阶段社会主义市场经济条件下，仍然存在着商品生产的条件，所以还存在商品生产。商品具有二重性，既具有使用价值，也具有交换价值。既因为用来满足人们生产或生活的某种需要而具备一定的有用性，又因为可以用来与其他商品（或货币）相互交换而具有一定的交换价值，决定商品交换价值的因素就是价值。

价值是由劳动创造的，是凝结在商品中的劳动。商品的价值在交换时以货币的形式表现出来，就是商品的价格。商品按照由社会必要劳动时间决定的价值量来进行等价交换，商品的价格与价值大体相等，价格围绕价值上下波动，这就是商品经济的客观规律。

价值规律是商品经济的普遍规律，建筑产品既然是商品，就必须遵循价值规律的客观要求。但建筑产品与一般工业产品相比较，既具有一般工业产品的共性，又具有明显的特性。

（1）建筑产品同其他商品一样，是使用价值和交换价值的统一体。它的使用价值，就是建筑产品能提供满足生产和人民物质文化生活需要的生产能力和效益；建筑产品的交换价值，就是凝结在建筑产品中的人们的劳动。在社会主义市场经济条件下，建筑产品的生产首先应关心其使用价值，这是社会主义基本经济规律的客观要求；其次，建筑产品的生产也必须十分关心其价值，因为建筑企业必须用其销售收入补偿其劳动消耗并取得盈利。建筑产品的价值量取决于生产该产品所消耗的社会必要劳动时间。建筑企业应通过价值量的分析和比较，不断改善经营管理，节约劳动消耗，降低成本，充分发挥投资的效益。

（2）建筑产品生产者的劳动，既是具体劳动，又是抽象劳动。在建筑产品生产过程中，劳动者的劳动量是具体形式的劳动，运用自己的劳动技能，借助于一定的劳动手段，改造劳动对象，创造出适用于社会需要的有具体使用价值的产品。同时，劳动者的劳动又是抽象劳动，创造出建筑产品的价值，这部分价值除用于补偿劳动者生活资料的消耗外，还是形成企业盈利的来源。

（3）建筑产品的价值量是由生产该产品的社会必要劳动时间决定的。由于各企业生产条件、技术水平和经营管理水平的不同，导致各企业劳动生产率不同，所以生产同类产品所花费的个别劳动时间是不同的。个别劳动生产率高于社会平均劳动生产率的企业，能获得较多的盈利；反之，就会盈利少或亏损。

（4）建筑产品是为交换而进行生产的，因此，必须根据价值规律的要求，实行等价交换。建筑业与国民经济其他部门有着非常密切的关系，建筑业的生产过程同时也表现为消费过程，既是建筑产品的供给方，又是许多生产资料的需求方。建筑业与其他部门的经济联系，实质上就是商品交换的关系。因此，只有使包括建筑产品在内的所有商品的价格与价值大体趋向一致，才能保证全社会所创造的价值不会在不同部门之间产生不合理的转移，才能正确比较部门之间和企业之间的经济效果，才能促进国民经济各部门协调、稳定地发展，也才能正确地反映国家、集体和个人三者之间的关系。

（二）建筑产品的价格形成特性

建筑产品是指通过建筑安装等生产活动所完成的符合设计要求和质量标准，能够独立发挥使用价值的建筑物和构筑物。在我国社会主义市场经济条件下，建筑产品也具有商品属性，必须通过市场与国民经济其他部门按照商品经济的原则实行等价交换。建筑产品的生产是以承包的经营方式进行的。

建筑安装企业往往不是完成产品生产的全过程，建设单位作为投资者或用户代表，一般都要组成一个专门的队伍负责工程建筑的统筹安排、组织和协调工作，并直接参与一部分具体生产工作，如征地拆迁、现场准备、委托设计、设备的采购保管和联动试车等，在这种情况下，建筑产品价值构成中相当一部分费用要素是发包人自己支付的（如土地费用、勘察设计费用等）。也就是说，最终建筑产品的价格是由建筑产品的发包方与承包方两个方面的费用和新创造的价值所构成，建筑单位为生产建筑产品向建筑安装企业支付的全部费用并非是最终产品的价格，而只是建筑安装企业产品的“出厂价格”。

房地产开发公司全面负责购地、设计、建造，然后直接出售商品化的成套住宅。这种商品化建筑产品的价格，反映了建筑产品的全部价值。

1. 建筑产品价格形成的特性

（1）个别产品单件计价。由于各个建筑产品都有其指定的专门用途，为了适用于不同用途，各个建筑产品也就有不同的结构、不同的造型装饰、不同的体积和面积，采用不同的建筑材料。即使是用途相同的建筑产品，也必须在结构、造型等方面适应当地气候、地质、水文等自然条件，再加上建筑产品本身形体庞大、结构复杂，因而形成的建筑产品实物形态千差万别。而建筑产品生产的流动性，影响了构成建筑产品价格的各种价值因素。例如，各地区材料价格的差异、职工工资标准的区别、间接费取费基础的不同等，所有这些最终导致建筑产品价格的千差万别。因而对于建筑产品就不能像工业产品那样，按品种规格质量成批地生产和定价，而只能是单件计价。

（2）多阶段计价。就一个完整的建筑工程项目来说，是一个周期长、规模大的生产消费过程。在可行性研究阶段对工程造价进行多次估价。在编制设计任务书阶段，在编制项目投资估算过程中就要参照类似工程的实际造价或估算指标编制相应建安工程的概算；而在施工图阶段，施工企业就要依据预算有关定额编制相应建筑安装工程的预算。实际招标承包制工程，最后中标所确定的建筑安装工程造价及一般承包工程在竣工决算中各建筑安装工程的造价，实际上就是各建筑产品的实际价格。估算—设计概算—施工图预算—竣工决算，是一个由粗到细、由浅到深，最后准确地确定建筑产品价格的过程。从建筑安装企业的角度看，建筑产品的价格就是承包价或最后结算价。

（3）供求双方直接定价。建筑产品在生产之前定价时，并不是由供给者单独定价的。建筑产品的供给者根据需求者的要求对拟建建筑产品的生产成本进行估算，并在此基础上附加一定的利润，向需求者提交一份该建筑产品的价格估算书，需求者通过对若干份估算书进行分析、比较，从中选择一份他认为合理并可以接受的估算书，从而确定拟建建筑产品的暂定价格。从这个意义上讲，建筑产品的价格是由供求双方共同决定的，而且需求方在某种程度上对确定建筑产品的价格起主导作用。

2. 建筑产品价格运动的特性

（1）“观念流通”规律。由于建筑产品的固定性，产品不能伴随销售而空间转移进入市场，一般只是所有权和使用权的转移。

第一，建筑产品只有“观念流通”，没有物的流通，因为通过承包生产，一般的交易不需要经过流通作业。在生产建筑产品时就包含该产品的流通过程和流通费用在内，可以说建筑产品生产与流通是交织在一起的。

第二，建筑产品只有“观念流通”，没有物的流通，这就产生了生产机构的流动性。一个建筑产品生产完成，产品不能搬动，生产机构就要转移到另一地点再进行承包生产，这就产生了一些特殊费用，如施工机构迁移费、远征费、施工机械进出场费、临时设施费等，这些实质上是一般商品的流通费用，在建筑生产上都表现为生产费用。还有投标报价等为争取中标而发生的一些流通费用在生产建筑产品之前就产生了，这与一般商品流通费用都发生在产品生产出来后是不同的。这些产前、产中、产后的流通费用都应包含在建筑产品价格中。

（2）建筑产品生产的“时滞性”。在建筑产品未生产出来以前就要投标报价，确定价格，而且建筑产品生产周期都比较长，通常可达半年以上，这期间生产要素的价格会发生变化，这就产生价格“时滞现象”。如投标报价过高就失去竞争力，而报价过低则难获利润，甚至亏本。因此，加强以控制成本为中心的管理是建筑产品价格管理的重要一环。

（3）采取承包生产方式的建筑产品价格运动与一般产品的价格运动不同。一般产品的价格运动是：生产成本—税金—流通费用（含税金）—计划利润—销售价格；承包生产方式的建筑产品价格运动是：签订合同价格即买卖双方同意的合同价格（包含利润、税金）—生产预付款—假定产品（工程按完成进度）中间付款—按国际惯例标准合同条件索赔等调整合同价格—实际成本—验收最终结算—实际利润。

由于建筑产品价格运动的特点，在较长的生产过程中价格变化因素较多，工程量也会与原合同有出入，因此，要十分重视对建筑产品的动态管理和合同索赔管理。

（4）建筑产品的使用价值可以零星出售（出租）。当建筑产品这种特殊商品以出租的方式经营时，通过定期收回租金使建筑产品的使用价值逐渐得以收回，也可以说建筑产品的使用价值是零星出售出去。

（5）现货销售的建筑产品价格，除生产成本外，还决定于环境及配套。由于建筑产品的固定性，各房屋建筑物的条件是不同的，如房屋的朝向（朝南或朝北等）、交通条件、自然环境、周围建筑物状况等都会影响建筑产品的价格，即使在同一楼层内也不完全一样，如三层、四层条件较好，价格（包括出售或出租）就会高一些。

此外，配套设备也影响建筑产品价格，特别是住宅，如有无阳台、是否通气（煤气、暖气等）、是否具备单独厕所卫生设备等，在确定建筑产品销售（或出租）价格时，都是应考虑的价格因素，但这超越了建筑产品生产价格的研究范畴。

（三）建筑产品价格的计算方法

（1）合理计算建筑产品价格的重要性。

第一，合理的建筑产品价格能促使建筑安装企业加强经济核算，提高工程质量，缩短施工工期。

第二，合理的建筑产品价格可以促使建筑安装企业正确处理好企业与国家、企业与其他单位、企业与职工的经济关系。

第三，合理的建筑产品价格有利于固定资产投资和建筑业的发展。

（2）建筑产品价格的计算。建筑产品的价格是价值的货币表现。建筑产品的实际价格，是以工程造价形式表现的。

二、建筑产品的成本分析

（一）建筑产品成本的内容

成本是商品生产中所耗费的活劳动和物化劳动的货币表现。保证再生产能够顺利地进行下去，是成本从价值的货币形态中划分出来的理论基础。因此，在经济学中特别把转移价值和为自己创造的价值货币形态，即物质消耗支出与劳动报酬支出，从商品价值的货币形态中划分出来，作为一个特殊的经济范畴，称为成本。

建筑产品成本所反映的是建筑企业在生产和销售建筑产品过程中的费用支出，反映建筑企业在生产活动各个环节、各个方面的工作质量和经营管理水平，集中反映企业全部工作的经济效果。劳动生产率的高低、建筑材料消耗的多少、建筑机械设备的利用程度、施工进度的快慢、质量的优劣、施工技术水平和组织状况，以及企业各部门生产经营管理水平，都会直接、间接地影响建筑产品的成本，并由成本这一指标反映出来。

商品出售价格的最低界限，是由商品的成本价格决定的。如果商品低于成本价格出售，生产资料已经消耗的部分，就不能全部由出售价格得到补偿。产品成本是价格的最低界限，低于这个界限，生产就要萎缩，企业就要亏损，简单再生产也难以维持下去，当然更谈不上扩大再生产了。可见成本问题关系着社会再生产的问题，研究成本的理论和实际问题具有十分重要的意义。建筑产品的成本是建筑产品价格的重要组成部分，当建筑产品的价格确定以后，建筑产品的成本越高，企业的盈利就越小；反之，企业的盈利就随着成本的下降而增大。成本决定企业盈利的多少，因此建筑产品成本是考核企业经营管理效果的一项综合指标。

（二）建筑产品成本的构成要素

建筑产品成本构成是指形成成本的各个费用项目在总成本中所占的比重。关于费用构成要素，可以分为两类八个成本项目，两类即工程项目的直接成本和间接成本。直接成本项目包括人工费、材料设备费、施工机具使用费、措施项目费、其他项目费；间接成本项目包括企业管理费、规费和其他费用。工程项目的直接成本和间接成本之和构成总成本。

任何产品都是由各种经济性质不同的费用组成，工程成本组成部分的不同，反映着活劳动与物化劳动在生产过程中所起作用的不同性质，同时也是降低工程成本的方向和途径。

对于建筑产品而言，不同的建筑物，其建筑安装工程主要费用的构成比例也是不同的。降低工程成本应该是全面的，应从各个方面、各个环节设法降低工程成本，并制订出具体的降低成本措施。

（三）建筑产品成本的类型划分

1. 按成本作用的不同分类

（1）预算成本。预算成本是以施工图预算为依据，按一定预算价格计算的成本。是企业经济核算的基础，是控制成本支出、检验成本节约或超支的标准，是安排施工计划、供应材料的重要参考。

（2）计划成本。计划成本是企业为了明确和保证完成降低成本任务，在工程预算成本的基础上，具体考虑各项工程的施工条件，制订积极可行的技术组织措施，充分挖掘企业内部潜力和厉行增产节约的经济效果后编制的成本计划，也就是一般所说的降低成本计划。计划成本反映的是企业的成本水平，是建筑企业内部进行经济控制和考核工程活动经济效果的依据。计划成本与预算成本比较的差额，是企业的计划降低成本额；与实际成本比较，可以考核企业成本计划的执行情况。

（3）实际成本。实际成本是指建筑安装工程实际支出费用的总和。它是反映建筑企业经营活动的综合性指标。用它与工程预算成本比较，可以反映工程的盈亏情况；用它与计划成本比较，可以作为企业内部的考核依据，能较准确地反映施工技术管理水平以及技术组织措施计划等贯彻执行的情况。

预算成本、计划成本、实际成本是根据建筑产品的技术经济特点产生的一种特殊的经济核算形式。由于预算成本是以预算定额为基础确定的，施工中实际成本费用的开支是以施工定额为基础编制的施工预算来控制的，而预算定额与施工定额之间，本身就存在着事实上的“富余”。因此，只要按施工预算控制费用开支，实际成本一定会低于预算成本。只有时间成本低于计划成本，企业才算完成了成本降低计划，实现了计划利润。企业要获得盈利并实现计划利润，其核心和正确的途径是降低成本，而不是在编制确定预算价格的施工图预算时采用高估冒算、定额套高不套低、提高计费标准等不正确的方法。

2. 按成本与产量关系分类

（1）固定成本。固定成本是指总成本中不随企业经营状况、施工工期、产量变化而变化的一类成本，如固定资产折旧费、租金、企业管理费中的有关项目。固定成本往往是与一定的生产条件、生产规模相联系的。当出现无条件超过某一限度的情况，固定成本可能会发生突变，这时计算建筑产品成本要特别加以注意。由于固定成本与产量无关，所以产量越高，则固定成本在每个单位上分摊的比例就越低。为了使单位产品中的固定成本尽可能低，就要在固定成本不发生突变的界限内尽可能扩大生产能力。

（2）变动成本。变动成本是指总成本中随产量或时间而变化的一类成本，如人工费、材料费、机械使用费等有关费用。若变动成本和有关变量之间存在按相同比例变化的关系，称为线性变动成本，如材料费、构配件费等与产量变化呈线性关系，机械台班费、施工现场管理人员工资等可能与时间的变化呈线性关系。

3. 按成本用于经营决策的分类

（1）边际成本。边际成本是指增加一个单位产量所引起总成本的增加值。边际成本反映了企业产量增减对损益的变动影响。

（2）机会成本。机会成本是指在有两个生产方案同时选择时，采用其中一个方案的结果，即放弃另一个方案所能得到的收益。把这个未实现的收益看作成本，即为机会成本。因此，在对多个生产方案进行比较时，可按准备采用的方案所能得到的收益与机会成本之差是正值作为决策原则。

（3）沉没成本。沉没成本是指由以往所决定而非现在所能灵活调剂的成本。以沉没成本为出发点选择生产方式或分析产品成本时，不考虑过去实际发生的损益情况，而主要是着眼于未来。

（四）降低建筑产品成本的有效途径

在建筑产品价格保持不变的情况下，产品成本越低，企业的盈利就越多，上交给国家的税收和企业留用的利润也就越多，从而增加国家财政收入，并为建筑业本身的扩大再生产创造有利条件。降低建筑产品成本对于我国建筑业打进国际市场，在国际竞争中处于有利的地位，换取更多的外汇收入，也具有重要的意义。降低成本的途径是多样而复杂的，建筑企业内部因素对降低成本的影响有以下方面。

（1）改善施工组织设计。施工组织设计是组织施工生产的技术经济文件，是一项科学的管理方法。有了施工组织设计，用它来处理好施工中出现的各种因素，如人力、材料、机械，以及时间和空间、技术和方法、供应和消耗、专业与协作等之间的关系，保证劳动生产率的提高和成本的降低。

（2）因地制宜采用新材料和代用品。在不影响工程质量的原则下，因地制宜采用新材料和代用品。例如，城市综合利用煤渣、粉煤灰制品，采用新型框架轻板建筑材料代替砖瓦，发展各种非金属产品和各种新型工业材料，以及能代替钢材、木材和棉、麻的建筑材料制品。

（3）提高机械利用率。提高建筑施工生产中机械利用率，就可以节约机械使用费。

（4）提高劳动生产率。减少工时损耗，改善劳动组织，提高劳动生产率，推行优质超额奖，保证工程质量，减少返工损失。

（5）减少非生产性开支。精简不必要的重叠机构，严格定员、定责任，控制工资基金，防止损失浪费等，这些都是减少非生产性开支的措施。

（6）减少运输费用。在建筑工程施工中运输费所占比例也是很大的，材料的不合理运输往往会增加很多费用，如砖、瓦、灰、沙、石能就地取材，会减少运费，从而降低成本。

（7）贯彻经济核算和节约制度。开展增产节约运动，推行经济核算制，严格实行经济责任制，搞好班组核算，开展经济活动分析。

三、建筑产品的利润分析

（一）建筑产品利润的内容

社会主义市场经济存在着商品货币关系，劳动者为国家、为社会创造的剩余产品还需要用价值来表现，税金和利润就是其表现形式。采用这种形式，有利于国家利用经济杠杆进行宏观调控，有利于促进竞争，使企业精打细算、降低成本、增加盈利。价格中的税金和利润是盈利的两个组成部分，其共同点都是劳动者为社会创造的价值的货币形态，因此，可把两者合称为盈利或利润。建筑产品价格中的利润，是指建筑安装企业的劳动者为社会和集体劳动创造的价值。

建筑企业所生产商品的价值扣除成本后的余额，就是企业的纯收入，也称盈利。建筑产品的价格中包含利润部分才符合价值规律。

从企业利润总额组成可以看出，企业只有增加已完工程数量，降低建安工程成本，严格控制营业外支出，才能获得一定的利润。因而，利润是比较全面反映企业经营成果的综合性指标。在我国现阶段，企业实现的利润也是企业扩大再生产的主要资金来源。要振兴我国建筑业，就要以内涵和外延两个方面进行扩大再生产。建筑业扩大再生产的资金来源主要靠本行业积累，即税后利润。此外，企业实现利润也是改善职工集体福利、提高职工生活水平的主要资金来源，因此，利润与企业职工的切身利益紧密相连。建筑企业实现利润也是国家财政收入的来源之一，根据企业的不同情况，采取缴纳所得税的办法向国家缴纳税金。

（二）建筑产品利润的构成与计算方法

按现行财务制度规定，建筑产品的利润即工程结算利润，是由计划利润和工程成本降低额组成的。

（1）计划利润。建筑企业的计划利润，是国家规定按一定利润率计算在建筑产品价格中的。建筑业作为独立的物质生产部门，产品价格中必须包括利润，合理确定利润率才有利于行业的发展。

（2）工程成本降低额。工程成本降低额是在保证工程质量的前提下，通过一系列降低工程成本措施，在预算成本的基础上节约出来的材料费、人工费、机械使用费、其他直接费、现场经费和间接费。建筑企业的盈利，完整地说是由营业利润、投资收益、营业外收入和营业外支出组成的。

（3）建筑企业增加利润的途径。影响施工企业利润的因素有很多，其中有企业内部的因素，也有企业外部的因素。从外部因素来说，主要是工程任务量和施工所需材料物资的供应情况等。从内部因素来说，主要是增产节约，即一方面要精打细算，节约支出；另一方面需加速施工进度，完成更多更好的施工生产任务，扩大企业的工程结算收入和其他收入。总之，要从各个方面改善施工经营管理，不断挖掘企业内部潜力。

第一，降低工程成本，是增加施工企业利润的根本途径。在规定的工程预算造价下，工程成本的高低在很大程度上决定着企业利润的大小。降低工程成本，可以相应地增加企业的利润总额。为了增加企业利润，必须采取各种有效的措施，大力降低工程成本。

第二，增加工程数量，提高工程质量。在其他条件不变的情况下，企业能承包并完成更多的工程，一方面可增加工程款收入，增加利润总额；另一方面可降低单位成本中的相对固定费用，如间接费、机械折旧费、修理费支出，降低单位工程成本，增加企业利润。至于提高工程质量，可以减少工程返工损失，从而降低工程成本，增加企业利润。因此，要增加利润，施工企业就要在提高工程质量的基础上加快施工进度，完成更多的工程。

第三，提高流动资金和固定资金的利用效率。提高流动资金的利用效率，有助于增加工程数量、使企业获得更多的工程款收入、节约材料保管费、减少材料损耗和利息支出等。有效地利用固定资产，可以提高劳动生产率，增加工程数量，减少单位工程成本中的折旧费等。

第四，降低附属企业的产品成本。在施工企业中，除了直接从事建筑安装工程施工活动的施工单位和为施工服务的辅助生产单位外，往往还有一些附属企业，如从事建筑材料、构件的生产和机械设备的制造、修理等。这些附属企业实行内部独立核算，单独计算盈亏。降低附属企业产品的成本，可以增加附属企业的利润。为了增加企业利润，就应在附属企业开展增产节约运动，积极采取各种有效措施，不断增加产品数量，提高产品质量，降低产品成本。

第五，节约管理费用、财务费用开支，减少营业外支出。在工程、产品成本不变的情况下，管理费用、财务费用和营业外支出的多少决定着企业利润总额的大小，要增加企业利润，就必须采取各种办法减少管理费用、财务费用和营业外支出。

施工企业如有股票投资、债券投资和对其他企业的投资，应优选投资方向，力求投资效益。施工企业在追求利润的同时，要重视工程、产品质量，注意企业之间的协作关系。不能为了增加利润，在施工生产时不顾工程、产品质量，偷工减料，弄虚作假。

第二节　现代工程项目资金时间价值与等值计算

一、现代工程项目资金时间价值的表现形式

在工程技术经济活动中，时间就是经济效益，因为经济效益是在一定时间内所创造的，不讲或不计时间，也就谈不上经济效益。重视时间因素的研究，对工程技术经济分析与评价有着重要的现实意义。

（一）现代工程项目资金时间价值的内容

资金时间价值是指资金数额在特定利率条件下所表现出的时间指数变化关系。例如，投入的资金通过项目的建设和运行，经过一段时间后发生增值，其价值就大于原始投入的价值。即资金的时间价值是指一定量资金在不同时点上的价值量差额。

无论是技术方案所发挥的经济效益，还是所消耗的人力、物力和自然资源，最后基本上都是以货币形态，即资金的形式表现出来。资金的运动反映了活劳动和物化劳动的运动过程，这个过程也是资金随时间运动的过程。因此，在工程技术经济分析中，不仅要着眼于方案资金量的大小，而且要考虑资金发生的时点。也就是说，在商品经济条件下，即使不存在通货膨胀的情况，一定量的资金在不同时点上也具有不同的价值。资金在使用过程中随时间的推移而发生的增值，即为资金的时间价值。

不同的时间付出或者得到同样数额的资金在价值上是不等的。也就是说，资金的价值会随时间发生变化。今天可以用来投资的一笔资金，即使不考虑通货膨胀因素，也比将来可获得的同样数额的资金更有价值。因为当前可用的资金能够立即用来投资并带来收益，而将来才可取得的资金则无法用于当前的投资，也无法获得相应的收益。不同时间发生的等额资金在价值上的差别称为资金的时间价值。

（二）现代工程项目资金时间价值的度量

资金的时间价值是以一定量的资金在一定时期内的利息来度量的。因此，利息是衡量资金时间价值的绝对尺度，可以用绝对数表示；而利息率（简称利率）是衡量资金时间价值的相对尺度，通常用百分比、千分比、万分比表示。但在实际的投资经济分析中，通常以利息率计量。利息率是社会资金利润率，也是马克思所指的平均资金利润率。

（1）利息。利息是资金时间价值的一种重要表现形式，通常用利息作为衡量资金时间价值的绝对尺度。计算利息的时间单位，称为计息周期，一般是以年、月为计息周期。在借贷过程中，债务人支付给债权人的超过原借款本金的部分就是利息。

在工程技术经济分析中，利息被看成是资金的一种机会成本。资金一旦用于投资，就不能用于现期消费，而牺牲现期消费又是为了能在将来得到更多的消费。所以利息就成为投资分析中平衡现在与未来的杠杆。事实上，投资就是为了在未来获得更大的回报而对目前资金进行的某种安排，当然，未来的回收应大于现在的投资数量，正是这种预期的价值增长才能刺激人们去从事投资。因此，在工程经济学中，利息是指占用资金所付出的代价或者是为放弃近期消费所得到的补偿。

（2）利率。在经济学中，利率的定义是从利息的定义中派生出来的。也就是说，在理论上先承认了利息，再以利息来解释利率。但实际计算正好与理论相反，实际计算时常根据利率计算利息，用利率来表示利息多少。利率是在单位时间内所得利息额与借款本金之比，通常用百分数表示。其他各种形式的利息率，如贷款利率、债券利率、股利率等除了包括资金时间价值因素外，还包括风险价值和通货膨胀因素，而在计算资金时间价值时，后两部分不应包括在内。资金时间价值率是指扣除风险报酬和通货膨胀贴息后的平均资金利润率或平均报酬率。

（3）现值与终值。资金时间价值的度量还可以用现值与终值来表示。现值是资金发生在某一时间序列起点时间的价值，或相对于将来值的任何较早时间的价值，即资金的现在价值。终值是资金发生在某一时间序列终点时间的价值，或相对于现在值的任何以后时间的价值，即资金的现在价值在一定期限后的本息和。

（三）现代工程项目资金利息的计算方式

利息是衡量资金时间价值的绝对尺度，是其最直观的表现，计算资金时间价值的方法主要是计算利息的方法。利息通常根据利率、期限和本金来计算。

（1）单利计息。每个计息周期均按原始本金计算利息称为单利计息。在单利计息的情况下，利息与时间是线性关系，不论计息周期有多长，只有本金计息，利息不计息。即单利是仅按本金计算利息，不把先期计息周期中的利息累加到本金中去计算利息。其利息总额与借贷时间成正比。

（2）复利计息。复利计息就是将本期利息转为下期本金重复计息，下期将按本利和的总额计算利息，即利息再生利息，这种计息方式称为复利计息。在按复利计息的情况下，除本金计息外，利息再计利息。

二、现代工程项目的现金流量

（一）现代工程项目的现金流量内容

所谓现金流量，是指拟建项目在整个项目计算期内各个时点上实际所发生的现金流入、现金流出以及现金流入流出的差额（又称为净现金流量）。这里的“现金”是指广义的现金，既包括各种货币资金，还包括投资项目涉及的非货币资源的变现价值。现金流量一般以计息期（年、季、月等）为时间单位，以现金数量表示。现金流量是某一个特定时点上的经济分析指标。

在工程技术经济分析中，通常是将工程项目看作一个独立的经济系统，用以考察投资项目的经济效益。对于一个系统而言，某一时点上流出系统的货币称为现金流出，流入系统的货币称为现金流入，同一时点上的现金流入和现金流出的代数差称为净现金流量。现金流入、现金流出和净现金流量，统称为现金流量。为了便于分析不同时点上的现金流入和现金流出，计算其净现金流量，通常采用现金流量表的形式来表示特定项目在一定时间内发生的现金流量。

（二）现代工程项目的现金流量类型划分

（1）初始投资现金流量。初始投资现金流量是指开始投资时产生的现金流量，主要包括购建固定资产等建设性支出及流动资金的垫支，固定资产更新时处置原有固定资产时所得的现金收入，以及与投资有关的职工培训费、注册费等其他投资费用。

（2）经营现金流量。经营现金流量是指投资项目投产后，在整个有效期内正常生产经营所发生的现金流量，通常以年现金净流量表示。年经营收入是指一个项目的每年销售收入，付现成本是指营业现金支出（不包括折旧、无形资产的摊销成本）。

（3）终结现金流量。终结现金流量是指项目寿命终结时发生的现金流量，主要包括固定资产的残值收入、垫付流动资金的收回等。

现金流量还可以用现金的流入量与流出量来表示。

第一，现金流入量。一个投资方案的现金流入量大致包括：投资建设项目完成后每年可增加的经营现金收入（或减少的营业现金支出）；固定资产报废时的残值收入或中途的变价收入；固定资产使用届满时，原垫支在各种流动资产上资金的收回。

第二，现金流出量。一个投资方案的现金流出量大致包括：在固定资产上的投资，在流动资产上的投资，经营现金支出。

第三，净现金流量。指每年的现金流入量与每年的现金流出量之差。

三、现代工程项目的名义利率与实际利率

通常把计息期定为1年，但实际上计息期可以规定为半年、3个月或1个月。当利率所标明的计算周期单位与计算利息实际所用的计息周期单位不一致时，就出现了实际利率与名义利率的差别。

（1）实际利率。若每半年计息一次，资金在计息周期所发生的实际利率，也称为有效利率。实际利率指的都是计息期的利率，当计息期为1年，此时的实际利率称为年实际利率。

（2）名义利率。当计息周期短于1年时，每一计息周期的有效利率乘以1年中计息周期数所得到的年利率。

在实际计息中，不使用名义利率，它只是习惯上的表示形式。习惯上说的年利率是指名义利率，如果不对计息周期加以说明，则表示1年计息一次，此时的年利率也就是年实际利率（即有效利率）。

第三节　现代工程项目价值工程原理及其评价

一、现代工程项目价值工程的基本原理

（一）现代工程项目价值工程的内容

价值工程（Value Engineering，VE），又称价值分析（Value Analysis，VA），是力求以最低的寿命周期成本实现对象（产品、工作、劳务）的必要功能，并致力于功能分析的有组织的创造性活动。价值工程是一门新兴的现代管理科学，也是一种把技术与经济相结合的应用理论。价值分析被推广应用到其他领域（如生

产和管理领域)，并逐渐发展完善，成为目前所称的价值工程。

价值工程开始于材料的采购和代用品的研究，继而扩展到产品的研究和设计、零部件的生产和改进、工具与装备的改进等方面，后来又发展到改进工作方法、作业程序、管理体系等方面。价值工程在经济建设中发挥了重要的作用。

(二) 现代工程项目价值工程的特性

(1) 价值工程的目的是以对象的最低寿命周期费用可靠地实现使用者所需功能，以获取最佳的综合效益。价值工程不是单纯强调功能提升，也不是片面追求成本降低，而是致力于功能与成本的合理结合。

(2) 价值工程的核心是功能分析，产品的价值在于满足用户需求的特有功能。价值工程的一个突出观点是“用户需要的是产品的功能，而不是物”。对产品进行分析时，首先要进行功能分析，通过功能分析，明确哪些是必要功能和不足功能，哪些是不必要功能和过剩功能；其次通过改进方案，去掉不必要的功能，削减过剩功能，补充不足功能，实现必要功能，实现产品功能结构合理化，从而降低产品的费用（成本）。

(3) 价值工程是一项有组织的创造性活动，具有群众性和广泛性。价值工程是贯穿于产品整个寿命周期的系统方法，从产品研究、设计到原材料的采购、生产制造以及销售和维修，都有价值工程的工作可做，而且涉及面广，需要许多部门和各种专业人员相互配合。因此，必须依靠有组织的、集体的努力来完成，必须密切配合、协同努力，发挥集体智慧和创造力，打破原有产品结构的框架，提出更多的改进方案，并按一定的工作程序有组织、有计划地进行活动。开展价值工程活动，要组织设计、工艺、供应、加工、管理、财务、销售以及用户等各方面的人员参加，运用各方面的知识，发挥集体智慧，博采众家之长，从产品生产的全过程来确保功能，降低成本。

(三) 提高现代工程项目价值的有效途径

(1) 价值。价值工程中的“价值”是指对象所具有的功能与形成功能的费用（成本）之比，它不是对象的使用价值，也不是对象的交换价值，而是对象的比较价值，即性能价格比。这里的“对象”可以是产品，也可以是工艺、劳务等。价值的大小取决于功能和成本。产品的价值高低表明产品合理有效地利用资源的程度。价值高的产品是好产品，其资源利用程度就高；反之，价值低的产品是需要改进或被淘汰的产品，其资源未得到有效的利用，应设法改进和提高。由于“价值”的引入，产生了对产品新的评价形式，即把功能与成本、技术与经济结合起来进行评价。“物美价廉”既是广大消费者的价值观，也是企业和国家利益的要求。

（2）寿命周期费用。任何事物都有其产生、发展和消亡的过程。事物从产生到其结束为止，即为事物的寿命周期。就建筑产品而言，寿命周期是指从规划、勘察、设计、施工建设、使用、维修，直到报废为止的整个时期。

价值工程中的寿命周期费用是从产品（或劳务等）的研究、形成到退出使用这一过程所需的全部成本，一般包括生产费用和使用费用两部分。对于建筑产品而言，由建设费用和使用费用两部分构成。建设费用是指建筑产品从筹建直到竣工验收为止的全部费用，包括勘察设计费、施工建造费等。使用费用是指用户在使用过程中发生的各种费用，包括维修费用、能源消耗费用、管理费用等。

一般情况下，生产费用随产品功能水平的提高而上升，使用费用随产品功能水平的提高而下降。产品寿命周期费用随产品功能水平变化呈开口向上的抛物线变化。寿命周期费用最小，是理想状态。

二、现代工程项目价值工程的工作程序与方法

（一）现代工程项目价值工程的工作程序

价值工程的工作程序实质就是针对产品的功能和成本提出问题、分析问题、发现问题和解决问题的过程。因此，价值工程的实施步骤按一般的决策过程，划分为分析问题、综合研究与方案评价三个阶段，包括对象的选择、收集信息、功能定义、功能整理、功能成本分析、功能评价、确定对象范围、创造方案、初步评价、具体化调整、详细评价和提出提案等具体操作步骤。

方案评价是对提出的各种设想和方案进行评价、筛选、择优，以确定最优方案。最后提出解决问题的提案，以达到改进价值工程对象、满足用户要求的目的。

价值工程的应用范围是比较广泛的，可分为两方面：一方面用于改进具体的物品，如改进某种产品、零部件、材料等，包括设计工作；另一方面用于改进工

作方法，如改进一个工程、作业、工序、管理方法、工作程序，即属于软科学一类的对象。

（二）现代工程项目价值工程的对象选择原则及方法

价值工程对象选择过程就是收缩研究范围、明确分析研究目标、确定主攻方向的过程。

1. 现代工程项目价值工程对象选择的原则

选择价值工程对象是关系到价值工程总活动量大小的关键步骤，也是决定价值工程活动效率大小的第一步，因此必须慎重对待。根据企业、市场的需要，凡是生产经营上有改进的迫切性和必要性，在提高功能和降低成本方面有较大潜力的产品或部件，都可作为选择的对象。

建筑产品种类繁多，质量、成本、施工工艺和方法各不相同，建设过程中要经历评估立项、设计、招标、竣工验收等各个阶段，涉及勘察设计、施工建造、物资供应等多方面，受到人、财、物、施工技术水平和管理水平等系列因素的综合影响。因此，不可能把构成产品或服务的所有零部件和环节作为价值工程的改善对象，为了节省资金，提高效率，只能精选其中一部分来实施价值工程。一般情况下，对于结构复杂、体积大、用料多、施工重复劳动量较大的分部、分项工程；需由多个组成部分共同实现的功能领域；设计上容易出现问题或估计施工、运行管理中易出问题的项目；施工工艺复杂，结合面复杂的工序等都可以作为价值工程的对象。

2. 现代工程项目价值工程对象选择的方法

选择价值工程对象的方法很多，包括定性分析和定量分析两类。选择价值工程对象的常用方法如下。

（1）经验分析法。经验分析法也称因素分析法。该方法作为一种简单易行的定性方法，目前使用较为普遍。经验分析法是价值工程人员依据经验对各种影响因素进行综合分析，区分主次轻重，充分考虑事物的必要性和可能性，从而尽可能准确地选择出价值工程改善对象的方法。经验分析法的优点是简便易行，考虑问题比较全面，并且不需要对有关人员进行特殊培训。其缺点是缺乏定量依据，不够精确可靠，并且对价值工程人员的业务能力、经验等有较高要求。因此，只有在目标单一、产品不多或问题比较简单的情况下使用该方法，才能在准确性和节约时间方面具有显著优越性。实际应用中也常将该方法与其他方法结合起来使用。

（2）ABC 分析法。ABC 分析法也称成本比重分析法、重点法或帕累托（Pareto）分析法，是根据“关键的少数，次要的多数”的思想，对复杂事物的分析提供一种抓主要矛盾的简明有效的定量方法。该方法是意大利经济学家帕累托通过对经济社会财富分布情况的分析总结出来的，后来被扩展运用到其他领域。

ABC 法属于主次分类法。它根据研究对象对某项技术经济指标的影响程度和研究对象数量的比例大小两个因素，把所有的研究对象划分成 A、B、C 三类，通过这种划分，明确关键的少数。这是在建筑业中进行对象选择时经常采用的方法。用这种方法进行对象选择是将产品成本构成进行逐项统计，即将每种建筑构配件占产品成本的多少从高到低地排列出来，分成 A、B、C 三类，找出少数构配件占多数成本的项目，作为价值工程的重点分析对象。

建筑工程 ABC 法的主要步骤如下。

第一步：收集相关数据，绘制 ABC 分析表。①将全部产品或一种产品的零部件按其成本由大到小依次排序；②按排序的累计件数计算占总产品或零部件总数的百分比；③按排序的累计成本计算所占总成本的百分比；④按 ABC 分析法将全部产品或零部件分为 A、B、C 三类。首选 A 类作为价值工程分析对象。

第二步：绘制 ABC 分析图。采用直角坐标系，纵轴为成本累计比率（%），横轴为观测对象累计比率（%），根据下列分类方法定出 A、B、C 三类的范围。A 类因素，发生累计频率为 0~80%，是主要影响因素。B 类因素，发生累计频率为 80%~90%，是次要影响因素。C 类因素，发生累计频率为 90%~100%，是一般影响因素。

（3）百分比分析法。百分比分析法是通过分析各产品的两个或两个以上技术经济指标所占的百分比，来发现问题选择对象。例如，某企业生产的四种产品的成本和利润的百分比及相应的综合比率（利润百分比与成本百分比的比值）。

（三）现代工程项目信息资料的收集

当价值工程活动的对象选定以后，就要开展信息资料收集工作，这是价值工程不可缺少的重要环节。通过信息资料收集，可以得到价值工程活动的依据、标准和对比的对象；通过对比可以发现问题，找到差距，明确解决问题的方向、方针和方法。

1. 现代工程项目信息资料收集的内容

不同价值工程对象所需收集的信息资料内容不尽相同。价值工程所需的信息资料，视具体情况而定，一般包含以下方面的内容。

（1）用户及市场信息。收集用户及市场方面的信息资料是为了充分理解用户对对象产品的期待、要求。这类信息包括用户对产品规格、使用环境、使用条件、耐用寿命、价格、可靠性、服务、操作及美观等方面的要求，以及产品市场行情、市场占有率等。

（2）技术信息。收集技术信息方面的资料是为了明白如何进行产品的设计改进才能更好地满足用户的要求，如何根据用户的要求进行设计和改进。这类信息包括科技进步方面的有关科研成果、技术发明、专利，新材料、新结构、新工艺、新技术，国内外同类产品的发展趋势和技术资料，标准化要求及发展动态等。

（3）经济信息。经济信息中，成本是计算价值所必需的依据，是功能成本分析的主要内容。实际产品中，往往由于设计、施工、运营等方面的原因，其成本存在着较大的改善潜力。在广泛占有经济资料（主要是成本资料）的基础上，通过实际成本与标准成本的比较及不同企业间的比较，可以揭露矛盾、分析差距、降低成本、提高产品价值，这方面的信息资料是必不可少的。

（4）本企业资料。掌握本企业资料是为了明白价值工程活动的客观制约条件，使创造出的方案既先进又切实可行。这方面资料包括企业设计研究能力，施工生产能力，质量保证能力，采购、供应、运输能力，筹措资金的能力等。

（5）相关政策、法律信息。了解相关政策、法律方面的信息是为了使企业的生产经营活动，包括开展价值工程活动与国民经济的发展方向协调一致。这方面资料包括政府和社会有关部门颁布的相关法律、法规、条例，尤其是经济类的法律、法规及政策。

2. 现代工程项目信息资料收集的特性

（1）目的性。所谓目的性，就是以实现价值工程为特定目标，将与其有关的信息资料尽量收集齐全。

（2）计划性。所谓计划性，就是在收集信息资料前预先编制计划，使工作具有明确的范围和内容，以便提高工作效率。

（3）可靠性。所谓可靠性，就是对信息资料的真伪加以判断，做到去伪存真。

（4）适时性。所谓适时性，就是要收集近期的、较新的信息资料，保证所需的信息资料有价值，适应决策的需要。

此外，对取得的信息资料进行加工、分类，使其成为系统信息，通过加工剔除无效的资料，使用有效的资料，以利于价值工程活动的分析研究。

3. 现代工程项目信息资料收集的方法

收集信息资料主要有询问法、查阅法、观察法、购买法等。

三、现代工程项目功能分析

功能分析是价值工程活动的核心和基本内容。它通过分析信息资料，正确地表达各对象的功能，明确功能特性要求，并绘制功能系统图，从而辨别产品各功能之间的关系，以便去掉不合理的功能，调整功能间的比重，使产品的功能结构更合理。在此基础上，再依据掌握的用户的功能要求，对功能进行定量评价，以确定提高价值的重点改进对象。功能分析内容主要包括功能定义、功能整理和功能评价等内容。

1. 现代工程项目功能定义

功能定义就是用简明准确的语言来表达功能的本质内容。功能定义在实践中常用一个动宾词组把功能简明扼要地定义出来，主语是被定义的对象。例如，基础的功能定义是“承受荷载”，内墙的功能定义为“分隔空间”等。

2. 现代工程项目功能整理

一件产品通常由许多零部件组成，各个零部件各有其功能，这些功能组成一个体系。功能整理就是对定义的功能进行系统的分析、整理，分清功能类别，建立功能之间的联系并绘出反映其功能关系的系统图。

功能整理的方法一般采用功能分析系统技术，其主要步骤如下。

（1）明确产品的基本功能和辅助功能。依据用户对产品的功能需求，找出基本功能，并把其中最基本的排出来，即上位功能（基本功能一般总是上位功能）。

（2）明确功能之间的关系（上下位或并列关系）。在一个系统中，功能的上下位关系，就是指功能之间的从属关系，上位功能是目的，下位功能是手段。例如，平屋顶功能中的“遮盖室内空间”和“防水”的关系就是上下位功能的关系。“遮盖室内空间”是上位功能，是目的；而“防水”是为了能够“遮盖室内空间”，所以“防水”是手段，是下位功能。需要指出的是，目的和手段是相对的，一个功能，对它的上位功能来说是手段，对它的下位功能来说又是目的。功能的并列关系是指两个功能互不从属，却同属于一个上位功能的关系。

（3）绘制功能系统图。所谓功能系统图，就是产品应有的功能结构图。在图中，上位功能在左，下位功能在右，并列关系功能并排、依次排列，通过“目的—手段”关系把功能之间的关系系统化，图形呈树形由左向右扩展、延伸。

3. 现代工程项目功能评价

（1）功能评价的概念。功能评价是在功能分析的基础上，应用一定的科学方法，求出实现某种功能的最低成本（或称目标成本），并以此作为功能评价的基准（也称功能评价值），通过与实现该功能的现实成本（或称目前成本）相比较，求得两者的比值即为功能价值；两者差值为成本改善期望值，也就是成本降低幅度。

（2）功能评价的方法。功能评价的主要步骤为：确定功能的现状成本或成本系数；确定功能评价值或功能重要性系数；确定功能价值或功能价值系数；计算成本改善期望值；根据对象价值的高低及成本降低幅度的大小，确定改进的重点或优先次序。

第一，计算功能现状成本。当一个构配件只实现一项功能，且这项功能只由这个构配件实现时，构配件的成本就是功能的现状成本。

当一项功能由多个构配件实现，且这些构配件只为实现这项功能服务时，这些构配件的成本之和就是该功能的现状成本；当一个构配件实现多项功能，且这些功能只由这个构配件实现时，则按该构配件实现各功能所起作用的比重将该构配件的成本分配到各项功能上去，即为各功能的现状成本；当多个构配件交叉实现多项功能，且这些功能只由这些构配件交叉地实现，计算各功能的现状成本应根据收集的产品各构配件的成本数据，将构配件的成本按一定的比例关系分摊到各项功能上去，再按实现同一功能的构配件所分摊的成本累加，即得到功能的现状成本。

第二，确定功能的评价值或目标成本。功能评价值，是依据功能系统图上的功能概念，预测出对应功能的成本。它不是一般概念的成本计算，而是把用户需求的功能换算为金额，其中成本最低的即是功能评价值。功能评价值的确定，有以下方法。

理论计算法。理论计算法是根据工程上的一些计算方法和某些费用标准（如材料价格等），找出功能与成本之间的关系，从而确定功能评价值。如对于某个施工方案，根据工时定额和人工费用资料，可以计算出某些加工功能的最低费用。

经验估算法。经验估算法是邀请一些有经验的专家，由他们根据收集到的有关信息资料，构思几个实现各功能或功能区域的方案，对各种可能方案进行成本估计，各方案的估算成本取专家估计成本的平均值，再从中取最低的估算成本作为功能评价值。

实际调查法。实际调查法是将企业内外能达到相同功能的现有产品作详细比较，从中选取能实现产品功能的最低成本作为功能评价值。

功能重要程度评价法。功能重要程度评价法是根据功能重要性程度确定功能评价值。先将产品功能划分为几个功能区域，并根据功能区的重要程度和复杂程度，确定各个功能区的功能重要性系数。再将产品的目标成本按功能重要性系数分配给各功能区作为该功能区的目标成本，即功能评价值。

四、现代工程项目的方案创造与评价系统

（一）现代工程项目的方案创造

经过功能评价，确定了目标成本之后就进入改进方案的创造和评价阶段。创造可以理解为“组织人们通过对过去经验和知识的分析与综合以实现新的功能”。方案创造是利用掌握的知识和经验，通过分析和综合，构思出新的功能方式，以更好地实现功能要求的过程。

价值工程活动能否取得成功，关键是功能分析评价之后能否构思出可行的方案。这是一个创造、突破、精制的过程。

（1）专家函询法（德尔菲法）。专家函询法不采用开会的形式，而是由主管人员或部门把已构思的方案以信函的方式分发给有关的专业人员，征询他们的意见，然后将意见汇总，统计和整理之后再分发下去，请专家再次补充修改，如此反复若干次，使原来比较分散的意见在一定程度上集中一致，形成统一的集体结论，作为新的代替方案。

（2）模糊目标法（哥顿法）。模糊目标法的特点是将要研究的问题适当抽象化，摆脱现有事物对思维的束缚，便于拓展思路，从而得到一些常规方法难以得到的方案。其要点是：与会人员会前不知道议题，会议开始时，主持人只向专家提出一个抽象的问题，要求大家针对此问题自由地提出解决方案，当讨论到适当的程度后，才把研究对象提出来，与会者再具体思考，舍弃不可行方案，对可行方案进行研究。

（3）问题列举法。问题列举法是通过列举问题来诱发人们创新构思的一种方法，一般以会议形式进行。此法根据列举的问题可以分为以下内容。

第一，缺点列举法。用调查产品缺点的方法，请各方面专家提出产品的缺点，并针对这些缺点提出改进方案。

第二，特性列举法。这种方法是将产品的特性，如结构、功能、质量等，逐项列举出来，然后根据这些特性提出改进方案。

第三，希望列举法。这种方法是将对产品功能的要求和希望都提出来作为价值工程的目标，启发人们更好地构思，进而提出方案。

方案创造的方法很多，各方法的宗旨是充分发挥各有关人员的智慧，集思广益，多提方案，从而为方案评价创造条件。

（二）现代工程项目的方案评价

方案评价是在方案创造的基础上对新构思的各种方案在技术、经济和社会效果等方面进行评估，并从中选择最佳方案的过程。方案评价包括概略评价和详细评价两个层次，其评价内容基本相同，只是深浅程度有别。

1. 方案的概略评价

概略评价的目的是对方案进行初步筛选，将一些价值明显不高的方案先行排除，保留价值较高的少数方案，以减少详细评价的工作量。概略评价的主要内容有以下方面。

（1）技术评价。围绕“功能”所进行的评价，主要是评价方案能否满足指定功能的要求，以及技术上的完善性和可能性。

（2）经济评价。围绕经济效益所进行的评价，主要是评价方案有无降低成本的可能和能否实现预定的目标成本。

（3）社会评价。围绕社会效益进行评价，主要是评价方案是否符合国家规定的各项政策、法令、标准以及是否有助于环境生态保护等。

（4）综合评价。将上述三方面结果加以综合，比较优劣，得出结论。

2. 方案的详细评价

方案的详细评价，就是对概略评价所得的比较抽象的方案进行调查和收集信息资料，使其在材料、结构、功能等方面具体化，最后审查和评价。

详细评价同样包括技术评价、经济评价、社会评价和综合评价，只是内容和方法上都较为复杂。综合评价有定性评价和定量评价两类方法，由于定性评价方法缺乏足够的说服力，实践中较多采用的是定量评价方法，下面探讨几种常用的定量评价方法。

（1）加权评分法。加权评分法用权数大小表示各评价指标的相对重要程度，用满意程度评分表示某项指标水平的高低，通过满意程度评分与相应的权数相乘后累计求和的方法得到各方案的加权评分和，以加权评分和大的方案为相对优方案。

（2）加法评分法与连乘评分法。加法评分法与连乘评分法首先拟定评价指标，然后将每一评价指标分成若干等级，对每一等级规定一个评分标准（重要项目的评分标准要高些），对编制的各种方案均按照同样的评分标准打分，最后将所得分数相加或连乘，得出总分，总分最高者为最优方案。加法评分法与连乘评分法所得结果相同，但连乘评分法能把各方案之间的分差拉开，对比明显，便于选择。

（3）技术经济价值法。一般而言，技术性指标和经济性指标在方案评价中相对于其他指标而言更为重要，技术经济价值法是用技术价值和经济价值对方案进行评价的方法。

（三）现代工程项目的检查评价与验收

（1）方案实施与检查。经过评价后选定的最佳方案，在尚未实施前须进行必要的试验验证，以确保选用方案实际可行并为审批提供依据。实验的目的是验证方案的规格和条件是否合理、恰当，方案的优缺点是否确切，存在的问题有无解决的措施。

当实施结果证实方案的确能满足预期的技术及经济指标，则需要将方案实施等问题写成提案形式，报送上级主管部门审批。在提案中需要将原方案的成本、功能、质量及销量和新方案的实验数据、技术经济指标、拟达到的目标、存在的问题实事求是地予以阐述。

提案上报主管部门审批之后，就应着手制订实施计划。一般来说，组织方案实施时首先指派一名实施价值工程项目的负责人，由他与价值工程小组成员制订一个具体的实施计划，在方案实施过程中，价值工程小组成员要深入实际，对整个过程进行跟踪检查，及时发现问题，查明原因，并采取切实可行的解决措施。

（2）方案评价与验收。方案实施后，要全面总结、评价价值工程活动的成果，并对预期效果进行验收。方案的评价与验收主要从经济和技术及社会的角度，对提高产品价值所开展的活动进行客观中肯评价，并总结经验教训，以利于提高价值工程活动的效益。

第三章　现代工程技术经济分析的程序、要素与方法

第一节　现代工程技术经济分析的一般程序

一、现代工程技术经济效果的评价原理

技术经济分析就是研究技术方案、技术规划和技术政策等技术实践活动的经济效果问题。经济效果是人们在实用技术的社会实践中所得与所花费用的比较，可用效率型指标表示。

从事任何社会实践活动都有一定的目的，都是为了获得一定的效果。社会实践的效果随实践活动的性质不同而异，分为技术效果、经济效果、军事效果、艺术效果和教育效果等，所有这些效果都有一个共同特征，都是要通过经济环境有投入物和产出物。而经济效果的评价就是指在特定环境下以货币计量的一定资源消耗和社会有用成果的对比分析。

二、现代工程技术经济分析的基本程序

一个完整的技术经济分析活动可分为以下几个阶段。

（1）调查研究。技术经济分析活动的第一个阶段就是通过调查，收集与技术实践活动有关的资料和信息，分析经济环境中显在和潜在的需求，确定研究目标。

（2）寻求关键要素。关键要素就是实现目标的制约因素。只有找出主要矛盾，确定系统的各种关键要素，才有可能采取有效的措施，为技术活动实现最终目标扫清障碍。

（3）建立方案。为达到已确定的目标，可采取不同的途径提出多种可供选择的方案。例如，降低人工费可以采用新设备，也可以采用简化操作的方法，新设备可降低产品的废品率，但同样的结果也可以通过质量控制方法得到。

在提出多个可供选择的方案时，什么都不做以维持现状的方案也是需要考虑的备选方案之一。

（4）评价方案。在收益一定的情况下，费用最低的方案大概率就是最佳方案，这就需要对备选方案进行经济效果评价。

评价方案，首先，要使不同的方案具有共同比较的基础，因此，要根据评价的目的、要求来建立方案评价的指标体系，才能将参与分析的各种因素定量化；其次，将方案的投入和产出转化为统一的用货币表示的费用和收益；最后，通过方案评价的数学模型进行综合运算、分析对比，从中选出最优方案。

三、现代工程技术方案经济效果评价的原则

在评价技术方案的经济效果时，必须用系统分析的观点正确处理各方面的矛盾关系，主要贯彻以下原则。

（1）预测分析的原则。技术方案的经济效果评价主要是采用预测的方法，以现有状况为基础，以统计资料为依据，通过事前分析，进行预测，力求把系统的运作控制在最满意的状态。

除了对现金流入量和流出量进行常规预测外，技术经济分析还对某些不确定性因素和风险做出估计，包括敏感性分析、盈亏平衡分析和概率分析。

（2）动态分析的原则。资金具有时间价值，传统的评价方法是以静态分析为主，不考虑投入—产出资金的时间价值，其评价指标很难反映未来时期的变动情况。而考虑资金时间价值进行的动态价值判断，将项目建设和生产不同时间阶段上资金的流入、流出折算成同一时点的价值，为不同项目活动或方案的比较提供同等的基础，这对于提高决策的科学性和准确性有重要的作用。

（3）定量分析的原则。技术方案的经济分析，是通过项目建设和生产过程中的费用和效益进行计算，给出数量概念，进行事实判断。因此，凡可量化的经济要素都应做出量的表述，一切技术方案都应尽可能通过计算定量指标将隐含的经济价值揭示出来。

（4）适当满足原则。现代决策理论是与古典决策理论相对而言的。古典决策

的准则是最优化原则，即根据定量化分析结果，按计算出的最大值（如收益）或最小值（如消耗）来选择方案。而现在决策的准则是适当满足的原则。由于人的头脑能够思考和解决问题的容量同问题本身的规模相比非常渺小，在现实世界里，要采用客观的合理举动，哪怕接近客观合理性也是很困难的，因此，对决策人来说，最优化决策几乎是不可能的。适当满足原则不单纯依据目标计算最大值和最小值来选择方案，而是把定量分析和定性分析结合起来，把数值计算与决策者的主观判断结合起来，依据目标计算结果较好、能满足决策目标要求、决策者认为合适的原则来选择方案。

（5）全过程效益分析的原则。项目的技术经济活动主要包括目标确定、方案提出、方案决策、方案实施以及生产运营活动的组织 5 个阶段。必须重视每个阶段的经济效益，尤其要根据我国工程建设活动的实际状况，在技术经济分析时把工作的重点转移到建设前期阶段上来，才能取得事半功倍的效果。

第二节 现代工程技术经济分析的要素解读

一、现代工程技术经济投资的构成要素

（一）现代工程投资的内容

所谓工程项目投资，一般是指某项工程从筹建开始到全部竣工投产为止所发生的全部资金投入，即该工程项目有计划地进行固定资产再生产和形成相应无形资产及铺底流动资金的一次性费用总和。工程项目投资主要由设备及工具、器具购置投资、建筑安装工程投资和工程建设其他投资组成。

（二）现代工程设备、工具、器具购置费用

设备、工具、器具购置费用由设备购置费用和工具、器具及生产家具购置费用组成。在工业建设工程中，设备、工具、器具购置费用与资本的有机构成相联系，设备、工具、器具购置费用占投资费用的比例大小意味着生产技术的进步和资本有机构成的程度。

1. 设备购置费的构成与计算

设备购置费是指建设工程购置或自制的达到固定资产标准的设备、工具、器具的费用。新建项目和扩建项目的新建车间购置或自制的全部设备、工具、器具，不论是否达到固定资产标准，均计入设备、工具、器具购置费中。设备购置费包括设备原价和设备运杂费。

（1）国产标准设备原价。国产标准设备是指按照主管部门颁布的标准图纸和技术要求，由设备生产厂批量生产的、符合国家质量检验标准的设备。国产标准设备原价一般指的是设备制造厂的交货价，即出厂价。如设备是由设备成套公司供应，则以订货合同价为设备原价。有的设备有两种出厂价，即带有备件的出厂价和不带有备件的出厂价。在计算设备原价时，一般按带有备件的出厂价计算。

（2）国产非标准设备原价。非标准设备是指国家尚无定型标准，各设备生产厂家不可能在工艺过程中采用批量生产，只能按一次订货，并根据具体的设备图纸制造的设备。非标准设备原价有多种不同的计算方法，如成本计算估价法、系列设备插入估价法、分部组合估价法、定额估价法等。无论哪种方法都应该使非标准设备计价的准确度接近实际出厂价，并且计算方法要尽可能简便。

（3）进口设备抵岸价。进口设备抵岸价指抵达买方边境港口或边境车站，且交完关税以后的价格。

第一，内陆交货类。即卖方在出口国内陆的某个地点完成任务。在交货地点，卖方及时提交合同规定的货物和有关凭证，并承担交货前的一切费用和风险；买方按时接受货物，交付货款，承担接货后的一切费用和风险，并自行办理出口手续和装运出口。货物的所有权也在交货后由卖方转移给买方。

第二，目的地交货类。即卖方要在进口国的港口或内地交货，包括目的港船上交货价、目的港船边交货价和目的港码头交货价（关税已付）及完税后交货价（进口国目的地的指定地点）。它们的特点是：买卖双方承担的责任、费用和风险是以目的地约定交货点为分界线，只有当卖方在交货点将货物置于买方控制下交货，方能向买方收取货款。这类交货价对卖方来说承担的风险较大，在国际贸易中，卖方一般不愿采用这类交货方式。

第三，装运港交货类。即卖方在出口国装运港完成交货任务。装运港船上交货价，习惯称为离岸价。运费在内价，运费、保险费在内价，习惯称为到岸价。它们的特点主要是：卖方按照约定的时间在装运港交货，只要卖方把合同规定的货物装船后提供货运单据便完成交货任务，便可凭单据收回货款。

采用装运港船上交货价（Free on Board，FOB）时，卖方的责任是：负责在合同规定的装运港口和规定的期限内，将货物装上买方指定的船只，并及时通知买方；负责货物装船前的一切费用和风险；负责办理出口手续；提供出口国政府或有关方面签发的证件；负责提供有关装运单据。买方的责任是：负责租船或订舱，支付运费，并将船期、船名通知卖方；承担货物装船后的一切费用和风险；负责办理保险及支付保险费，办理在目的港的进口和收货手续；接受卖方提供的有关装运单据，并按合同规定支付货款。

（4）设备运杂费。设备运杂费通常由下列各项组成。

第一，国产标准设备由设备制造厂交货地点起至工地仓库（或施工组织设计指定的需要安装设备的堆放地点）所发生的运费和装卸费；进口设备则由我国到岸港口、边境车站起至工地仓库（或施工组织设计指定的需要安装设备的堆放地点）所发生的运费和装卸费。

第二，在设备出厂价格中没有包含的设备包装和包装材料器具费。在设备出厂价或进口设备价格中如已包括了此项费用，则不应重复计算。

第三，供销部门的手续费，按有关部门规定的统一费率计算。

第四，建设单位（或工程承包公司）的采购与仓库保管费，是指采购、运输、验收、保管和收发设备所发生的各种费用，包括设备采购、保管和管理人员工资、工资附加费、办公费、差旅交通费，设备供应部门办公和仓库所占固定资产使用费、工具用具使用费、劳动保护费、检验试验费等。这些费用可按主管部门规定的采购保管费率计算。

2. 工具、器具及生产家具购置费的构成与计算

工具、器具及生产家具购置费是指新建项目或扩建项目初步设计规定必须购置的不够固定资产标准的设备、仪器、工卡模具、器具、生产家具和备品备件的费用。

（三）现代工程建筑安装工程费

1. 材料费

材料费是指施工过程中耗费的原材料、辅助材料、构配件、零件、半成品或成品、工程设备的费用，具体包括以下内容。

（1）材料原价，是指材料、工程设备的出厂价格或商家供应价格。

（2）运杂费，是指材料、工程设备自来源地运至工地仓库或指定堆放地点所发生的全部费用。

（3）运输损耗费，是指材料在运输装卸过程中不可避免的损耗。

（4）采购及保管费，是指为组织采购、供应和保管材料、工程设备的过程中所需要的各项费用，包括采购费、仓储费、工地保管费、仓储损耗。

工程设备是指构成或计划构成永久工程一部分的机电设备、金属结构设备、仪器装置及其他类似的设备和装置。

2. 人工费

人工费是指按工资总额构成规定，支付给从事建筑安装工程施工的生产工人和附属生产单位工人的各项费用。其内容包括以下方面。

（1）计时工资或计件工资：按计时工资标准和工作时间或对已做工作按计件单价支付给个人的劳动报酬。

（2）奖金：支付给个人超额劳动和增收节支的劳动报酬。如节约奖、劳动竞赛奖等。

（3）津贴补贴：为了补偿职工特殊或额外的劳动消耗和因其他特殊原因支付给个人的津贴，以及为了保证职工工资水平不受物价影响支付给个人的物价补贴。如流动施工津贴、特殊地区施工津贴、高温（寒）作业临时津贴、高空津贴等。

（4）加班加点工资：按规定支付的在法定节假日工作的加班工资和在法定工作时间外延时工作的加点工资。

（5）特殊情况下支付的工资：根据国家法律、法规和政策规定，因病、工伤、产假、计划生育假、婚丧假、事假、探亲假、定期休假、停工学习、执行国家或社会义务等原因按计时工资标准或计时工资标准的一定比例支付的工资。

3. 企业管理费

企业管理费是指建筑安装企业组织施工生产和经营管理所需的费用。其内容包括以下方面。

（1）管理人员工资。管理人员工资是指按规定支付给管理人员的计时工资、奖金、津贴补贴、加班加点工资及特殊情况下支付的工资等。

（2）办公费。办公费是指企业管理办公用的文具、纸张、账表、印刷、邮电、书报、办公软件、现场监控、会议、水电和集体取暖降温（包括现场临时宿舍取暖降温）等费用。

（3）差旅交通费。差旅交通费是指职工因公出差、调动工作的差旅费、住勤补助费，市内交通费和误餐补助费，职工探亲路费，劳动力招募费，职工退休、退职一次性路费，工伤人员就医路费，工地转移费以及管理部门使用的交通工具的油料、燃料等费用。

（4）固定资产使用费。固定资产使用费是指管理和试验部门及附属生产单位使用的属于固定资产的房屋、设备、仪器等的折旧、大修、维修或租赁费。

（5）工具用具使用费。工具用具使用费是指企业施工生产和管理使用的不属于固定资产的工具、器具、家具、交通工具和检验、试验、测绘、消防用具等的购置、维修和摊销费。

（6）劳动保险和职工福利费。劳动保险和职工福利费是指由企业支付的职工退职金、按规定支付给离休干部的经费、集体福利费、夏季防暑降温补贴、冬季取暖补贴、上下班交通补贴等。

（7）劳动保护费。劳动保护费是指企业按规定发放的劳动保护用品的支出。如工作服、手套、防暑降温饮料以及在有碍身体健康的环境中施工的保健费用等。

（8）检验试验费。检验试验费是指施工企业按照有关标准规定，对建筑以及材料、构件和建筑安装物进行一般鉴定、检查所发生的费用，包括自设实验室进行试验所耗用的材料等费用。不包括新结构、新材料的试验费，对构件进行破坏性试验及其他特殊要求检验试验的费用和建设单位委托检测机构进行检测的费用，由建设单位在工程建设其他费用中列支。但对施工企业提供的具有合格证明的材料进行检测，质量不合格的，检测费用由施工企业支付。

（9）工会经费。工会经费是指企业按规定的全部职工工资总额比例计提的工会组织开展，各项活动需要的费用。

（10）职工教育经费。职工教育经费是指按职工工资总额的规定比例计提，企业为职工进行专业技术和职业技能培训、专业技术人员继续教育、职工职业技能鉴定、职业资格认定以及根据需要对职工进行各类文化教育所发生的费用。

（11）财产保险费。财产保险费是指施工管理用财产、车辆等的保险费用。

（12）财务费。财务费是指企业为施工生产筹集资金或提供预付款担保、履约担保、职工工资支付担保等所发生的各种费用。

（13）税金。税金是指企业按规定缴纳的房产税、车船使用税、土地使用税、印花税等。

（14）其他。其他包括技术转让费、技术开发费、投标费、业务招待费、绿化费、广告费、公证费、法律顾问费、审计费、咨询费等。

4. 施工机具使用费

施工机具使用费是指施工作业所发生的施工机械使用费、仪器仪表使用费或其租赁费。

（1）施工机械使用费。以施工机械台班耗用量乘以施工机械台班单价表示。施工机械台班单价应由以下费用构成。

第一，折旧费。折旧费是指施工机械在规定的使用年限内，陆续收回其原值的费用。

第二，大修理费。大修理费是指施工机械按规定的大修理间隔台班进行必要的大修理，以恢复其正常功能所需的费用。

第三，经常修理费。经常修理费是指施工机械除大修理以外的各级保养和临时故障排除所需的费用。包括为保障机械正常运转所需替换设备与随机配备工具附具的摊销和维护费用，机械运转中日常保养所需润滑与擦拭的材料费用及机械停滞期间的维护和保养费用等。

第四，安拆费及场外运费。安拆费是指施工机械（大型机械除外）在现场进行安装与拆卸所需的人工、材料、机械和试运转费用以及机械辅助设施的折旧、搭设、拆除等费用；场外运费指施工机械整体或分体自停放地点运至施工现场或由一施工地点运至另一施工地点的运输、装卸、辅助材料及架线等费用。

第五，人工费。人工费是指机上司机（司炉）和其他操作人员的人工费。

第六，燃料动力费。燃料动力费是指施工机械在运转作业中所消耗的各种燃料及水、电等。

第七，税费。税费是指施工机械按照国家规定应缴纳的车船使用税、保险费及年检费等。

（2）仪器仪表使用费。仪器仪表使用费是指工程施工所需使用的仪器仪表的摊销及维修费用。

5. 利润

利润是指施工企业完成承包工程获得的盈利。

（1）施工企业根据企业自身需求并结合建筑市场实际自主确定，列入报价中。

（2）工程造价管理机构在确定计价定额中的利润时，应以定额人工费作为计算基数，其费率根据历年工程造价积累的资料，并结合建筑市场实际确定，以单位（单项）工程测算，利润在税前建筑安装工程费的比重可按不低于5%且不高于7%的费率计算。利润应列入分部分项工程和措施项目中。

6. 税金

税金是指国家税法规定的应计入建筑安装工程造价内的增值税、城市维护建设税、教育费附加以及地方教育附加。

7. 规费

规费是指按国家法律、法规规定，由省级政府和省级有关权力部门规定必须缴纳或计取的费用。其内容包括以下方面。

（1）社会保险费：养老保险费，失业保险费，医疗保险费，生育保险费，工伤保险费。

（2）住房公积金：企业按规定标准为职工缴存的长期住房储蓄。

（3）工程排污费：按规定缴纳的施工现场工程排污费。

其他应列而未列入的规费，按实际发生计取。

规费的计算包括：①社会保险费和住房公积金应以定额人工费为计算基础，根据工程所在地省、自治区、直辖市或行业建设主管部门规定费率计算。②工程排污费等其他应列入而未列入的规费应按工程所在地环境保护等部门规定的标准缴纳，按实计取列入。

（四）现代工程建设其他费用

工程建设其他费用是指从工程筹建到工程竣工验收交付使用为止的整个建设期间，除建筑安装工程费用和设备、工具、器具购置费以外的，为保证工程建设顺利完成和交付使用后能够正常发挥效用而发生的一些费用。

工程建设其他费用，按其内容大体可分为三种：一是土地使用费；二是与项目建设有关的费用；三是与未来企业生产和经营活动有关的费用。

1. 土地使用费

（1）农用土地征用费。农用土地征用费由土地补偿费、安置补助费、土地投资补偿费、土地管理费、耕地占用费等组成，并按被征用土地的原用途给予补偿。

征用耕地的补偿费用包括土地补偿费、安置补助费以及地上附着物和青苗的补偿费。

（2）取得国有土地使用费。取得国有土地使用费包括土地使用权出让金、城市建设配套费、拆迁补偿与临时安置补助费等。

第一，土地使用权出让金。土地使用权出让金是指建设工程通过土地使用权出让方式，取得有限期的土地使用权，依照规定支付的土地使用权出让金。

第二，城市建设配套费。城市建设配套费是指因进行城市公共设施建设而分摊的费用。

第三，拆迁补偿与临时安置补助费。拆迁补偿与临时安置补助费由两个部分构成，即拆迁补偿费和临时安置补助费或搬迁补助费。拆迁补偿费是指拆迁人对被拆迁人按照有关规定予以补偿所需的费用。拆迁补偿费可分为产权调换和货币补偿两种形式。产权调换的面积按照所拆迁房屋的建筑面积计算；货币补偿的金额按照被拆迁人或者房屋承租人支付搬迁补助费。在过渡期内，被拆迁人或者房屋承租人自行安排住处的，拆迁人应当支付临时安置补助费。

2. 与项目建设有关的其他费用

（1）建设单位管理费。建设单位管理费是指建设工程从立项、筹建、建设、联合试运转、竣工验收交付使用及后评价等全过程管理所需的费用。包括：①建设单位开办费。建设单位开办费是指新建项目为保证筹建和建设工作正常进行所需办公设备、生产家具、用具、交通工具等购置费用。②建设单位经费。建设单位经费包括工作人员的基本工资、工资性补贴、职工福利费、劳动保护费、劳动保险费、办公费、差旅交通费、工会经费、职工教育经费、固定资产使用经费、工具用具使用费、技术图书资料费、生产人员招募费、工程招标费、合同契约公证费、工程质量监督检查费、工程咨询费、法律顾问费、审计费、业务招待费、排污费、竣工交付使用清理及验收费、后评价费等费用。不包括计入设备、材料预算价格的建设单位采购及保管设备材料所需的费用。

（2）勘察设计费。勘察设计费是指为本建设工程提供项目建议书、可行性研究报告及设计文件等所需费用。包括：①编制项目建议书、可行性研究报告及投资估算、工程咨询、评价以及为编制上述文件所进行的勘察、设计、研究试验等所需费用；②委托勘察、设计单位进行初步设计、施工图设计及概预算编制所需费用；③在规定范围内由建设单位自行完成的勘察、设计工作所需费用。

勘察设计费应按照国家发改委颁发的工程勘察设计收费标准计算。

（3）研究试验费。研究试验费是指为本建设工程提供或验证设计参数、数据资料等进行必要的研究试验以及设计规定在施工中进行的试验、验证所需费用，包括自行或委托其他部门研究试验所需人工费、材料费、试验设备及仪器使用费，支付的科技成果、先进技术的一次性技术转让费。按照设计单位根据本工程项目的需要提出的研究试验内容和要求计算。

（4）临时设施费。临时设施费是指建设期间建设单位所需临时设施的搭设、维修、摊销费用或租赁费用。

临时设施包括临时宿舍、文化福利及公用事业房屋与构筑物、仓库、办公室、加工厂以及规定范围内道路、水、电、管线等临时设施。

（5）工程监理费。工程监理费是指委托工程监理企业对工程实施监理工作所需费用，根据国家发改委、住建部文件规定计算。建设工程监理与相关服务收费根据建设项目性质的不同情况，分别实行政府指导价或市场调节价。依法必须实行监理的建设工程施工阶段的监理收费实行政府指导价；其他建设工程施工阶段的监理收费和其他阶段的监理与相关服务收费实行市场调节价。实行政府指导价的建设工程施工阶段监理收费，其基准价根据《建设工程监理与相关服务收费标准》计算。发包人和监理人应当根据建设工程的实际情况在规定的浮动幅度内协商确定收费额。实行市场调节价的建设工程监理与相关服务收费，由发包人和监理人协商确定收费额。

建设工程监理与相关服务收费，应当体现优质优价的原则。在保证工程质量的前提下，由于监理人提供的监理与相关服务节省投资、缩短工期取得显著经济效益的，发包人可根据合同约定奖励监理人。

（6）工程保险费。工程保险费是指建设工程在建设期间根据需要实施工程保险部分所需费用。包括以各种建筑工程及其在施工过程中的物料、机器设备为保险标的的建筑工程一切险，以安装工程中的各种机器、设备为保险标的的安装工程一切险，以及机器损坏保险等。根据不同的工程类别，分别以其建筑安装工程费乘以建筑、安装工程保险费率计算。

(7) 引进技术和进口设备其他费。引进技术和进口设备其他费用，包括出国人员费用、国外工程技术人员来华费用、技术引进费、分期或延期利息、担保费以及进口设备检验鉴定费。

出国人员费用是指为引进技术和进口设备派出人员到国外培训和进行联络设计、设备检验的差旅费、制装费、生活费等。这项费用根据设计规定的出国培训和工作人数、时间及派往国家，按照财政部、外交部规定的临时出国人员费用开支标准及中国民用航空公司现行国际航线票价等进行计算，其中使用外汇部分应计算银行财务费用。

国外工程技术人员来华费用是指为安装进口设备，引进国外技术等聘用外国工程技术人员进行技术指导工作所发生的费用。包括技术服务费，外国技术人员的在华工资、生活补贴、差旅费、医药费、住宿费、交通费、宴请费、参观旅游等招待费用。这项费用按每人每月费用指标计算。

技术引进费是指为引进国外先进技术而支付的费用。包括专利费、专有技术费（技术保密费）、国外设计及技术资料费、计算机软件费等。这项费用根据合同或协议的价格计算。

分期或延期付款利息是指利用出口信贷引进技术或进口设备采取分期或延期付款的办法所支付的利息。

担保费是指国内金融机构为买方出具保函的担保费。这项费用按有关金融机构规定的担保费率计算。

进口设备检验鉴定费用是指进口设备按规定付给商品检验部门的进口设备检验鉴定费。

3. 与未来企业生产经营有关的其他费用

(1) 联合试运转费。联合试运转费是指新建企业或新增生产工艺过程的扩建企业在竣工验收前，按照设计规定的工程质量标准，进行整个车间的负荷试运转发生的费用支出大于试运转收入的亏损部分。费用包括试运转所需的原料、燃料、油料和动力的费用，机械使用费用，低值易耗品及其他物品的购置费用和施工单位参加联合试运转人员的工资等。试运转收入包括试运转产品销售和其他收入，不包括应由设备安装工程费开支的单台设备调试费及无负荷联动试运转费用。以“单项工程费用”总和为基础，按照工程项目的不同规模分别规定的试运转费率计算或以试运转费用的总金额包干使用。

（2）生产准备费。生产准备费是指新建企业或新增生产能力的企业，为保证竣工交付使用进行必要的生产准备所发生的费用。费用包括：第一，生产职工培训费。自行培训、委托其他单位培训人员的工资、工资性补贴、职工福利费、差旅交通费、学习资料费、学费、劳动保护费；第二，生产单位提前进厂参加施工、设备安装、调试等以及熟悉工艺流程及设备性能等人员的工资、工资性补贴、职工福利费、差旅交通费、劳动保护费等。

（3）办公和生活家具购置费。办公和生活家具购置费是指为保证新建、改建、扩建项目初期正常生产、使用和管理所必须购置的办公和生活家具、用具的费用。改建、扩建项目所需的办公和生活用具购置费应低于新建项目。其范围包括办公室、会议室、资料档案室、阅览室、文娱室、食堂、浴室、理发室和单身宿舍等。这项费用按照设计定员人数乘以综合指标计算。

二、现代工程项目生产经营期成本费用

费用是指企业为销售商品、提供劳务等日常活动所发生的经济利益的流出，具体表现为资产的减少或负债的增加。

费用的特征如下。

（1）费用最终会导致企业资源的减少。费用在本质上是企业资源流出，最终会使企业资源减少，具体表现为企业现金或非现金支出（如支付工人工资、支付管理费用、消耗原材料等），也可以是预期的支出（如承担一项在未来期间履行的负债——应付材料款等）。

（2）费用最终会减少企业的所有者权益。一般而言，企业的所有者权益会随着收入的增加而增加；相反，费用的增加会减少企业的所有者权益。费用通常是为取得某项收入而发生的耗费，这些耗费可以表现为资产的减少或负债的增加，最终会减少企业的所有者权益。

费用按照经济用途可分为生产成本和期间费用两大类。

（一）生产成本的构成要素

生产成本是指构成产品实体、计入产品成本的那部分费用。施工企业的生产成本指工程成本，是施工企业为生产产品、提供劳务而发生的各种施工生产费

用，包括直接材料费、直接工资、其他直接支出和制造费用。

工程成本是指施工企业在建筑安装工程施工过程中的实际耗费，包括物化劳动的耗费和活劳动中必要劳动的耗费。前者是指工程耗用的各种生产资料的价值，后者是指支付给劳动者的报酬。工程成本是工程造价的重要组成部分，应由工程本身来承担。工程成本的高低直接体现着企业工程价款中用于生产耗费补偿数额的大小。工程成本还是反映施工企业工作质量的一个综合指标。

成本虽说也是一种耗费，但和费用不是一个概念。成本和费用的区别在于，成本是针对一定的成本核算对象（如某工程）而言的；费用则是针对一定的期间而言的。成本和费用的联系在于，都是企业经济资源的耗费。

（1）直接材料费。直接材料费包括企业生产经营过程中实际消耗的原材料、辅助材料、设备零配件、外购半成品、燃料、动力、包装物、低值易耗品以及其他直接材料费。

（2）直接工资。直接工资包括企业直接从事产品生产人员的工资、奖金、津贴和补贴。

（3）其他直接支出。其他直接支出包括直接从事产品生产人员的职工福利费。

（4）制造费用。制造费用是指企业各个生产单位（分厂、车间）为组织和管理生产所发生的各项费用，包括生产单位（分厂、车间）管理人员工资、职工福利费、折旧费、维简费、修理费、低值易耗品摊销、劳动保护费、水电费、办公费、差旅费、运输费、保险费、租赁费（不含融资租赁费）、设计制图费、试验检验费、环境保护费。

（二）期间费用的构成要素

期间费用是施工企业当期发生的费用中的重要组成部分，期间费用于发生时直接计入当期损益。

（1）管理费用。管理费用是指施工企业为管理和组织企业生产经营活动而发生的各项费用。包括公司经费、工会经费、职工教育经费、劳动保险费、待业保险费、董事会费、聘请中介机构费、咨询费、诉讼费、排污费、税金、技术转让费、研究与开发费、无形资产摊销、业务招待费、计提的坏账准备和存货跌价准备、存货盘亏、毁损和报废损失、其他管理费用等。

（2）财务费用。财务费用是指企业为筹集生产所需资金而发生的费用，包括应当作为期间费用的利息支出（减利息收入）、汇兑损失（减汇兑收益）以及相关的手续费等。

（3）销售费用。销售费用是指企业在销售产品、自制半成品和提供劳务过程中发生的各项费用以及专设销售机构的各项经费，包括应由企业负担的运输费、装卸费、包装费、保险费、委托代销费、广告费、展览费、销售服务费用、销售部门人员工资、职工福利费、差旅费、办公费、折旧费、修理费、低值易耗品摊销等。

（三）固定成本与变动成本

产品成本费用按其与产量变化的关系，一般分为固定成本和变动（可变）成本两大类。固定成本和变动成本构成生产产品的总成本，再加上利润和税金构成产品的出厂价格。

（1）固定成本。固定成本在一定时期内不随企业产量的增减而变化，如车间经费和企业管理费。车间经费包括车间管理人员工资及附加费、办公费、折旧费、修理费、劳动保护费等。企业管理费是为管理和组织企业生产所耗的费用，包括全厂管理部门人员工资及附加费、办公费、折旧费（全厂性设备和厂房）、修理费、运输费、仓库保管费、差旅费等。以上费用均应列为企业的固定开支，因而称为固定费用。

其实，有些费用，如车间管理人员的工资及附加费、修理费等，只有当产量在一定范围内变动时，它才是不变的。当产量变化超过一定范围时，它就会有所增减，因此，它是相对固定的费用。

（2）变动（可变）成本。变动成本随着企业产量的增减而变化，如原材料费、直接人工工资及附加费、燃料动力费、废品损失费等。当产量增加时，费用总额也成比例增加。但也有不是成比例变化的，如价格的变化、工资的变化、原材料价格的波动等。

（四）经营成本

经营成本是工程经济分析中经济评价的专用术语，用于项目财务评价的现金流量分析。因为一般产品销售成本中包含有固定资产折旧费用、维简费（采掘、采伐项目计算此项费用，以维持简单的再生产）、无形资产及递延资产摊销费和利息支出等费用。在工程经济分析中，建设投资是计入现金流出的，而折旧费用是建设投资所形成的固定资产的补偿价值，如将折旧费用随成本计入现金流出，会造成现金流出的重复计算；同样，由于维简费、无形资产及其他资产摊销费也是建设投资所形成的，只是项目内部的现金转移，而非现金支出，故为避免重复计算也不予考虑；贷款利息是使用借贷资金所要付出的代价，对于项目来说是实际的现金流出，但在评价项目总投资的经济效果时，并不考虑资金来源问题，故在这种情况下也不考虑贷款利息的支出；在资本金财务现金流量表中由于已将利息支出单列，因此，经营成本也不包括利息支出。由此可见，经营成本是从投资方案本身考察的，在一定期间（通常为一年）内由于生产和销售产品及提供劳务而实际发生的现金支出。

三、现代工程的销售收入、利润及税金

（一）销售收入分析

工程项目的收入是估算项目投入使用后，生产经营期内各年销售产品或提供劳务等所取得的收入。销售产品的收入称为销售收入，提供劳务的收入称为营业收入。

销售收入是项目建成投产后补偿成本、上缴税金、偿还债务、保证企业再生产正常进行的前提。它是进行利润总额、销售税金及附加和增值税估算的基础数据。

收入对企业、方案选择或项目决策是至关重要的，是确定企业利润的基础，进而是企业纳税申报的基础。

（二）利润分析

建筑企业利润是指企业在一定时期内经营活动所取得的财务成果，亦即企业的盈利。它是评价企业经济效益好坏的综合指标。

建筑企业的利润总额由营业利润、投资净收益、营业外收支净额组成。

1. 营业利润

建筑施工企业的营业利润，由工程结算利润加其他业务利润减去管理费用和

财务费用组成。

（1）工程结算利润。施工企业的工程结算利润指企业及其内部独立核算的施工单位已向工程发包单位（或总包单位）办理工程价款结算后而形成的利润，是企业利润的主要组成部分。

（2）其他业务利润。建筑施工企业的其他业务利润，是指除工程价款收入以外的其他业务收入扣除其他业务成本及应负担的费用、流转税金及附加后的所得利润。一般包括：①产品销售利润：企业内部独立核算的工业企业销售产品获得的利润；②材料销售利润：企业及其内部独立核算的材料供应部门销售材料所获得的利润；③劳务、作业利润：企业对外单位或企业内部其他独立核算单位提供劳务，进行修理、运输等作业所获得的利润；④多种经营利润：企业举办一些与工程施工无直接联系的其他行业的经营业务而获得的利润（如饮食服务、服装加工、商品流通等业务）；⑤机具设备租赁利润：企业对外单位或企业内部其他独立核算单位出租施工机具、生产设备等所获得的利润；⑥其他业务利润，包括技术转让利润、联合承包节省投资分成收入、提前竣工投产利润分成收入等。

2. 投资净收益

投资净收益是指企业对外投资收益扣除企业对外投资损失后的净额。投资收益和投资损失指企业对外投资所取得的收益和发生的损失。

投资收益包括对外投资分得的利润、股利、债券利息，投资到期收回或中途转让取得款项高于账面价值的差额，以及按照权益法核算的股权投资在被投资单位增加的净资产中所拥有的数额等。

投资损失包括对外投资分担的亏损、投资到期收回或中途转让取得款项低于账面价值的差额，以及按照权益法核算的股权投资在被投资单位减少的净资产中所分担的数额等。

3. 营业外收支净额

营业外收支净额为营业外收入减去营业外支出的差额。企业营业外收入和营业外支出指与企业生产经营无直接关系的各项收入和支出。

营业外收入包括固定资产的盘盈和出售（报废清理）净收益，因债权人单位变更或撤销等原因而无法支付的应付款项、罚款收入、教育费附加返还款，以及其他非营业性收入。

营业外支出包括固定资产盘亏、报废、毁损和出售的净损失、非季节性和非大修理期间的停工损失、非常损失（指自然灾害造成的企业全部损失扣除保险赔偿款和残值等的净损失，及由此造成的停工损失和善后清理费用）、自办职工子弟学校经费和技工学校经费、公益救济性捐赠、未履行经济合同支付的赔偿金、违约金、罚款等。

在项目的技术经济分析中，只考虑项目投资的经济效益，与项目投资没有关系的不必考虑（如投资净收益、营业外收支净额），其他业务利润也无法预测。

（三）税金分析

税金是指企业根据国家税法规定向国家缴纳的各种税款，是企业为国家提供积累的重要方式。我国现行税制工商税金科目繁多，按照课税对象的不同性质，税收可以分为流转税类、所得税类、资源税类、财产税类和行为税类等。

在工程经济财务评价中，涉及的税费主要有：从销售收入中扣除的增值税、消费税、城市维护建设税及教育费附加和资源税；计入总成本费用的房产税、土地使用税、车船使用税和印花税等；计入建设投资的固定资产投资方向调节税（目前国家暂停征收），以及从利润中扣除的所得税等。

第三节　现代工程技术经济分析的主要方法

工程技术经济分析的基本方法就是对不同技术方案实施所需投入与所取得的效果进行计算、分析、比较论证，对参选方案进行评价，从而做出方案取舍的一套方法，主要有专家评价法、经济评价法、系统分析法和不确定分析法。

（1）建设项目的经济评价是项目建议书和可行性研究报告的重要组成部分，其任务是在完成市场预测、厂址选择、工艺技术方案选择的基础上，对拟建项目投入产出的各种经济因素进行调研、计算及分析论证经济效果，比较并选择推荐最优方案。

建设项目的经济评价包括财务评价和国民经济评价。财务评价是在国家现行财税制度和价格体系的条件下，计算项目范围内的效益和费用，分析项目的盈利能力、清偿能力，以考察项目在财务上的可行性。国民经济评价是在合理配置国家资源的前提下，从国家整体的角度分析项目对国民经济的净贡献，以考察项目的经济合理性。

（2）经济评价方法的主要特点。

第一，动态与静态分析相结合，以动态分析为主。经济评价方法强调时间因素，利用复利计算方法进行等值计算，即将不同时间内效益费用的流入流出折算成同一时点的价值，为不同方案和不同项目的经济比较提供了可比基础，并反映了未来时期的发展变化情况。

在强调动态指标的同时并不排斥使用静态指标。静态指标一般比较简单、直观，使用起来较方便，在评价过程中，根据工作阶段和深度要求的不同，计算静态指标，进行辅助分析。

第二，定量与定性分析相结合，以定量分析为主。经济评价的本质要求是通过效益和费用的计算，对项目建成和生产过程中的诸多经济因素给出明确、综合的数量概念，从而进行经济分析和比较。但一个复杂的建设项目总会有一些不能量化的经济因素，不能直接进行数量分析，此时应进行实事求是、准确的定性描述，并与定量分析结合在一起进行评价。

第三，全过程与阶段性经济效益分析相结合，以全过程分析为主。经济评价方法强调把项目评价的出发点和归宿点放在全过程的经济分析上，采用能够反映项目整个计算期内经济效益的内部收益率、净现值等指标，并用这些指标作为项目取舍的判断依据。

第四，宏观与微观效益分析相结合，以宏观效益分析为主。对项目进行经济评价，不仅要看项目本身获利及财务生存能力，还要考察项目的建设和经营对国民经济有多大的贡献以及需要国民经济付出多大代价。

第五，价值量与实物量分析相结合，以价值量分析为主。在项目经济评价中，要设立若干价值指标和实物指标。经济评价方法强调把物资、劳动、时间等因素量化为价值因素，在评价中，对不同项目或方案都用可比的同一价值量进行分析，并据以判断项目或方案的可行性。

第六，预测分析与统计分析相结合，以预测分析为主。进行项目经济评价时，既要以现有状况为基础，又要做有根据的预测，在对效益费用流入流出的时间、数据进行常规预测的同时，还应对某些不确定性因素和风险做出估计，包括敏感性分析、盈亏平衡分析和概率分析。

第四章　现代工程项目可行性研究与技术经济评价

第一节　现代工程项目可行性研究与投资估算

一、现代工程建设项目可行性研究

可行性研究（Feasibility Study）是指在投资决策前，对拟建项目进行技术、经济、环境和社会等方面的调查研究、分析比较、效果测算。可行性研究是决策科学化的必要步骤和手段，还能为银行贷款、合作者签约、工程设计等提供依据和基础资料。

可行性研究作为一种投资项目的评价方法，是随着科学技术与经济的发展而形成的。在市场经济条件下，由于价值规律的自发作用，投资具有盲目性。盲目投资会导致投资项目失败，经济损失惨重。因此，人们迫切希望在投资决策之前，对市场供求变化和技术发展趋势进行分析，测算投资盈利的可能性，从而进行有把握的投资，以取得较好的投资效益。为解决上述问题，产生了包括可行性研究在内的多种项目投资评价方法。

（一）现代工程建设可行性研究的依据

建设项目的可行性研究，必须在国家有关政策、法规、规划的指导下进行，同时还要有相应的各种技术资料。可行性研究工作的主要依据如下。

（1）国家有关的发展规划、计划文件，包括对该行业政策中的鼓励、特许、限制、禁止等有关规定。

（2）项目主管部门对项目建设要求请示的批复。

（3）项目建议书及其审批文件。

（4）双方签订的可行性研究合同协议。

（5）拟建地区的环境现状资料。

（6）试验、试制报告。在进行可行性研究前，对某些需要进行试验的问题，应由业主委托有关单位进行试验或测试，并将结果作为可行性研究的依据。

（7）业主与有关方面达成的协议，如投资、建设用地等方面的初步协议。

（8）国家或地方颁布的有关法规，如“三废”处理标准、土地法规、劳动保护条例等。

（9）国家有关的经济法规，如中外企业合资、税收、外资管理、贷款等规定。

（10）国家和地方颁布的与项目建设有关的标准、规范、定额等。

（11）市场调查报告。

（12）自然、社会、经济等方面的有关资料。

（13）其他有关资料。

（二）现代工程建设可行性研究报告的主要内容

项目可行性研究及其报告的主要内容如下。

（1）项目建设的必要性。第一，从项目层次分析拟建项目在实现企业自身可持续发展重要目标、重要战略和生存壮大能力的必要性；第二，从国民经济和社会发展层次分析拟建项目是否符合合理配置和有效利用资源的要求，是否符合区域规划、行业发展规划、城市规划的要求，是否符合国家产业政策和技术政策的要求，是否符合保护环境、可持续发展的要求等。

（2）市场分析。调查分析和预测拟建项目产品和主要投入品的国际、国内市场的供需状况和价格；研究确定产品的目标市场；在竞争力分析的基础上，预测可能占有的市场份额；研究产品的营销策略。

（3）项目建设方案研究。主要包括：建设规模和产品方案，工艺技术、主要设备方案，场（厂）址选择，主要原材料、辅助材料和燃料的供应方案，总图运输和土建工程方案，公用、辅助工程方案及节能、节水措施，环境保护治理方案，职业安全卫生健康措施和消防设施方案，项目的组织机构与人力资源配置。

（4）投资估算。在确定项目建设方案的基础上估算项目所需的投资。分别估算建筑工程费、设备购置费、安装工程费、工程建设其他费用、基本预备费、涨价预备费、建设期利息和流动资金。

(5) 融资方案。在投资估算确定投资额的基础上，研究分析项目的融资主体，资金来源渠道、方式，资金结构、融资成本和融资风险等。结合融资方案的财务分析，比较、选择融资方案。

(6) 财务分析（也称财务评价）。按规定科目详细估算营业收入和成本费用，预测现金流量；编制现金流量表等财务报表，计算相关指标；进行财务盈利能力、偿债能力以及财务生存能力分析，评价项目的财务可行性。

(7) 经济分析（也称国民经济评价）。对于财务现金流量不能全面、真实地反映其经济价值的项目，应进行经济分析。从社会经济资源有效配置的角度识别项目产生的直接和间接的经济费用和效益，编制经济费用效益流量表，计算有关评价指标，分析项目建设对经济发展的贡献以及项目所耗费的社会资源，评价项目的经济合理性。

(8) 经济影响分析。对于区域及宏观经济影响较大的项目，还应从区域经济发展、产业布局及结构调整、区域财政收支、收入分配，以及是否可能导致垄断等角度进行分析。对于涉及国家经济安全的项目，还应从产业技术安全、资源供应安全、资本控制安全、产业成长安全、市场环境安全等角度进行分析。

(9) 资源利用分析。对于高耗能、耗水、大量消耗自然资源的项目，应分析能源、水资源和自然资源利用效率；一般项目也应进行节能、节水、节地、节材分析；所有项目都要提出降低资源消耗的措施。

(10) 土地利用及移民搬迁安置方案分析。对于新增建设用地的项目，应分析项目用地情况，提出节约用地措施。涉及搬迁和移民的项目，还应分析搬迁方案和移民安置方案的合理性。

(11) 社会评价。对于涉及社会公共利益的项目（如农村扶贫项目），要在社会调查的基础上分析拟建项目的社会影响，分析主要利益相关方的需求、对项目的支持和接受程度，分析项目的社会风险，提出防范和解决社会问题的方案。

(12) 不确定性分析。进行敏感性分析，计算敏感度系数和临界点，找出敏感因素及其对项目效益的影响程度；进行盈亏平衡分析，计算盈亏平衡点，粗略预测项目适应市场变化的能力。

(13) 风险分析。对项目主要风险因素进行识别，采用定性和定量分析方法估计风险程度，研究提出防范和降低风险的对策措施。

（14）结论与建议。在进行以上各项分析研究之后，应做出归纳总结，说明所推荐方案的优点，指出可能存在的主要问题和可能遇到的主要风险，得出项目是否可行的明确结论，并对项目下一步工作和项目实施中需要解决的问题提出建议。

可行性研究及其报告的侧重点，因项目的性质、特点不同而有所差别。

第一，水利水电项目：通常具有防洪、灌溉、治涝、发电、供水等多项功能。需要重点研究：水利水电资源的开发利用条件，水文、气象、工程地质条件，坝型与枢纽布置，库区淹没与移民安置等。项目经济评价以经济分析为主，财务分析为辅。对于社会公益性的水利项目，如防洪、治涝项目，财务分析的目的是测算提出维持项目正常运行需要国家补助的资金数额和需要采取的经济优惠政策。

第二，交通项目：不生产实物产品，而是为社会提供运输服务。需要重点研究：地区综合运输网的交通运输现状和项目在交通运输网中的地位及作用；交通量、运输量的发展水平预测；地理位置、地形、地质、气候、水文等自然特征；建筑材料来源及运输条件；不同建设方案的路线起讫点和主要控制点、建设规模、标准论证，环境影响评价；主要工程数量、征地搬迁数量测算，投资估算，资金筹措方式；勘测设计、施工计划安排；确定运输成本及有关经济参数，进行经济评价、财务分析、敏感性分析；推荐方案评价；存在问题和有关建议。

第三，农业项目：一般多为综合开发项目，包括农、林、牧、渔和加工业等项目，建设内容比较复杂。需要重点研究：市场分析，建设规模和产品方案，原材料供应等。农业项目受气候等自然条件影响，效益与费用的不确定性较大。项目经济评价一般分项目和经营两个层次。项目层次评价以经济分析为主，财务分析为辅，经营层次评价只进行财务分析。

第四，公共卫生项目：一般包括医院、社区保健站、卫生防疫、疾病控制系统等项目。项目建设的目的在于改善社会医疗环境，提高人民的身体健康水平，保障社会公平，促进社会发展。需要重点研究：根据项目的服务范围，确定项目的建设规模；依据项目的功能定位，比较选择适宜的建筑方案、医疗设备和器械。项目经济评价以经济分析为主，常用的方法有最小成本分析、经济费用效果分析等。

第五，资源开发项目：一般包括煤、石油、天然气、金属、非金属等矿产资源的开发项目，水利水电资源的开发利用项目、森林资源的采伐项目等。需要重点研究：资源开发利用的条件，包括资源开发的合理性，开发资源的可利用量、自然品质、赋存条件和开发价值；分析项目是否符合资源总体开发规划的要求，是否符合资源综合利用、可持续发展的要求，是否符合保护生态环境的有关规定。

（三）现代工程建设可行性研究的阶段方法

项目决策分析与评价应分阶段由粗到细、由浅到深地循序渐进，一般分为投资机会研究、初步可行性研究和可行性研究（有时也叫详细可行性研究）三个阶段。投资机会研究证明效果不佳的项目，就不再进行初步可行性研究了。同样，如果初步可行性研究结论为不可行，则不必再进行可行性研究。在投资机会研究阶段，政府机构或行业主管部门根据国家、地区、部门经济发展战略规划和市场要求提出投资意向，企业根据这种意向，结合自身发展和经营规划，提出具体投资项目的设想，并对设想进行粗略分析。初步可行性研究和可行性研究的基本内容相同，只是研究的详细程度、深度与精度不同，有时可将初步可行性研究和可行性研究合并进行，对于中型、小型项目更是如此。

1. 投资机会研究方法

投资机会研究也称投资机会鉴别，是指为寻找有价值的投资机会而进行的准备性调查研究，机会研究的重点是分析投资环境，如在某一地区或某一产业部门，对某类项目的背景、市场需求、资源条件、发展趋势以及需要的投入和可能的产出等方面进行准备性的调查、研究和分析，目的是发现有价值的投资机会。投资机会研究可分为一般投资机会研究与具体项目投资机会研究两类。

（1）一般投资机会研究是一种全方位的搜索过程，需要进行广泛调查，收集大量的数据。一般投资机会研究可分为以下几类。

第一，地区投资机会研究，即调查分析地区的基本特征、人口及人均收入、地区产业结构、经济发展趋势、地区进出口结构等状况，研究、寻找在某一特定地区内的投资机会。

第二，部门投资机会研究，即调查分析产业部门在国民经济中的地位和作用、产业的规模和结构、各类产品的需求及其增长率等状况，研究、寻找在某一特定产业部门的投资机会。

第三，资源开发投资机会研究，即调查分析资源的特征、储量、可利用和已利用状况、相关产品的需求和限制条件等情况，研究、寻找开发某项资源的投资机会。

（2）在一般投资机会研究初步筛选投资方向和投资机会后，需要进行具体项目投资机会研究。具体项目投资机会研究比一般投资机会研究更为深入、具体，需要对项目的背景、市场需求、资源条件、发展趋势以及需要的投入和可能的产出等进行研究分析，并作出初步判断。

企业进行投资机会研究，还应结合自身的发展战略和经营目标以及企业内外部资源条件进行。企业内外部资源条件主要指企业的财力、物力和人力资源、技术和管理水平，以及外部建设条件。

投资机会研究的成果是机会研究报告。机会研究报告是开展初步可行性研究工作的依据。投资机会研究阶段一般是参照类似项目的数据粗略估算项目的建设投资和生产成本。

机会研究工作较为粗略，一般只做综合的估计，而不进行详细的计算分析，投资费用数据一般根据类似的工程测算。

2. 初步可行性研究方法

初步可行性研究也称预可行性研究，是介于投资机会研究与可行性研究之间的一个过渡阶段。初步可行性研究主要是对投资项目的市场需求与供应、项目所在地的社会经济情况、项目地址及其周围环境、项目规划设计方案、项目进度、项目销售收入与投资测算、项目财务分析等进行粗略调研及审查，以便对拟建项目做出初步抉择，以判明这个项目是否有生命力。

初步可行性研究的重点，主要是根据国民经济和社会发展长期规划、行业规划和地区规划以及国家产业政策，从宏观上分析论证项目建设的必要性，并初步分析项目建设的可能性。

初步可行性研究的深度介于投资机会研究与可行性研究之间，这一阶段一般采用指标估算法估算建设投资和生产成本。经初步可行性研究，如果判断项目是有生命力的，且有必要投资建设，即可进行可行性研究。

需要指出的是，不是所有项目都必须进行初步可行性研究，有些小型项目或简单的技术改造项目，在选定投资机会后，可以直接进行可行性研究。初步可行性研究的成果是初步可行性研究报告或者项目建议书，可根据投资主体及审批机构的要求确定。差别表现在对研究成果的具体阐述上，初步可行性研究报告详尽一些，项目建议书简略一些。

3. 可行性研究方法

可行性研究是投资前期研究与评价的最后阶段，是在初步可行性研究的基础上进行的详细研究。通过对主要建设方案和建设条件进行分析与比选论证，从而得出该项目是否值得投资，建设方案是否合理、可行的研究结论，为项目最终决策提供依据。必须详细说明与项目有关的关键因素，以及实现这种生产的各种可行方案，通过技术经济论证选取最佳方案，为建设方案的投资决策提供技术、经济和环境上的依据。

二、现代工程建设项目投资估算

（一）现代工程建设项目总投资的构成

项目总投资一般是指进行某项工程建设花费的全部费用，由建设投资、建设期利息和流动资金构成。

(1) 建设投资。建设投资是指在项目筹备与建设期间所花费的全部建设费用，包括工程费用、工程建设其他费用和预备费用，其中工程费用包括建筑工程费、安装工程费和设备、工具、器具购置费，预备费包括基本预备费和涨价预备费。

建筑工程费是指建设工程涉及范围内的建筑物、构筑物、场地平整、道路、室外管道铺设、大型土石方工程费用等。

安装工程费是指主要生产、辅助生产、公用工程等单项工程中需要安装的机械设备、电器设备、专用设备、仪器仪表等设备的安装及配件工程费，以及工艺、供热、供水等各种管道、配件、闸门和供电外线安装工程费用等。

设备、工具、器具购置费是指按照建设工程设计文件要求，建设单位（或其委托单位）购置或自制达到固定资产标准的设备和新、扩建项目配置的首套工具、器具及生产家具所需的费用。

工程建设其他费用是指未纳入以上两项的，根据设计文件要求和国家有关规定应由项目投资支付的，为保证工程建设顺利完成和交付使用后能够正常发挥效用而发生的一些费用。

（2）建设期利息。建设期利息是债务资金在建设期内发生并应计入固定资产原值的利息，包括借款（或债券）利息及手续费、承诺费、管理费等。

（3）流动资金。流动资金是项目运营期内长期占用并周转使用的营运资金，一般指生产性建设项目的流动资金。它是流动资产与流动负债的差额。流动资产包括各种必要的现金、银行存款、应收及预付款项及存货，流动负债主要是指应付账款。这里所说的流动资产，是指为维持一定的规模生产所需的最低周转资金和存货；流动负债只含正常生产情况下平均的应付账款，不包括借款。

（二）现代工程建设投资估算的阶段划分

投资估算是在对项目的建设规模、产品方案、工艺技术及设备方案、工程方案及项目实施进度等进行研究并基本确定的基础上，估算项目所需资金总额（包括建设投资和流动资金）并测算建设期分年资金使用计划。投资估算是拟建项目编制项目建议书、可行性研究报告的重要组成部分，是项目决策的重要依据之一。投资估算要保证一定的准确性，如果估算误差太大，必将导致决策的失误。因此，准确、全面地估算建设项目的投资，是项目投资决策阶段的重要任务。

由于工业项目可行性研究一般分为投资机会研究及项目建议书阶段、初步可行性研究阶段、详细可行性研究阶段，所以投资估算工作也相应分为三个阶段。由于每个阶段所具备的条件和掌握的资料不同，因而投资估算的准确程度也不相同。但是，随着可行性研究的深入，掌握的资料越来越丰富，投资估算会逐步准确，所起的作用也越来越重要。

（1）投资机会研究及项目建议书阶段的投资估算。投资机会研究主要是选择有利的投资机会，明确投资方向，提出概略的项目投资建议，并编制项目建议书。这一阶段的投资估算一般是通过与已建类似项目的对比得来的。其作用是作为领导部门审批项目建议书、初步选择投资项目的主要依据，对下一阶段初步可行性研究起到指导作用。

（2）初步可行性研究阶段的投资估算。初步可行性研究是在投资机会研究的基础上，对选定的投资项目进行市场分析，进行初步技术经济评价，确定是否需要进行更深入的研究。这一阶段的投资估算是作为决定是否进行详细可行性研究的依据，同时也是确定哪些关键问题需要进行辅助性专题研究的依据。

（3）详细可行性研究阶段的投资估算。详细可行性研究阶段也称为最终可行性研究阶段，主要是进行全面、详细、深入的技术经济分析论证，减少项目的不确定性，对可能出现的风险制定防范措施。该阶段研究内容详尽，要选择拟建项目的最佳投资方案，对项目的可行性提出结论性意见。这一阶段的投资估算是进行详尽经济评价、决定项目可行性、选择最佳投资方案的主要依据，也是编制设计文件，控制初步设计及概算的主要依据。

（三）现代工程建设投资估算的主要依据与要求

1. 建设投资估算的依据

投资估算的基础资料与依据包括以下方面。

（1）主要工程项目、辅助工程项目及其他各单项工程的建设内容及工程量。

（2）专门机构发布的建设工程造价及费用构成、估算指标、计算方法，以及其他有关估算工程造价的文件。

（3）专门机构发布的工程建设其他费用计算办法和费用标准，以及政府部门发布的物价指数。

（4）已建同类项目的投资档案资料。

（5）拟建项目所需设备、材料的市场价格。

（6）影响建设工程投资的动态因素，如利率、汇率、税率等。

2. 建设投资估算的要求

（1）根据主体专业设计的阶段和深度，结合各自行业的特点，所采用生产工艺流程的成熟性，以及国家及地区、行业或部门相关投资估算基础资料和数据的合理、可靠、完整程度，采用合适的方法进行建设项目投资估算。

（2）应做到工程内容和费用构成齐全，计算合理，不重复计算，不提高或者降低估算标准，不漏项，不少算。

（3）应充分考虑拟建项目设计的技术参数和投资估算所采用的估算系数、估算指标在质和量方面所综合的内容，应遵循口径一致的原则。

（4）应将所采用的估算系数和估算指标价格、费用水平调整到项目建设所在地及投资估算编制年的实际水平。对于由建设项目的边界条件（如建设用地费和外部交通、水、电、通信条件或市政基础设施配套条件等）差异所产生的与主要生产内容投资无必然关联的费用，应结合建设项目的实际情况修正。

（5）对影响投资变动的因素进行敏感性分析，注意分析市场的变动因素，充分估计物价上涨因素和市场供求情况对投资的影响。

（6）投资估算精度应能满足控制初步设计概算要求，并尽量减少投资估算的误差。

（四）现代工程建设投资的分类估算方法

采用分类估算方法时，应根据国家、地方或行业有关规定、定额、指标和取费标准，投资主管部门或地区颁布的估算指标，结合工程的具体情况估算。要有拟建项目较为详细的资料，估算有一定的深度和精确度。一般分别按建筑安装工程费、设备及工器具购置费、工程建设其他费用、预备费（含基本预备费和涨价预备费）和建设期贷款利息等分类进行估算。

估算步骤是：分别估算项目建设所需的建筑工程费、设备及工器具购置费和安装工程费；汇总建筑工程费、设备购置费和安装工程费，得出分装置的工程费用，然后合计得出项目建设所需的工程费用；在工程费用的基础上估算工程建设其他费用；以工程费用和工程建设其他费用为基础估算基本预备费；在确定工程费用分年投资计划的基础上估算涨价预备费；最后，总计求得建设投资。

1. 建筑工程费的估算

（1）建筑工程费的含义。建筑工程费是指建造永久性建筑物和构筑物所需要的费用，主要包括：第一，各类房屋建筑工程和列入房屋建筑工程预算的供水、供暖、卫生、通风、煤气等设备费用及其装饰、油饰工程的费用，列入建筑工程的各种管道、电力、电信和电缆导线敷设工程的费用；第二，设备基础、支柱、工作台、烟囱、水塔、水池、灰塔等建筑工程以及各种窑炉的砌筑工程和金属结构工程的费用；第三，建设场地的大型土石方工程、施工临时设施和完工后的场地清理、环境绿化的费用；第四，矿井开凿、井巷延伸、露天矿剥离、石油及天然气钻井，修建铁路、公路、桥梁、水库、堤坝、灌渠及防洪等工程的费用。

（2）建筑工程费的估算方法。建筑工程费的估算方法有单位建筑工程投资估算法、单位实物工程量投资估算法和概算指标投资估算法。

第一，单位建筑工程投资估算法。单位建筑工程投资估算法是以单位建筑工程量投资乘以建筑工程总量来估算建筑工程费的方法。一般工业与民用建筑以单位建筑面积（平方米）投资，工业窑炉砌筑以单位容积（立方米）投资，水库以水坝单位长度（米）投资，铁路路基以单位长度（千米）投资，矿山掘进以单位长度（米）投资，它们乘以相应的建筑工程总量计算建筑工程费。

第二，单位实物工程量投资估算法。单位实物工程量投资估算法是以单位实物工程量投资乘以实物工程总量来估算建筑工程费的方法。土石方工程按每立方米投资，矿井巷道衬砌工程按每延长米投资，路面铺设工程按每平方米投资，它们乘以相应的实物工程总量计算建筑工程费。

第三，概算指标投资估算法。在估算建筑工程费时，对于没有前两种估算指标，或者建筑工程费占建设投资比例较大的项目，可采用概算指标估算法。建筑工程概算指标通常是以整个建筑物为对象，以建筑面积、体积等为计量单位来确定劳动、材料和机械台班的消耗量标准和造价指标。建筑工程概算指标分别有一般土建工程概算指标、给排水工程概算指标、采暖工程概算指标、通信工程概算指标、电气照明工程概算指标等。采用概算指标投资估算法，需要占有较为详细的工程资料、建筑材料价格和工程费用指标，工作量较大。具体方法参照专门机构发布的概算编制办法。

2. 设备及工器具购置费的估算

设备购置费包括国内设备购置费、进口设备购置费和工器具及生产家具购置费。估算各单项工程的设备和工器具购置费时，需要主要设备的数量、出厂价格和相关运杂费资料。主要设备以外的零星设备费可按占主要设备费的比例估算。

（1）国内设备购置费估算。国内设备购置费是指为建设项目购置或自制的达到固定资产标准的各种国产设备的费用。它由设备原价和运杂费构成。

（2）进口设备购置费估算。进口设备购置费由到岸价（CIF）、进口从属费用及国内运杂费组成。到岸价是指进口货物抵达进口国口岸交货的价格，包括进口货物的离岸价（FOB）、国际运费和国际运输保险费。

第一，货价。一般指装运港船上交货价。货价分为原币货价和人民币货价，原币货价一律折算为美元表示，人民币货价按原币货价乘以外汇市场美元兑换人民币汇率中间价确定。进口设备货价可依据向有关生产厂商的询价、生产厂商的报价及订货合同价等研究确定。

第二，国际运费。国际运费即从装运港（站）到达我国抵达港（站）的运费。

第三，国际运输保险费。国际运输保险费是被保险人根据与保险人（保险公司）订立的保险契约，为获得保险人对货物在运输过程中发生的损失给予经济补偿而支付的费用。

第四，进口从属费。进口从属费包括进口关税、进口环节消费税、进口环节增值税、外贸手续费和银行财务费。

3. 安装工程费的估算

安装工程费一般包括：生产、动力、起重、运输、传动和医疗、试验等各种需要安装的机电设备、专用设备、仪器仪表等设备的安装费；工艺、供热、供电、给排水、通风空调、净化及除尘、自控、电信等管道、管线、电缆等的材料费和安装费；设备和管道的保温、绝缘、防腐，设备内部的填充物等的材料费和安装费。

投资估算中，安装工程费通常是根据行业或专门机构发布的安装工程定额、取费标准进行估算。具体计算可按安装费费率、每吨设备安装费指标或每单位安装实物工程量费用指标进行估算。

4. 工程建设其他费用的估算

工程建设其他费用是指建设投资中除建筑工程费、设备购置费、安装工程费以外的，为保证工程建设顺利完成和交付使用后能够正常发挥效用而发生的各项费用。一般有土地使用费、与项目建设有关的其他费用（如建设单位管理费、勘察设计费、研究试验费、建设单位临时设施费、工程监理费、工程保险费、供电贴费、施工机构迁移费、引进技术和进口设备其他费用、工程承包费）、与未来企业生产经营有关的其他费用（如联合试运转费、生产准备费、办公和生活家具购置费）。

工程建设其他费用的具体科目及取费标准应根据各级政府物价部门有关规定并结合项目的具体情况确定。

5. 基本预备费的估算

基本预备费又称工程建设不可预见费，是指在项目实施中可能发生，但在项目决策阶段难以预料的支出，需要事先预留的费用。一般由下列三项内容构成。

（1）在批准的设计范围内，技术设计、施工图设计及施工过程中所增加的工程费用；经批准的设计变更、工程变更、材料代用、局部地基处理等增加的费用。

（2）一般自然灾害造成的损失和预防自然灾害所采取的措施费用。

(3) 竣工验收时为鉴定工程质量对隐蔽工程进行必要的挖掘和修复所发生的费用。

基本预备费以工程费用和工程建设其他费用之和为基数，按部门或行业主管部门规定的基本预备费费率估算。

6. 涨价预备费的估算

涨价预备费是对建设工期较长的项目，由于在建设期内可能发生材料、设备、人工等价格上涨引起投资增加而需要事先预留的费用，亦称价格变动不可预见费。它包括人工、材料、设备、施工机械的价差费，建筑安装工程费及工程建设其他费用调整，利率、汇率调整等增加的费用。

7. 建设期贷款利息计算方法

建设期贷款利息包括向国内银行贷款、其他非金融机构贷款、出口信贷、外国政府贷款、国际商业银行贷款、境内外发行债券等在建设期间应偿还的借款利息。

估算建设期利息应按有效利率计息。项目在建设期内如能按期支付利息，应按单利计息。在建设期内如不支付利息，应按复利计息。

项目评价中对借款额在建设期各年年内按月、按季均衡发生的项目，为了简化计算，通常假设借款发生当年均在年中使用，按半年计息，其后年份按全年计息。对借款额在建设期各年年初发生的项目，则应按全年计息。

（五）现代工程建设流动资金的估算方法

流动资金是指建设项目投产后为维持正常生产经营，用于购买原材料、燃料、支付工资及其他生产经营费用等必不可少的周转资金。它是伴随着工程建设项目交付使用而发生的永久性流动资产投资，等于项目投产运营后所需全部流动资金扣除流动负债后的余额。其中，流动资金主要考虑应收账款、现金和存货；流动负债主要考虑应付和预收款。

流动资金的估算一般采用扩大指标估算法和分项详细估算法两种方法。在项目决策研究的早期，流动资金可以根据项目的特点和以往已建成运行的同类项目的数据，按销售收入、经营成本或固定资产投资的比例来估算，也可以按单位产量占用流动资金的比率来确定。随着项目投资决策研究的深入，有必要进行分项的详细估算。

（1）扩大指标估算法。扩大指标估算法是参照同类企业流动资金占营业收入的比例（营业收入资金率）或流动资金占经营成本的比例（经营成本资金率）或单位产量占用流动资金的数额来估算流动资金。一般常用的基数有销售收入、经营成本、总成本费用和固定资产投资等。所采用的比率根据经验确定或根据现有同类企业的实际资料确定，或依行业、部门给定的参考值确定。扩大指标估算法简便易行，但准确度不高，适用于项目建议书阶段的估算。

（2）分项详细估算法。分项详细估算法也称分项定额估算法。它是国际上通行的流动资金估算法。分项详细估算法思路是：先按照项目各年生产运行的强度，估算出各大类的流动资金最低需要量，加总以后减去该年估算出的正常情况下的流动负债，这就得到该年需要的流动资金，再减去上年已注入的流动资金，就得到该年流动资金的增加额。项目已达到正常的生产运行水平后，流动资金就可以不再投入。

第二节　现代工程项目技术经济评价

一、现代工程项目技术经济评价分析

（一）建设项目投资经济效果的基本内容

（1）经济效果。人类所从事的任何社会经济活动都有一定的目的性，而且都可以获取一定的效果，这些效果称为该项活动的劳动成果，如各种产品、服务等。但是要取得这些劳动成果必然要付出一定的代价，即必须投入一定数量的物化劳动（生产过程中消耗的生产资料）和活劳动（生产过程中劳动者体力和脑力的直接耗费），付出的代价通常称为劳动消耗。

所谓经济效果是指人们在工程建设领域中的劳动成果与劳动消耗的比较。这种比较可以用“比率法”“差值法”或“差值—比率法”三种方法表示。

（2）工程项目投资经济效果。工程项目投资经济效果主要是指工程项目投资与形成的固定资产、生产能力、经济效益及社会效益等。工程项目投资经济效果不仅反映在工程项目建设过程中，而且反映在投产后的生产（使用）过程中。因此，工程项目投资经济效果具有：第一，表现在价值成果上，即形成固定资产和生产能力；第二，表现在使用价值成果上，即项目建成后所产生的经济效益与社会效益。工程项目投资不是单纯为了形成固定资产和生产能力，所以，应把这两个方面的效果结合起来对工程项目投资经济效果进行评价。

工程项目投资经济效果包含的因素主要有：第一，个别工程项目的投资经济效果和整个国民经济的投资经济效果，即包括微观经济效果和宏观经济效果。第二，工程项目投资经济效果要统一考虑建设过程中和投产使用后两方面的效果，尤其是后者。所以，工程项目投资经济效果包括近期效果与远期效果两个方面。第三，工程项目投资经济效果不是用某一单个方面指标就能反映整个项目的效果的，即这种经济效果不仅反映在工程造价上，还反映在工程质量、建设速度上，因此，工程项目投资经济效果是一个综合的、全面的经济效果。

工程项目投资经济效果，既包含可以计量的因素，也包含不可计量的因素。对整个社会来说，工程项目投资经济效果所包含的各种因素，并不都可以直接用实物或货币来表示，有的因素很难用数字来计量其经济效果。所以，评价工程项目投资经济效果时，不仅要考虑可以计量的经济效果，还要考虑那些不能直接计量的经济效果。

（3）经济效益。效果是指某种活动产生的结果，可以将其称为凝固的效率。经济效果反映劳动消耗转化为劳动成果的程度，实际上是人们从事经济活动的一种必然结果。这种结果可能符合社会需要，也可能不符合社会需要。

效益则是指有益的效果，即社会需要或为社会所接受的成果。经济效益反映劳动消耗转化为有用或有效的劳动成果的程度。

在社会主义市场经济中，经济效益就是生产出更多为市场或用户所接受的产品。针对工程项目投资而言，经济效益就是指投资建设的项目，是发展国民经济和改善人民生活所需要的，也是符合市场需求的，所付出的投资是有回报的。

经济效果与经济效益是两个既有联系又有区别的概念，不应该将其等同起来。但由于技术经济评价的预测性，这二者在许多场合往往是通用的。如在评价某项拟建工程项目的经济效益时，是假定该项目的产品适销对路，其全部劳动成果都是有效的。在这样的情况下，经济效果和经济效益便没有区别。以后若无特别说明，就认为这两个术语可以通用。

（二）建设项目经济评价内容

1. 建设项目经济评价的分析

建设项目经济评价的分析是在完成市场需求预测、厂址选择、工艺技术方案选择等可行性研究的基础上，对拟建项目投入产出的各种经济因素进行调查、研究、预测、计算及论证，运用定量分析与定性分析相结合、动态分析与静态分析相结合、宏观效益分析与微观效益分析相结合的方法，推荐最佳方案。

建设项目经济评价源于西方国家。我国从 20 世纪 80 年代初期开始对建设项目经济评价的理论和方法进行研究，各行业及建设银行、投资银行都先后制定了各自的评价方法。建设项目经济评价已作为基本建设程序中的一个重要环节。

建设项目经济评价分为两个层次，即财务评价和国民经济评价。财务评价是在国家现行财税制度和价格体系的前提下，从项目的角度出发，计算项目范围内的财务效益和费用，分析项目的盈利能力和清偿能力，评价项目在财务上的可行性，属于微观经济效果评价。国民经济评价是在合理配置社会资源的前提下，从国家经济整体利益的角度出发，计算项目对国民经济的贡献，分析项目的经济效率、效果和对社会的影响，评价项目在宏观经济上的合理性。对于大中型工业项目，一般都要进行两种评价；对于费用效益计算比较简单、建设期和运营期比较短、不涉及进出口平衡等一般项目，如果财务评价的结果能够满足最终投资决策需要，也可以不进行国民经济评价。

财务评价和国民经济评价都可行的项目可以通过，反之予以否定。国民经济评价结论不可行的项目，一般予以否定。对某些国计民生急需的项目，若国民经济评价结论可行，但财务评价不可行的，可以考虑采取放宽条件和补贴等优惠政策使财务评价得到可行。

国民经济评价和财务评价是相互联系的，既有相同之处，又有不同之处，二者相辅相成，缺一不可。

（1）两种评价的相同之处：①总目标都是使项目以最小的费用取得最大的效益，即使项目净效益最大；②基本分析方法都是采用现金流量分析方法求出内部收益率、净现值等评价指标，以考察项目的可行性；③依据的基础经济数据有许多是相同的（如产品销售收入、固定资产投资、流动资金、经营成本等）。

（2）两种评价的主要区别。

第一，评价角度不同。财务评价从项目角度考察货币收支和盈利状况及借款偿还能力，以确定项目本身的财务可行性。国民经济评价是从国家整体角度考察项目的国民经济净效益，以考察项目的经济合理性。

第二，效益与费用的含义及划分范围不同。财务评价是根据项目的实际收支来确定项目的效益和费用，补贴计为效益，税金和利息计为费用。国民经济评价是着眼于项目对社会提供的有用产品和服务及项目所耗费的社会有用资源来考察项目的效益和费用，故补贴不计为项目效益，税金和国内借款利息均不计为项目的费用。另外，财务评价只计算项目的直接效益和直接费用，国民经济评价除计算项目直接效益和直接费用外，还要考察分析间接效益和间接费用。

第三，评价采用的价格不同。财务评价对投入物和产出物采用财务价格，国民经济评价采用比较能反映投入物和产出物真实价值的影子价格，影子价格是根据机会成本和消费者支付意愿来确定的。

第四，评价依据的主要参数和判据不同。财务评价依据的是官方汇率，并以行业基准收益率作为主要判据。国民经济评价依据的是影子汇率，以社会折现率作为主要判据。

2. 建设项目经济评价的步骤

建设项目经济评价的主要步骤如下。

（1）收集整理基础经济数据并填列辅助报表。要收集整理的主要经济数据有：①项目总投资、分年投资使用计划和资金筹措来源，递延资产和无形资产以及它们的分年摊销额；②项目投产后年生产成本；③项目投产后的年销售量和年销售收入；④项目投产后年税金；⑤项目投产后利润分配和偿还贷款计划等。这些数据有的来自市场预测，有的来自估算，有的根据现行财税制度和国家公布的相关参数进行计算。基础经济数据用辅助报表填列。

（2）编制相关评价基本报表。评价的基本报表包括国民经济评价报表和财务评价报表。

（3）进行财务评价和国民经济评价。具体工作是计算每项评价指标并进行投资风险分析（不确定性分析）。

（4）提出综合分析评价意见。具体工作是根据财务评价和国民经济评价的结果，综合分析项目经济效果，做出项目是否可行的结论。

3. 经济效果评价的基本原则

对建设项目的经济效果评价，一般应遵守以下原则。

（1）建设项目的经济评价要体现严肃性、科学性、真实性和现实性，实事求是地反映基本建设的客观情况。

（2）建设项目的经济评价必须符合国家关于经济建设的方针、政策，严格执行国家制定的各项经济政策和有关经济工作的各项规章制度和规定。

（3）宏观经济效益分析与微观经济效益分析相结合，以宏观经济效益分析为主。宏观经济效益是指从国家整体利益出发考察技术方案的经济效果，微观经济效益则是指从项目或企业本身利益的角度出发考察技术方案的经济效果。在多数情况下，二者是统一的，因为局部利益是全局利益的基础，全局包含局部，但有时也有矛盾。对项目进行经济评价，不仅要看项目本身获利多少，有无财务生存能力，还要考察项目的建设和经营对国民经济有多大贡献以及需要国民经济付出多大代价。现行项目经济评价方法规定，财务评价与国民经济评价结论均可行的项目才予以通过。如果财务评价结论可行，国民经济评价结论不可行，应予以否定。如果财务评价结论不可行但国民经济评价结论可行，可以进行“再设计”，必要时可以提出采取经济优惠措施的建议（如减免税收等），使财务评价结论也可行。这就体现了宏观经济效益分析与微观经济效益分析相结合，且以宏观经济效益分析为主的原则。

（4）动态分析与静态分析相结合，以动态分析为主。传统的评价方法是以静态分析为主，不考虑投入与产出资金的时间价值，其评价指标很难反映未来时期的变动情况。应该强调，考虑资金时间因素，进行动态的价值判断，即将项目建设和生产不同时间段上资金的流入、流出折算成同一时点的价值，变成可加性函数，从而为不同项目或方案的比较提供同等的基础，这对于提高决策的科学性和准确性具有重要的作用。

（5）定量分析与定性分析相结合，以定量分析为主。经济评价的基本要求是通过效益—费用的计算，对项目建设和生产过程中诸多经济因素给出明确、综合的数量概念，从而进行经济分析和比较。现行项目经济评价方法采用的评价指标力求能正确反映项目效益和费用之间的关系，尽可能对项目或方案的优劣给出明确的数量结论，但是一个复杂的项目，总是会有一些经济因素不能量化，不能直接进行数量分析，对此则应实事求是地进行准确的定性描述。

（6）价值量分析与实物量分析相结合，以价值量分析为主。无论是财务评价还是国民经济评价，都要设立若干实物指标和价值指标。在市场经济条件下，应把投资、劳动力、信息、资源和时间等因素都量化为用货币表示的价值因素，对任何项目或方案都用具备可比性的价值量去分析，以便项目或方案的取舍和判别。

（7）全过程效益分析与阶段效益分析相结合，以全过程效益分析为主。传统的经济评价方法重建设、轻生产，在经济评价时偏重建设期效益，忽视生产期效益，造成有些项目建成后效益低下甚至亏损。现行经济评价方法强调评价分析包括建设期和生产经营期的全过程经济效益，采用了能够反映项目整个计算期内经济效益的内部收益率、净现值等指标，并用这些指标作为项目取舍的依据。

（8）预测分析与统计分析相结合，以预测分析为主。现行经济评价方法强调既要以现有状况水平为基础，又要对未来情况进行科学预测，在对效益费用流入流出的时间、数额进行常规预测的同时，还要对某些不确定因素和风险进行估计，做出投资风险分析。

（9）经济效果与社会效果相结合。经济效果是可以用定量计算得出其价值量大小的经济活动后果，而社会效果是指经济活动对于人口素质、伦理道德、生活质量、社会安全等方面带来的后果，一般难以计算。因此，对方案进行评价时，既要考虑经济效果，也要考虑社会效果。如果方案的经济效果与社会效果一致，则方案的好坏容易判断；如果两者不一致，情况就比较复杂。从当前看，应当在尽量不危害社会的前提下，依据经济效果进行评价；从长远看，则应当在尽可能提高经济效果的同时，以社会效果的好坏决定取舍。

4. 技术方案经济效果评价的可比性要求

为了在对各项技术方案进行评价和选优时，能全面、正确地反映实际情况，必须使各方案的条件等同化，这就是所谓的“可比性问题”。由于各个方案涉及的因素是极其复杂且多样化的，不可能做到绝对的等同化，因此，在实际工作中只能做到受经济效果影响较大的主要方面达到可比性的要求。一般要求在各方案之间达到以下四个可比性要求。

（1）满足需要的可比性。技术方案的主要目的就是满足一定的需要。但需要的对象是多种多样的，因此从技术分析的观点来看，方案之间的比较必须具备满足相同需要或使用价值的条件，才能进行比较。即功能或使用价值的等同化是方案比较的共同基础。如不同建筑体系的住宅建筑可以互相比较，因为它们的功能或使用价值是等同的，但相同建筑体系的住宅和厂房之间就不具有可比性，因为它们在满足需要方面是不同的。各种技术方案一般都是以其产品数量、质量等技术经济指标来满足社会需要的，因此对满足相同需要的不同技术方案进行比较时，必须要求不同方案的产品数量和质量等指标具有可比性。当技术方案在产量不相同或效率不相同时，应通过适当方法进行修正，使之在数量上具有可比性。

（2）消耗费用的可比性。消耗费用的可比性，主要是指各种消耗费用的计算范围、计算基础的一致性，以及计算原则和方法的统一性。消耗费用的计算范围和计算基础的一致性表现为，一是应综合考虑整个社会的消耗费用，不仅要计算实现技术方案本身消耗费用，还应计算与现实方案密切相关部门的投资或费用；二是用系统的方法计算整个过程的全部费用。例如，计算某工厂方案的消耗费用，除了计算该厂的建设投资费用，还应包括与之密切相关的原材料供应、加工、运输及成品储存运输等相关项目或设施所消耗的费用。计算原则和方法的统一性，主要是指采用统一的计算方法，即各项费用（如投资、生产成本等）的估算应采用相同的计算公式，采用统一的定额和取费标准等。

（3）价格的可比性。价格的可比性要求所使用的价格必须满足价格性质相当及价格的时期相当两方面的要求。价格性质相当是指技术方案计算收入或支出时使用的价格应当真实反映价格和供求关系。如在计算方案消耗时，主要自然资源及人力资源应当采用受市场调节可以真实反映其价值的市场价格或国家统一拟定的影子价格，而不应当使用国家计划调节下的、受政策因素影响的规定价格；在计算方案收益时，生产的供销售的产品价格也应当采用市场价格或影子价格；在进行国民经济评价时，各方案应一律采用影子价格。价格的时期相当是指各方案在计算经济效益时，应采用同一时期的价格。由于技术的进步和劳动生产率的提高以及通货膨胀的影响，不同时期的价格标准是不一样的，各备选方案应当在相同时期的价格标准基础上，按方案的使用期适当换算，这样才能使经济效益值具有可比性。

（4）时间的可比性。时间的可比性包括两层意思：首先，要求各备选方案应具有统一的计算期。计算期是根据经济评价要求，考虑了方案的服务年限、国民经济需要和技术进步的影响，以及经济资料的有效期等因素后综合分析得出的，计算期不同于方案的使用寿命或服务期。如果备选方案的计算期不同，必须经过适当换算，使计算期相同后再互相比较。其次，必须考虑投入的时间先后与效益的发挥对经济效果的影响。

二、建设项目技术经济评价方案

在进行项目经济评价时，按是否考虑资金时间价值，可以有两种分析方法：静态分析方法和动态分析方法。不考虑资金时间价值的评价分析方法和指标为“静态”，考虑资金时间价值的评价分析方法和指标为“动态”。由于考虑了资金时间价值，动态分析决策要比静态分析决策科学。但静态分析的评价指标计算简单、直观，使用也十分方便。因此，在项目经济评价过程中，在以动态分析为主进行评价时，同时计算一些静态指标进行辅助分析。

（一）多方案的比较

投资方案经济性评价中，采用一系列评价指标分析每个方案是否达到了标准要求，以检验其自身经济性的工作，称为绝对经济效果评价；通过方案对比确定哪一个方案相对较优，称为相对经济效果评价。实际工作中，通常存在不同技术或不同规模的多种设计方案，即存在若干个备选方案，因此，除了要进行绝对经济效果评价之外，往往还需要进行相对经济效果比较，即在多个备选方案中进行比选。

在项目投资决策过程中，通常是先制订多个备选方案，通过对方案的评价和比较，最后选定某一个方案或方案组合。多方案比选的方法与备选方案之间的相互关系类型有关。通常备选方案之间的相互关系可以分为如下四种类型。

（1）独立型方案，是指各个方案的现金流量是独立的，不具有相关性，且任一方案的采用与否都不会影响其他方案的选用。独立型方案的特点是具有“可加性”。比如个人投资，可以购买国库券，也可以购买股票，还可以购房增值等。可以选择其中一个方案，也可以选择其中两个或三个方案，方案之间的效果与选择不受影响，互相独立。

（2）互斥型方案，是指各个方案之间具有排他性，在各个方案当中只能选择一个。比如，同一地域的土地利用方案是互斥型方案，是建居民住房，还是建写字楼等，只能选择其一。厂址选择问题、建设规模问题也是互斥型方案的选择问题。

（3）混合型方案，是指独立型方案与互斥型方案混合的情况。比如在有限的资源制约条件下，有几个独立的投资方案，在这些独立型方案中又分别包含着若干互斥型方案。

（4）相关型方案，是指在多个方案之间选择时，如果接受（或拒绝）某一方案，会显著改变其他方案的现金流量，或者接受（或拒绝）某一方案会影响对其他方案的接受（或拒绝）。若某方案的实施要求以另一方案（或另几个方案）的实施为条件，则该方案与其他方案之间就是从属关系。如汽车零件的制造厂与汽车总装厂之间显然是从属关系。

（二）多方案的选择

1. 独立型方案选择

独立型方案的采用与否，只取决于方案自身的经济性，不影响其他方案的采用与否。因此，在无其他制约条件的情况下，多个独立型方案的比选与单一方案是相同的，即用经济效果评价标准（如净现值法、净年值法和内部收益率法等）直接判别该方案是否可以接受。

独立型方案的比选，最常见的是受到资源限制的情况，如投资总量限制等。在有资源制约条件下独立型方案的比选常采用“互斥型方案组合法”，即将可行的方案组合列出来，每个方案组合可以看成是一个满足约束条件的互斥型方案。按互斥型方案的经济评价方法就可以选择一个符合评价准则的方案组合，该方案组合就是独立型方案的选择结果。

2. 互斥型方案选择

互斥型方案比选时，要求比选方案具有可比性，包括满足需求具有可比性、计算时间具有可比性，计算收益与费用的范围、口径一致，计算的价格可比。

互斥型方案的比选可以采用不同的评价指标，有净现值法、净年值法和内部收益率法等方法。

（1）净现值法。对于非成本比较的方案，采用净现值指标比选互斥型方案时，判别准则为净现值最大且大于零的方案为最优方案。当净现值指标用于多方案比较时，没有考虑各方案投资额的大小，不能直接反映资金的利用效率。因而在投资制约的条件下，方案净现值的大小一般不能直接评定投资额不同的方案的优劣，通常还用净现值率（NPVR）作为辅助指标。

利用净现值法比较不同寿命期的方案时，为满足时间可比性条件，应以各备选方案寿命期的最小公倍数作为进行方案比选的共同计算期，并假设各个方案均在这样一个共同的计算期内重复进行，对各个方案计算期内各年的净现金流量进行重复计算，直至与共同的计算期相等。

当互斥型方案的效果一样或者满足相同的需要时，仅需计算费用现金流，采用费用现值指标比较。其判别准则为费用现值最小的方案为最优方案。

（2）净年值法。对于非成本比较的方案，净年值最大且大于零的方案为最优方案。净年值指标在寿命期不等的多方案比选中有着重要的作用。当互斥型方案的效果一样或者满足相同的需要时，仅需计算费用现金流，采用费用年值指标，其判别准则为费用年值最小的方案为最优方案。

（3）内部收益率法。投资额不等的互斥型方案比选的实质是判断增量投资的经济效果。若投资额小的方案达到了标准的要求，增量投资又能带来满意的增量收益（也达到标准的要求），那么增加投资显然是有利的，投资额大的方案可以看成是投资额小的方案与增量投资方案的组合。

3. 混合型方案选择

混合型方案的比选方法是分析各方案的类型，寻找一种组合的方案，使其净现值比任何其他组合方式的净现值都大。

混合型方案选择步骤：按不同方案组之间互相排斥、组内方案互相独立的原则，形成所有可能的组合；组内方案筛选；在总的投资限额下，方案组之间进行比选，选出最优方案组。

4. 相关型方案选择

常见的现金流量相关型方案可以采用“互斥型方案组合法”将各方案组合成互斥型方案组，分别计算各组的现金流量，再按其评价方法进行评价与选择。

（三）设计及施工方案技术经济评价

所谓建筑工程技术经济评价就是对建筑工程技术方案（包括工程设计、施工及其他技术措施等）的经济效益进行计算评价和分析比较。任何一个建设项目，都可以采用不同的设计方案、施工方案，使用不同的机械设备和建筑材料，可以形成多个技术方案，而采用不同的方案会得到不同的经济效益，因此，为了达到最优的目标，就必须对各方案进行技术经济比较，从中选择一个技术经济效果相对较优的方案作为实施方案。

1. 设计及施工方案技术经济评价的目的

（1）鉴别各种方案在功能上的适用性，技术上的先进性和可行性，以及经济上的合理性。通过对方案的技术经济评价，可以使方案不断地得到改进和完善。

（2）通过对拟订方案的定性、定量以及综合性分析，选择出技术先进、工程可行、经济合理的方案，从而降低成本，提高经济效益。

（3）通过一系列的技术经济评价，可以积累经验，提高方案的设计和分析能力，促进设计和施工水平的不断提高。

2. 设计及施工方案技术经济评价的基本要求

（1）建筑技术经济评价应体现社会必要劳动消耗的价值指标。建筑产品的经济效果是劳动成果与社会必要劳动量之比，即使用价值与社会劳动消耗之比。使用价值表现为质和量两个方面。例如，住宅建筑的使用价值就是在相同的使用功能情况下的使用面积或户数。使用价值是以相同的建筑功能质量、相同的舒适程度和建筑标准等作为可比条件的。因此，住宅建筑的技术经济评价应以更能体现使用价值量的使用面积或有效面积为主要指标。

（2）以国家的建设方针为总标准，注意方案的总体经济效果，尽可能使经济、适用、美观三者统一。在评价建筑物的诸因素中“适用”是首要的，占主导地位。评价一个建筑物在经济上是否合理，要看该建筑物是否适用。一个适用的建筑，能降低成本，提高效率，提高技术经济效益；不合理的建筑则利用率较低，增加使用成本，降低经济效益。因此，适用是讲求经济的前提，离开了这个前提，就谈不上经济合理性。在方案评价中既要注重建筑的美学地位，也要反对片面追求美观的浮华奢侈观点。一座好的建筑物，应是实用的、经济的，建筑艺术效果也是好的。

（3）应满足方案的可比性条件。比选方案时如果缺乏可比性，就等于失去分析比较的前提条件，会使工作无法进行或得出错误的结论。可比性包括功能上的可比性、消耗上的可比性、价格上的可比性和时间上的可比性。在多种建筑技术方案之间进行比较时，由于各个技术方案的技术经济构成因素不同，就需要在诸方案之间找出内在因子，将不可比的条件转化为可比的条件，达到可比性目的。

（4）定性分析与定量分析相结合。在定量分析中，利用主要指标和辅助指标等多指标体系进行综合评价时，应权衡主次，突出主要指标。

(5) 对建筑项目的技术经济评价应纵观设计、施工和管理等方面，进行全面的、综合的评价。

(6) 在做技术经济评价结论时，既要着眼于建筑工程项目的当前效果，也要考虑长期效果；既要注重局部效果，又要注重宏观效果，切忌片面性。

3. 设计及施工方案技术经济评价的主要方法

(1) 多指标评价法。多指标评价法就是使用一系列适用的指标体系，将各个对比方案的相应指标值列出，然后进行对比分析，根据指标的高低分析判断其优劣。这是目前采用比较多的一种方法。

利用多指标比较法评价方案，需要解决如下问题。

第一，将对比指标分成主要指标和辅助指标。主要指标是能够比较充分地反映工程技术经济特点的指标，如工程造价、民用建筑设计方案的平面指标、物理性能、工业建筑设计方案的建设投资、工期、单位产品成本，等等，是确定工程项目经济效果大小、优劣的主要依据。辅助指标可以用来作为主要指标的补充，尤其是当主要指标不足以说明技术经济效果优劣时，可以用辅助指标来做进一步的技术经济分析。有些辅助指标可以在一定条件下转化为主要指标。

第二，解决可比性问题。两种方案进行对比的必要条件是：建筑标准与使用功能基本相同，建筑层数和层高相同或相似，建筑结构的抗震设防等级相同，采用统一的定额和价格标准，建筑的质量标准和要求应相近。如果不完全符合可比条件，可以用调整局部方案或修正系数法进行调整，使其满足可比条件后再进行对比，并在综合分析时予以说明。

多指标评价法的优点是指标全面，可以通过各种技术经济指标定性或定量地直接反映方案技术经济性能的主要方面；其缺点是不便于对某一功能进行评价，不便于定量的综合分析。用多指标进行方案比较时，如果某一方案的全部指标都优于其他方案，这便是最佳方案，但事实上这是非常少见的。如果各个方案中其他指标都相同，只比较一个指标就能决定方案的优势，或突出一个指标就可以选择最佳方案，这也比较简单。可是在实际工作中，往往各个方案中有些指标较优，另一些指标较差，而且各种指标对方案经济效果的影响也是不等同的，在这种情况下，采用多指标评价法选优就比较困难了。有时，也会因方案的可比性差而产生客观标准不统一的现象。

因此，在进行多指标评价时，要特别注意检查对比方案在使用功能和工程质量方面的差异，并分析这些差异对各指标的影响，避免导致错误的结论。可以采用以下方法对某些指标进行调整，使其具备可比性：①修正系数法。根据对指标影响因素的不同，制定出不同的修正系数，使各方案的同一指标具备可比性。②局部调整法。对工程设计作局部调整以消除各比选方案之间的差异，以便分析比较。如层数不同的建筑物，可以采取增减层数的办法使层数相同（同时要注意对基础的影响等）。③平面布置固定法。这种方法适合在结构体系分析比较时采用。对同样建筑布局的建筑物，采用不同结构体系时，各种指标之间具备了较高的可比性。这给指标的分析、评价带来了很大的方便。

分析对象的主要技术经济特点和适用条件；现阶段实际达到的经济效果水平；找出提高经济效果的潜力和途径以及相应采取的主要技术组织措施；预期经济效果；能否推广（或采用）和如何推广（或采用）的具体意见。

（2）单指标评价法。单指标评价法是将方案比较的各项目分析指标换算成同一指标进行比较的方法。将多指标换算成同一指标，一般有三种方法。

第一，价值指标综合法。价值指标基本上反映了可以用价值体现的全部经济因素，价值指标可以解决不同因素在实物形态上难以综合的问题。但价值指标能反映的仅仅是物化在建筑产品中的劳动消耗或生产过程中的劳动消耗、生产成果等，如投资、生产成本、总产值等，而无法反映质量、功能等不同的具体劳动消耗所创造的有用效果的差异。这就无法在比较中综合考虑有用效果和劳动消耗两个方面的情况。应用价值指标进行综合评价时，须在产品功能一致的条件下方有可比性。

第二，综合评分法。综合评分法是指将各项分析指标，根据其重要程度给出权重值，在分析时对各方案评定分数，计算各方案的总分值，然后进行评价。

第三，价值系数综合分析法。价值系数综合反映功能与成本两方面相关因素的数量关系，以对方案进行评价。在方案比较时，由于功能包含一系列指标，各指标的量纲和标准不一样，不能直接叠加。

4. 设计及施工方案技术经济评价的步骤

（1）根据项目的要求，列出各种可行的技术方案。一个建筑工程项目的设计和施工，可以有多种不同的方案。例如，设计具有基本相同功能的住宅，可以设计成砖混结构、框架结构等。同一个工程项目的施工方案也可以有许多种，施工方法的不同和选择施工机械的不同等，都能造成施工方案的差异。

（2）根据评价的要求拟订所需的指标或指标体系，并据此收集相关资料，将其制成表格，加以说明，以备进行分析。

（3）将收集的指标资料按相关规则或要求，经加工整理成真实、可靠的指示数据，以便进行分析。

（4）进行技术经济评价。根据技术经济评价的要求，选用适当的方法进行分析。在此基础上对方案的可行性和取舍做出结论。结论一定要立足于科学依据和辩证的分析，防止主观、片面和行政命令式的做法。

5. 建筑设计方案技术经济评价指标分类

（1）建筑设计方案技术经济评价指标分类。建筑设计方案技术经济评价指标，根据不同的要求有以下几种分类方法。

第一，按指标范围可以分为综合指标和局部指标。综合指标是概括一个工程设计方案经济性的指标，如工程的总造价、总面积、用地等；局部指标是只表明某个方面经济性的指标，如单方材料用量、层高等。

第二，按指标表现形态可以分为实物指标和货币指标。实物指标能直接、较准确地反映经济效益，但其形态千差万别，使用性质不同的工程在数量上难以相互比较，故在评价中有局限性；货币指标也叫价值指标，该指标可以综合地反映工程在建设和使用过程中所消耗的社会劳动，在数量上具有可比性。

第三，按指标应用可以分为建设指标和使用指标。建设指标是应用在工程建设阶段，表示工程在建造过程中的一次性消耗指标，如工程造价、各种材料的用量等；使用指标是工程交付使用后，直到其经济寿命终止之前，全部使用过程中经常性消耗指标，如维修费、能源耗用量等。

第四，按指标性质可以分为定量指标和定性指标。建筑设计技术经济评价指标以定量为主，但定性的评价也是不可缺少的。前者如造价、用工、材料等的耗用量，后者如平面布置的合理性等。

（2）民用建筑设计方案技术经济评价的指标及计算方法。为了使技术经济评价做到全面、明确，可以根据不同建筑工程（或建筑体系）的实际需要来确定其指标体系。

民用建筑设计方案的技术经济指标一般包括以下方面。

第一，建筑面积，包括居住面积、辅助面积、公共辅助面积和结构面积四个部分。

第二，有效面积，即使用面积，是建筑面积扣除结构面积所余部分。

第三，居住面积，即卧室和起居室的净面积。凡利用走廊加宽后作前室或小方厅的，若能放下一张单人床，且又不影响正常交通的条件下，可以算为 $2m^2$ 居住面积，否则均作交通面积算入辅助面积。壁柜不论大小，按门开户方向分别计算，如门开向居室，则算为居住面积，否则为辅助面积。

第四，辅助面积，即建筑面积扣除居住面积、结构面积后所余面积。辅助面积包括厨房、浴室、壁柜、走道、阳台及公共辅助面积（如楼梯间、通道等）。

第五，结构面积，即房屋结构构件（如墙、柱等）在平面位置上所占的面积。

第六，面积定额指标。面积定额指标用于控制设计面积，其中每户建筑面积一般由主管部门根据国民经济水平制定指标，设计时参照执行。

第七，工程总造价和每平方米建筑造价。工程总造价是指居住建筑物本身的全部造价，不包括室外附属工程和设施的造价。每平方米建筑造价，即建筑总造价与建筑面积之比（元/m^2），比较时还应细分为每平方米建筑面积土建工程造价和其他专业工程造价。土建工程造价中还以室内地坪标高为界，分别计算包括基础工程在内的全部土建造价和不包括基础工程在内室内地坪标高以上的土建造价。此外，有时土建造价指标还可以按基础、墙体、楼地面、屋面、装修等部分项目分别计算。

第八，平均每户造价。计算平均每户造价，是为了合理地确定平面系数、控制居住面积和户室比，使投资得到更好的使用。

第九，平均每人造价。反映住宅设计中每人需要的居住建设的投资数，可以分析设计居住人数与投资之间的关系。

第十，主要材料耗用指标。主要材料耗用指标是指用于建筑物本身土建工程的几项主要材料，如钢材、水泥、木材、砖等的每平方米建筑面积耗用量。

第十一，劳动耗用指标。劳动耗用指标是指住宅建造过程中直接耗用的全部劳动量，但不包括由机械费、运输费和管理费开支的用工，用每平方米建筑面积的用工量表示。劳动耗用量可以分现场用工和预制场用工两部分。

第十二，施工工期指标。以定额工期或计划工期为准。在评价时，计算缩短工期的经济效果，包括提前生产所获得的经济收益和施工单位由于缩短工期而缩减的间接费。

第十三，能源耗用指标。能源耗用指标是反映某一些住宅建筑对能源的需求程度。计算范围应包括建造阶段主要墙体材料生产、混凝土预制构件及施工时的能源耗用量，以及建筑物在使用阶段的能源耗用量。

第十四，房屋经常使用费。房屋经常使用费是反映住宅建筑使用过程的经济指标。经常使用费包括折旧、维修、管理、税金、保险、利息等项。一般计算折旧费与维修费两项。

（3）工业建筑设计方案技术经济评价的指标及计算方法。评价一个工业建筑项目设计方案的优劣，不是仅仅根据一个或几个经济指标，还要有一些技术指标。对于一个工业建筑项目而言，评价用的主要经济效果指标：基建投资效果系数、单位生产能力投资额、建设成本、建设工期、建设质量、劳动生产率、单位产品成本、生产年限、投资回收期等。

工业建筑设计方案在具体评价中，用到以下指标。

第一，建筑面积，计算方法与民用建筑相同。

第二，建筑系数，综合说明建筑设计的经济价值指标，一般用百分数形式表达。总平面设计的建筑系数，一般指建筑密度，用建筑系数来说明土地的使用率。

第三，厂区占地面积，一般指各生产车间、各种仓库和生产动力的建筑物、堆场以及供运输成品和材料的道路、铁路和美化厂区的绿化用地等。

第四，总产值，是以货币表现的工业企业生产的产品总量，总产值是各种产品的产量与价格相乘的总和，其单位为：元/年。

第五，总产量，是工业产品以实物单位表示的产品产量（实物量）。即以适合产品的特征、性能并能体现其使用价值的计量单位所表示的产品产量，其单位为：产品产量/年。

第六，全员劳动生产率，是表示全厂生产产品的劳动效率的指标。

6. 施工方案技术经济评价指标体系

施工方案技术经济评价指标体系。施工方案也需要运用一系列的指标来进行技术经济分析与评价。目前，常见的主要指标有以下种类。

第一，施工方案的技术性指标。施工方案的技术性指标主要反映方案的技术特征或适用条件。技术性指标可以用各种技术性参数表示，如现浇混凝土工程总量、安装构件总量、构件最大尺寸、构件最大质量、最大安装高度、模板型号数、各种型号模板的尺寸、模板单位经济性指标量等。

第二，总工期指标。总工期是破土动工到竣工验收后交付使用的全部日历天数。总工期是关键。这是因为总工期指标关系到工程项目建设投资效益能否及早发挥，资金是节约还是浪费。施工单位造成工期延长，按合同规定将受到延误工期罚款。

第三，单方用工指标。单方用工指标即总用工数（工日）除以建筑面积（即工日/m^2）。单方用工指标是反映施工过程中活劳动消耗量的指标。

第四，主要材料和能源消耗的节约指标。一般在编制施工方案时，都应根据技术组织措施计划中的节约措施计算主要材料和能源的节约数量，以反映物化劳动的节约水平。通常主要材料包括钢材（施工用钢和建筑用钢）、木材（施工用木材和建筑用木材）、水泥、砖等。

第五，主要施工机械台班指标。主要施工机械台班指标是按每平方米建筑面积计算的耗用台班数量。该指标通常用于反映机械使用水平。

第六，降低成本指标。降低成本指标是综合反映工程项目或分部工程采用不同施工方案而产生的经济效果的重要指标，一般用降低成本额和降低成本率来表示。

第七，安全生产指标。应将安全事故发生率降到最低，以保证人身安全和国家财产免遭损失。

第八，文明施工指标。噪声、振动、建筑垃圾、卫生环境，都体现施工方案的文明程度，同时也体现项目负责人的组织管理水平。

（四）建设项目后评价方案

1. 建设项目后评价分析

（1）建设项目后评价的概念。建设项目后评价是指在项目建成投产并达到设计生产能力后，通过对项目前期工作、项目实施、项目运营情况的综合研究，衡量和分析项目的实际情况与预测（计划）情况的差距，确定相关项目预测和判断是否正确并分析其原因，从中吸取经验教训，为今后改进项目的准备、决策、管理、监督等工作创造条件，并为提高项目投资效益提出切实可行的对策措施。后评价工作应按照“对事不对人，着重于总结经验教训，客观、公正、民主和科学”的原则进行。

建设项目一般可划分为两个阶段，即建设阶段和运营阶段。后评价也可按照这两个阶段进行，即项目实施后评价和项目运营后评价。

（2）建设项目后评价的特点。建设项目后评价有其内在的规律和特点，在原理、作用和实施步骤上都有别于项目可行性研究、项目前评价、项目中间评价、竣工验收、项目审计检查和一般性的工作总结。虽然这些工作的进行有利于后评价工作的开展，但替代不了后评价的作用和要求。项目后评价的主要特性如下。

第一，现实性。项目后评价分析研究的是项目的实际情况，是在项目投产的一定时期内，根据企业的实际经营结果，或根据实际情况重新预测的数据。

第二，全面性。在进行项目后评价时，既要分析投资过程，又要分析经营实施过程；不仅要分析项目投资经济效益，而且要分析经营管理，发掘项目的潜力。

第三，探索性。项目后评价要分析企业现状，发现问题并探索未来的发展方向，提出切实可行的改进措施。

第四，反馈性。项目后评价的主要目的在于为相关部门反馈信息，为今后项目管理、投资计划和投资政策的制定积累经验，并用来检测投资决策正确与否。

第五，合作性。项目后评价需要多方面的合作，如专职技术经济人员、项目经理、企业经营管理人员、投资项目主管部门等。只有各方融洽合作，工作才能顺利进行。

项目后评价与项目可行性研究及项目前评价相比，前者与后两者在项目建设过程中所处阶段不同，比较的标准不同，在投资决策中的作用不同，评价的内容不同，组织实施上不同，评价的性质不同。

（3）建设项目后评价的作用。建设项目后评价对于提高项目决策科学化水平，促进投资活动规范化，弥补拟建项目从决策到实施完成整个过程中出现的缺陷，改进项目管理和提高投资效益等方面，发挥着极其重要的作用。

第一，建设项目后评价有助于国家更好地决策，使政策有更强的指导作用。通过建设项目后评价，可以发现国家在宏观经济管理中存在的问题，及时做出调整。此外，国家还要根据项目后评价提供的数据，修正某些不正确或过时的国民经济参数。

第二，建设项目后评价有助于项目本身的完善、提高和改进，并对今后项目评价和实施起指导作用。通过建设项目后评价，可以及时反馈建设项目从立项到实施运营中的实际情况，发现问题，尽可能地采取适当的补救措施，改进执行方法，增强项目的后续能力。此外，项目后评价将在指导新建项目的选项、立项、评价、实施环节中发挥重要作用。

第三，建设项目后评价有利于提高管理水平。

（4）建设项目后评价的程序。

第一，组织评估机构。项目后评价组织机构的问题实际上是指由谁来组织项目后评价工作，这是具体实施项目后评价首先要解决的问题。根据项目后评价的概念、特点和职能，项目后评价的组织机构应符合以下方面的基本要求。

满足客观性、公正性要求。只有项目后评价组织机构具有客观性、公正性，才能保证项目后评价的客观性与公正性。这就要求项目后评价组织机构要排除人为干扰，独立地对项目实施及其结果做出评估。

具有反馈检查功能。项目后评价的作用主要是通过项目全过程的再评价并反馈信息，为投资决策科学化服务。因此要求项目后评价组织机构具有反馈检查功能，也就是要求项目后评价组织机构与计划决策部门具有通畅的反馈回路，以使项目后评价相关信息迅速地反馈到决策部门。

因此，项目后评价的组织机构不能由项目原可行性研究单位、项目前评价单位及项目实施过程中的项目管理机构来担任。应由一个独立的项目后评价组织机构来承担。

第二，项目后评价对象的选择。原则上，对所有竣工投产的投资项目都要进行项目后评价，项目后评价应纳入项目管理程序之中。但由于客观条件所限，不可能对所有投资项目都及时地进行项目后评价。现阶段，进行项目后评价的项目主要有：投产后本身经济效益明显不好的项目；国家急需发展的产业部门的投资项目，主要是国家重点投资项目，如能源、通信、交通运输、农业等项目；国家限制发展的产业部门的投资项目，如某些家用电器投资项目等；投资额巨大、对国计民生有重大影响的项目，如三峡工程等项目；一些特殊项目，如国家重点投资的新技术开发项目、技术引进项目等。

第三，收集资料和选取数据。项目后评价是以大量的资料和数据为依据的。这些资料和数据的来源要可靠。一般应由项目后评价者亲自调查整理。需要收集的资料和数据如下。

档案资料。主要有建设项目的规划方案、项目建议书和批文、可行性研究报告、评估报告、设计任务书、初步设计材料和批文、施工图设计和批文、竣工验收报告、工程大事记、各种协议书和合同及关于厂址选择、工艺方案选择、设备方案选择的论证材料。

项目生产经营资料。主要是生产、销售、供应、技术、财务、劳动工资等部门的统计年度报告。

供分析预测用的基础资料。主要是建设项目开工以来的关于利率、汇率、价格、税种、税率、物价指数变化的相关资料。

与项目相关的其他资料。如国家及地方的产业结构调整政策、发展战略和长远规划；国家和地方颁布的规定和法律文件等。

第四，资料的分析加工。对所收集的资料和数据进行汇总、加工和分析，对需要调整的数据和资料要调整。此时往往需要进一步补充测算相关的资料，以满足验证的需要。

第五，评价及编制后评价报告。编制各种评价报表及计算评价指标，并与项目前评价进行对比分析，找出差异及其原因。由评价组编制项目后评价报告。

第六，上报评价报告。把编制的详细项目后评价报告和其重点摘要上报给组织项目后评价的部门。

2. 建设项目后评价的方法及内容

（1）建设项目后评价的方法。建设项目后评价的分析方法总体上要坚持定量分析和定性分析相结合。在实际过程中，基本的评价方法有以下种类。

第一，“前后对比”和“有无对比”评价法。建设项目后评价的“前后对比”法是将项目可行性研究和评价时所预测的效益，与项目竣工投产运行后的实际结果相比较，找出差异和原因。这也是项目过程评价应遵循的原则之一。“有无对比”法是将项目投产后实际发生的情况与没有运行的投资项目可能发生的情况进行对比，以度量项目的真实效益、影响和作用，对比的重点主要是分清项目本身的作用和项目以外的作用。

第二，LFA（Logical Framework Approach，逻辑框架法）。逻辑框架结构矩阵，简称逻辑框架法，是一种开发项目的工具，用于项目的规划、实施、监督和评价。

LFA 是将几个内容相关必须同步考虑的动态因素结合起来，通过分析其间的关系，从设计、策划到目的、目标等方面来评价一项活动或工作。LFA 有助于评价者“思考和策划”，侧重于分析项目的运作。

第三，综合评价法。建设项目综合评价方法很多，通常采用成功度法。成功度法是根据项目各方面的执行情况并通过系统标准或目标判断表来评价项目总体的成功程度。进行成功度分析时，把建设项目评价的成功度分为5个等级，即非常成功、成功、部分成功、部分不成功和不成功，然后对项目绩效衡量指标进行专家打分，综合评价。

（2）建设项目实施后评价的内容。项目实施阶段是指从项目开工起到竣工验收、交付使用为止的全过程，包括项目开工、施工、生产准备、竣工验收等重要环节。项目实施后评价就是评价项目实施过程中各主要环节的工作实绩，分析和总结项目实施管理中的经验和教训，为今后进一步改进项目管理工作积累经验。

项目实施后评价的内容主要包括以下方面。

第一，项目开工的评价。分析和评价的主要内容：项目开工条件是否具备，手续是否齐备，是否有经相关部门批准的开工报告；项目实际开工时间与计划开工时间，提前或延迟的主要原因以及对整个项目建设乃至投资效益发挥的影响。

第二，项目变更情况的评价。分析和评价的主要内容：项目范围变更与否及变更的原因；项目设计变更与否及变更的原因，以及相应的处理措施；项目范围变更、设计变更对项目建设工期、建设成本、投资总额的实际影响。

第三，项目施工组织与管理的评价。分析和评价的主要内容：施工组织方式的科学合理性；推行施工项目经理承包责任制的情况；施工项目进度及其控制情况；施工项目成本及其控制情况；施工技术与方案的制定与实施情况。

第四，项目建设资金供应与使用情况的评价。分析和评价的主要内容：建设资金供应情况；建设资金运用情况（如是否符合国家财政信贷制度规定，使用是否合理等）；资金占用情况；全部资金的实际运用效率。

第五，项目建设工期的评价。分析和评价的主要内容：核实各单位工程实际开工、竣工日期，寻找提前或推迟的原因并计算实际建设工期；计算实际建设工期变化率；计算建筑安装单位工程的施工工期，以分析建设工期的变化。

在进行项目建设工期后评价时，还应分析和研究投产前生产准备工作情况及其对建设工期的影响。

第六，项目建设成本的评价。分析和评价的主要内容：主要实物工程量的实际数量，并与预计数量比较；设备及工具、器具购置数量、型号和质量情况；临时设施建设情况；主要材料实际消耗量、质量及价格情况；各项管理费用的取费情况。

项目建设成本变化情况可以用实际建设成本和实际建设成本变化率等指标来衡量。

第七，项目工程质量和安全情况的评价。

第八，项目竣工验收的评价，包括项目竣工验收组织情况和验收的程序等。

第九，同步建设的评价，包括相关项目在时间安排上是否同步，与后续项目的技术水平是否同步，实际生产能力是否协调、配套等。

第十，项目生产能力和单位生产能力投资的评价。

（3）建设项目运营后评价的内容。建设项目运营阶段包括从项目投产到项目生命结束的全过程。项目运营后评价是通过项目投产后的相关实际数据资料或重新预测的数据，衡量项目的实际经营情况和实际投资效益，并分析与预测情况或其他同类项目的经营状况和投资效益的偏离程度及其原因，系统地总结项目投资的经验教训，并为进一步提高项目投资效益提出切实可行的建议。

建设项目运营后评价的内容很多，既包括对企业经营管理状况的评价，也包括对实际已取得投资效益的评价和未来投资效益的预测。主要内容有以下方面。

第一，企业经营管理状况的评价。分析和评价的主要内容：企业投产以来经营管理机构的设置与调整情况；企业管理领导队伍情况，包括领导队伍调整情况，干部素质，基层干部和职工对领导队伍的响应情况；企业管理人员配备情况，包括管理人员在职工中所占比重，管理人员的选拔制度及素质等；经营管理的主要策略和实施的效果；现行管理规章制度情况；企业承包责任制情况；企业经营管理中的经验教训。

第二，项目产品方案的评价。分析和评价的主要内容：项目投产后到项目后评价时点为止的产品规格和品种的变化情况；产品方案调整对发挥项目投资效益的影响；现行的产品方案能否适应消费对象的需求，与项目前评价或可行性研究时设计的产品方案相比有多大变化，产品方案的变化对项目投资效益的影响；产品的销售方式。

第三，项目达产年限的评价。项目达产年限是指建设项目从投产之日起到其生产产量达到设计生产能力时所经历的全部时间，一般以年来表示。包括计算项目实际达产年限；计算实际达产年限的变化情况；分析实际达产年限与设计达产年限存在差异的原因；计算项目达产年限变化所带来的实际效益或损失等。

第四，项目产品生产成本的评价。产品生产成本是反映产品生产过程中物资材料和劳动力消耗的一个主要指标，是企业在一定时期内，为研制、生产和销售一定数量的产品所支出的全部费用。这些费用主要包括原材料消耗费用，燃料、动力等消耗费用，机器设备磨损费用，职工工资，经营管理费用等。产品生产成本评价的内容包括项目实际产品生产成本情况（包括生产总成本和单位生产成本）；分析总成本的构成及其变化情况；分析实际单位生产成本的构成及其变化情况；与项目前评价或可行性研究中的预测成本相比较，分析其偏差及产生的原因；项目实际生产成本发生变化对项目投资效益的影响及降低成本的有效措施等。

第五，项目产品销售利润的评价。销售利润是综合反映项目投资效益的指标。产品销售利润评价的内容：计算投产后历年实际产品销售利润，各年的变化情况并分析引起变化的原因；计算实际产品销售利润变化率；分析项目实际产品销售利润偏离预测产品销售利润的原因，计算各因素对实际产品销售利润的影响程度；提高实际产品销售利润的对策和建议。

第六，项目经济后评价。项目经济后评价是项目后评价的核心内容之一。项目经济后评价的目的：一方面衡量项目投资的实际经济效果，比较和分析项目实际投资效益与预测投资效益的偏离程度及其原因；另一方面通过信息反馈，为今后提高项目决策质量服务。

第七，对项目可行性研究水平进行综合评价。项目可行性研究水平评价的内容主要是对项目可行性研究的内容和深度进行评价。评价的内容：考核项目实施过程的实际情况与预测情况的偏差；考核项目预测因素的实际变化与预测情况的偏离程度，主要包括投资费用、产品产量、生产成本、销售收入、产品价格、市场需求、影子价格、国家参数和各项费率等的偏差；考核可行性研究各假设条件与实际情况的偏差，主要包括产品销售量、通货膨胀率、贷款利率等的偏差；考核实际投资效益指标与预测投资效益指标的偏离程度，主要是实际投资利润率、实际投资利税率、实际净现值、实际投资回收期、实际贷款偿还期、实际内部收益率等的变化；考核项目实际敏感性因素和敏感性水平；对可行性研究深度进行总体评价，通过上述各项的考察，综合计算预测情况与实际情况的偏差幅度，然后根据设定的标准，评价可行性研究的深度，分析产生偏差的原因；总结项目可行性研究的经验教训。

第三节　现代工程项目经济预测与决策

一、技术经济的预测方法

（一）技术经济预测的内容

1. 技术经济预测的概念

技术经济预测是根据技术经济发展的历史和现实，以准确的调查统计资料和技术经济信息为依据，运用定性和定量的科学分析方法，揭示出技术经济发展过程中的客观规律，并对各类技术经济现象之间的联系以及作用机制做出科学的分析，指出各类技术经济现象和技术经济过程未来发展的可能途径及结果。

技术经济预测是为技术经济决策服务的，通过预测来把握技术经济未来的发展和变化的相关动态，减少未来的不确定性，降低决策可能遇到的风险，从而减少技术经济决策的盲目性，提高决策的正确性。

2. 技术经济预测的类型划分

（1）按技术经济预测目标范围划分，可以分为宏观技术经济预测和微观技术经济预测。宏观技术经济预测是指对整个国民经济或一个地区、一个行业的技术、经济发展前景的预测，是对大系统的、总体的、综合的预测，例如对国民生产总量及其增长速度的预测。微观技术经济预测是指对小系统或某个局部事物的预测，例如一个企业的产品供求市场及其价格变化趋势的预测。

（2）按技术经济预测时期的长短划分，可以分为短期预测、中期预测和长期预测。对于不同的预测对象，其具体期限的划分是各不相同的，并无固定的标准。

（3）按技术经济预测的方法划分，可以分为定性预测、定量预测和综合预测。

定性预测也称为直观预测，主要利用直观资料，依靠个人经验、专业知识和判断分析能力，对事物未来的发展状况进行预测。

定量预测是根据历史资料和数据，应用数理统计的方法或利用事物发展的因果关系，建立数学模型，用以预测事物未来的状况或发展趋势。

综合预测是指采用两种以上不同的预测方法进行预测。任何一种预测方法都有一定的适用范围，都有一定的近似性和局限性。综合预测可以弥补各自不足，提高预测的精度和可靠性。综合预测可以是几种定量方法的组合，也可以是几种定性方法的组合，实践中多采用的是定性方法和定量方法综合。

3. 技术经济预测的原理

技术经济预测的对象是客观事物，事物的发展变化是复杂的。但其发展变化仍然遵循一定的客观规律。认识这些客观规律，充分利用客观规律的必然性，有利于提高技术经济预测的质量。

（1）惯性原理。任何事物的发展都有一定的延续性，这种延续性就称为“惯性”。惯性越大表示过去对未来的影响越大，那么研究过去所得到的信息对研究未来越有帮助；惯性越小表示过去对未来的影响越小。

影响技术经济系统惯性大小的主要因素有两个：一是技术经济系统的规模与范围，规模越大，范围越广，其惯性就越大；二是技术经济系统的“年龄”，“年龄”越小，其内在结构及外部联系就越不稳定，从而惯性也就越小。

技术经济系统稳定时，其内在联系及基本特征才可能延续下去，但绝对的稳定是不存在的。因此，利用惯性对技术经济系统进行预测时，就要求技术经济系统处于相对稳定状态。

（2）类推原理。某些技术经济系统在发展变化上具有类似之处，利用这种时间不同但表现形式相似的特点，有可能把先发展的技术经济系统的表现过程类推到后发展的技术经济系统中去，从而对后发展的技术经济系统进行预测。

利用类推原理进行预测，首要的条件是技术经济系统间的发展变化要有类似性，否则就不能进行类推预测。当由局部去推断整体时，必须注意局部特征能反映整体的特征，否则就不能进行类推预测。

（3）相关原理。技术经济系统与技术经济系统之间以及技术经济系统内部各部门之间的发展变化是相互联系、相互影响、相互制约的，这就是相关性。利用相关性进行预测，是技术经济预测中常用的一种十分重要的方法。相关性有多种表现形式，其中应用最广、最重要的是因果关系。

（4）概率推断原理。在技术经济系统中，由于各种随机因素的干扰，使技术经济变量呈随机变化的形式。为了对这种具有不确定性结果的预测对象给出较确定的结论，就需要应用概率推断的原理。该原理就是当推断预测结果能以较大的概率出现时，就认为这个结论是成立的、可用的。在实际应用中，预测概率应伴随预测结果同时给出。

（二）定性预测方法内容

定性预测法是在历史数据不足或事物发展变化过程难以定量描述时，利用直观材料，依靠个人经验进行主观判断，对事物未来的状况进行估计的方法。

定性预测有专家判断预测法、抽样调查法、历史类比法等，其中专家判断预测法是预测方法库中占有重要位置的一类预测方法，其特点是简便直观，只依赖于专家判断，不需要建立复杂的预测模型，在历史数据资料不全的情况下通常使用该方法，专家判断预测法可细分如下。

（1）专家个人判断法。该方法是依靠单个专家判断做出预测，其优点是可以最大限度地利用个人的创造力，不受外界干扰。但仅依靠个人的判断，其准确性受到专家知识面、经验的广度和深度、占有资料的全面程度以及对预测问题是否感兴趣等因素的影响，预测结果难免带有片面性。

（2）专家会议法。专家会议法主要体现在所有专家在完成预测的过程中都有机会与其他专家一起面对面地交换意见，相互启发，弥补个人不足。专家会议法与专家个人判断法相比，其占有的信息量大，考虑的因素多，提供的方案更具体。专家会议法的不足则主要表现在集体讨论容易被个别权威或大多数人的意见所左右，常有正确的意见不能得到充分发表。

（3）德尔菲法。德尔菲法的应用过程是由主持预测的机构确定预测的课题并选定专家，人数的多少视具体情况而定，一般是 10~50 人。预测机构与专家联系的主要方式是函询，专家之间彼此匿名，不发生任何横向联系。通过函询收集专家意见，加以综合、整理后，再反馈给各位专家征求意见。这样反复进行 4~5 轮，尽管每个专家的意见各有差异，但由于参与讨论的专家人数较多，会出现一种统计的稳定性，使专家的意见趋于一致，作为最后预测的根据。

二、技术经济决策方法

所谓决策，是指在现代社会和经济活动中，针对某些宏观问题和微观问题，采用一定的科学理论、方法和手段，指定若干可供选择的行动方案，并从中选定最满意的方案，然后实施方案，直到目标实现的动态工作过程。

（一）技术经济决策的构成条件

决策受决策主体、决策目标、决策对象以及决策环境所左右。构成一个决策问题，通常应具有如下条件。

（1）存在决策者希望达到的一个明确目标，如收益最大或损失最小等。

（2）存在两个或两个以上不以决策者的主观意志为转移的自然状态。

（3）存在两个或两个以上可供选择的行动方案。

（4）在各种自然状态下，不同行动方案将导致不同的结果，而其损益值可以计算出来。

（5）决策者对各种自然状态的发生，有的可以肯定（确定型决策）；有的不能肯定，也无法知道其发生的概率（非确定型决策）；有的虽不能肯定会发生哪种自然状态，但决策者可以预先估计或计算出其发生的概率（风险型决策）。

（二）技术经济决策的类型划分

根据不同的分类方法，决策可以分为以下类型。

（1）战略决策和战术决策。按决策问题的目标的性质划分，决策可以分为战略决策和战术决策。战略决策是涉及全局性的、长期性的、带方向性和根本性的一类决策。这种决策产生的影响是深远的，对决策系统的各个方面都在较长时间内产生影响。战术决策是为了保证战略决策的实施对一些局部的、暂时性的或其他执行性问题的决策。战术决策具有局部性、短期性和具体性特征。

（2）程序化决策和非程序化决策。按决策问题是否重复出现划分，决策可以分为程序化决策和非程序化决策。程序化决策，又称为常规决策，是对经常重复出现问题的决策。程序化决策的最大特点是有一定的规律，有一套常规的处理办法和程序，企业管理中的大多数决策均属程序化决策范畴。非程序化决策，又称为非常规决策，通常是指那些无法用常规决策程序处理的且无先例可循的、初次出现的或偶然发生的非例行活动所做出的决策。

（3）定性决策和定量决策。按决策方法的不同划分，决策可以分为定性决策和定量决策。定性决策是指决策者无法用数量来表现决策目标和决策变量、状态变量的决策。这种决策严重依赖于决策者的理论水平和现实经验，对决策结果通常只能做抽象的概括和定性的描述。定量决策是指决策者对决策问题中的决策变量、状态变量和目标函数都可以用数量来描述的决策。这种决策一般运用数学模型来帮助人们寻求实施方案。与预测问题一样，定性决策与定量决策也并非是对立的，人们在决策过程中对这两种决策方法往往是结合使用的。

（4）确定型决策、风险型决策、非确定型决策。按掌握决策信息的完整程度划分，决策可以分为确定型决策、风险型决策、非确定型决策。

确定型决策是指在决策时，其决策所需的决策信息是完备的决策，即决策者对决策问题的发展状况已经掌握，决策时可以选择最满意的方案。这种决策相对比较容易，决策所冒的风险也较小。

风险型决策是指在决策时，其决策所需的决策信息不完备，即认为未来事件的各种自然状态的发生具有不确定性，但可以估计各种自然状态发生的可能程度（概率）。这种类型的决策，不论选取何种方案，都有一定的风险。

非确定型决策是指决策时，其决策所需的信息是未知的，对未来可能发生的情况既无法确定其状态，又无法估计其发生的概率。这种决策大多根据决策者的主观判断，因此其决策后果是不确定的，决策的风险也更大。

（5）其他。还可以根据其他分类方法对决策问题进行分类。如根据决策者的地位，可以分为高层决策、中层决策和低层决策；根据决策目标的多少，可以分为单目标决策和多目标决策；根据决策期限的长短，可以分为长期决策和短期决策；根据决策实施的层次，可以分为单级决策和多级决策等。

（三）技术经济决策的原则

（1）最优化原则。决策总是在一定的环境条件下，寻求优化目标或优化方法以达到目标。因此，要求以最小的物资消耗取得最大的经济效益，以最低的成本取得最高的产量和最大的市场份额，获得最大的利润。此外还存在次优原则，这是因为在复杂的客观世界中，许多问题不存在最优，或者无法求出最优解，因此，采取被人们所能接受的满意的标准，这种原则称为“满意”原则。

（2）系统原则。决策环境本身就是一个大系统，处于多层次、复杂的结构中，包含许多相互联系、相互制约的子系统。因此，决策时要应用系统工程的理论和方法，以系统的总体目标为核心，以满足系统优化为准绳，强调系统配套、系统完整和系统平衡，从整个系统出发来权衡利弊。

（3）信息准确原则。信息是决策成功的基础。不仅决策前要收集和运用内部、外部有关决策目标的信息，而且决策后也要通过信息反馈，了解决策实施后与目标的偏离情况，以便提高决策的准确性。

（4）可行性原则。决策必须可行，否则就不能实现决策目标。因此，决策前必须进行可行性研究，包括目标的可行性和方案的可行性。可行性研究必须从技术上、经济上和社会环境上诸方面全面考虑。

（5）集团决策原则。利用智囊团决策是决策科学化的重要组织保证，是集团决策的重要体现。依靠和充分运用智囊团，对决策问题进行全面系统的调查研究，弄清历史和现状，掌握第一手资料，然后通过方案论证和综合评估，对比优选，为决策者提供有价值的参考意见。

（四）技术经济决策的过程

决策是一个过程，合理的决策过程是确保决策合理性的一个重要方面。合理的决策过程通常由以下阶段构成。

（1）明确问题，确定决策目标。决策是针对所需要解决的问题而进行的工作过程，问题的提出及其性质的确定是制定决策目标的前提。决策目标是技术经济决策的依据和方向，同时也是决策者期望达到的标准。确定决策目标一定要从客观实际出发，经过反复、充分的论证。决策目标必须满足针对性、明确性和层次性的要求。确定决策目标需明确主要目标和次要目标、近期目标和远期目标，以及这类目标的衔接关系。

（2）拟订备选方案。收集有关决策目标的资料，通过科学的预测获得更多准确的未来信息，在此基础上，拟定可供选择的各种可行方案。方案的拟订，必须尽可能地满足整体上的详尽性和齐全性，也必须注意个体间的排他性，即各方案应彼此排斥，决策的结论不可能同时执行多个方案。

（3）方案评选。决策即选择，因此，方案的评估、选择是决策的关键。在评选之前，应正确地确定评选的标准、评选的方法。根据决策准则，对每个备选方案进行技术、经济等各方面的分析，并结合决策目标进行综合评价，选取最佳方案作为决策的实施方案。

（4）方案实施及反馈。方案确定后，就进入实施阶段。通常，在普遍实施之前，还要经过试验证实，以避免决策失误。决策的正确与否要以实施结果来判断，在方案实施的过程中，应建立有效的控制与反馈体系，发现偏差，及时采取措施。当客观条件发生较大变化时，应及时暂停实施，并应根据变化了的情况，修正决策目标，重新予以决策。

第五章　现代工程项目施工与风险管理

第一节　现代工程项目施工管理的内容

一、现代工程项目施工管理分析

（一）现代工程项目施工管理的特性

（1）项目与项目管理。项目是指为达到符合规定要求的目标，按限定时间、限定资源和限定质量标准等约束条件完成的，由一系列相互协调的受控活动组成的特定过程。

项目的基本特征：一次性目标的明确性，具有独特的生命周期、整体性和不可逆性。

项目管理是指项目管理者为达到项目的规定目标，运用系统理论和方法对项目进行的策划（规划、计划）、组织、控制、协调等活动过程的总称。

（2）施工项目管理。施工项目管理是指承包商运用系统的观点、理论和方法对施工项目进行的决策、计划、组织、控制、协调等全过程的全面管理。

施工项目管理的特性如下。

第一，施工项目管理的主体是承包商。建设单位和设计单位均不进行施工项目管理，他们对项目的管理分别称为建设项目管理、设计项目管理。

第二，施工项目管理的对象是施工项目。施工项目的生产周期包括工程投标、施工合同签订、施工准备、施工及交工验收、保修等。施工项目管理也就是对施工项目的生产周期进行的管理。

第三，施工项目管理的内容是按阶段变化的。管理者必须对施工项目各阶段进行有针对性的动态管理，使资源达到优化组合，以提高施工效率和效益。

第四，施工项目管理要求强化组织协调工作。由于施工项目生产活动的独特性（单件性）、流动性、露天工作、工期长、所需资源多，且施工活动涉及复杂的经济关系、技术关系、法律关系、行政关系和人际关系，必须强化组织协调工作才能保证施工活动顺利进行。

（二）现代工程项目施工管理的阶段

1. 投标签约阶段

项目发包人对建设项目进行设计和建设准备，具备了招标条件以后，项目发包人便会发出招标广告（或邀请函），承包商接到招标广告或邀请函后，从做出投标决策至中标签约，实质上便是在进行施工项目管理的工作。这是施工项目寿命期的第一阶段，本阶段的最终管理目标是签订工程承包合同。主要有以下工作。

（1）承包商从经营战略的高度做出是否投标争取承包该项目的决策。

（2）承包商决定投标以后，从多方面（企业自身、相关单位、市场、现场等）掌握有关信息。

（3）承包商编制施工项目管理规划大纲。

（4）承包商编制既能使企业盈利，又有竞争力、可望中标的投标书。

（5）如果中标，承包商则与招标方进行谈判，依法签订工程施工合同。

2. 施工准备阶段

承包商与招标单位签订了工程承包合同，交易关系正式确立以后，应组建项目经理部，然后以项目经理部为主，与企业经营层和管理层、发包人配合，进行施工准备，使工程具备开工和连续施工的基本条件。这一阶段主要进行以下工作。

（1）施工企业成立项目经理部，建立机构，配备管理人员。

（2）项目经理部编制施工项目管理实施规划（或施工组织设计），以指导施工项目管理活动。

（3）项目经理部进行施工现场准备，使现场具备施工条件，以利于进行连续的文明的施工。

（4）项目经理部编写开工申请报告，待批开工。

3. 施工阶段

这是一个自开工至竣工的实施过程。在这一过程中，项目经理部既是决策机构，又是责任机构，这一阶段的目标是完成规定的全部施工任务，达到竣工验收的条件。这一阶段主要进行以下工作。

（1）项目经理部按施工项目管理实施规划（或施工组织设计）的安排进行施工。

（2）在施工中项目经理部努力做好动态控制，保证质量目标、进度目标、成本目标、安全目标和现场目标的实现。

（3）项目经理部严格履行工程承包合同，处理好内外关系，管好合同变更，做好索赔工作。

（4）项目经理部做好记录、协调、检查、分析工作。

4. 竣工验收阶段

这一阶段是工程项目建设期的最后一个环节。施工项目竣工验收的交工主体应是承包人，验收主体应是发包人。实行竣工验收制度，是全面考核建设工程，检查工程是否符合设计文件要求，工程质量是否符合验收标准，能否交付使用、投产、发挥投资效益的重要环节，本阶段主要进行以下工作。

（1）项目经理部做好竣工验收准备。

（2）项目经理部做好编制竣工验收计划。

（3）发包人组织现场验收。

（4）承包商或施工项目部与发包人进行竣工结算。

（5）施工项目部向发包人移交竣工资料。

（6）施工项目部向发包人办理交工手续。

5. 回访保修阶段

工程交工后回访用户是一种“售后服务”方式。工程交工后保修是我国工程建设的一项基本法律制度，回访保修的责任应由承包人承担，承包人应建立施工项目交工后的回访与保修制度，提高工作质量，听取用户意见，改进服务方式。在该阶段中承包商主要开展以下工作。

（1）瞄准建设市场，提高工程质量，与发包人建立良好的关系，并将回访保修工作纳入计划实施。

（2）适时召开一些有益双方交流的座谈会、经验交流会，以加强联系，增进双方信赖感。

（3）及时研究解决施工问题、质量问题，听取发包人对工程质量、保修管理、在建工程的意见，不断提高项目管理水平，树立承包人的社会信誉。

（4）为发包人提供各种跟踪服务，不断满足提出的各种合理变更修改要求，建立健全工程项目登记、变更、修改等技术质量管理基础资料，把管理工作做得扎扎实实。

（5）妥善处理与发包人、建设单位和外部环境的关系，形成“三位一体”的工程质量保证机制。

（6）组织发放有关工程质量保修、维修的注意事项等资料，切实贯彻企业服务宗旨，进行工程质量问卷调查，收集反馈工程质量保修信息。对实施效果应有验证和总结报告。

（三）现代工程项目施工管理规划的内容构成

计划是管理的首要和前导性职能。所有的项目管理活动依据计划开展，是为了支撑项目目标的实现。项目管理规划作为指导项目管理工作的纲领性文件，应对项目管理的目标、依据、内容、组织、资源、方法、程序和控制措施进行确定。项目管理规划包括项目管理规划大纲和项目管理实施规划两类文件。

施工项目管理规划大纲由承包商的公司管理层在投标时编制，是承包商编制投标文件的战略指导与依据，是承包商在投标、合同谈判和合同签订过程中必须因循的纲领性文件，是施工单位中标后编制施工项目管理实施规划的依据。

施工项目管理规划大纲主要包括以下内容。

（1）项目概况与项目实施条件分析。由项目基本情况和项目实施条件描述两部分构成，项目基本情况主要是指规模等数据指标，项目实施条件主要是指发包人条件、相关市场条件、自然条件、政治、法律、社会条件、执行专业规范和标准、现场条件和施工项目的招标条件等。

（2）项目范围管理规划。即承包商的主要合同责任、承包工程范围的主要数据指标、主要工程量等。

（3）项目管理目标规划。施工项目管理的目标通常包括法律法规、标准、规范和合同要求的目标与施工企业要求的目标两个部分。施工项目管理的目标应尽可能定量描述，以利于目标的分解、控制与考核。法律法规标准、规范和合同要求的目标，如合同规定的使用功能要求、合同工期、合同价格、合同规定的质量标准，合同或法律规定的环境保护标准和安全标准。施工合同规定的项目目标通常是必须实现的，否则投标人就不能中标或必须接受合同或法律规定的处罚。

企业要求的目标，包括经营目标、企业形象目标、策略性目标以及从企业经营的角度对施工合同要求目标的调整要求（如承包商希望工期提前）。

（4）项目管理组织规划。项目经理与技术负责人的人选、职称、从业资质；专业性施工任务的组织方式（分包或独立完成）；材料和设备的供应方式。

（5）项目成本管理规划。包括总体原则、项目的总成本目标以及按照主要成本项目进行的成本目标分解，如施工所需人工、主要材料、设备用量以及相关的费用，现场管理费，保证成本目标实现的技术组织措施。成本目标反映的是承包人的实际开支，以便作为将来考核项目经理部的依据，但应留有一定的余地，在一定的区间浮动。

（6）项目进度管理规划。项目进度管理规划应响应招标文件的总工期要求；总工期目标的分解；主要的里程碑事件及主要工程活动的进度计划安排；施工进度计划表；保证进度目标实现的措施和资源投入强度。

（7）项目质量管理规划和主要的施工方案。包括质量目标规划和主要的施工方案描述。项目质量管理规划要求响应招标文件要求的总体质量目标、标准，同时应符合国家和地方的法律法规、标准和规范的要求。项目管理工作施工方案和组织措施等都要保证该质量目标的实现。这是承包人对发包人最重要的承诺。

应重点说明质量目标的分解，保证质量目标实现的主要技术组织措施，包括工程施工顺序的总体安排，重点单位工程或重点分部工程的施工方案，主要的技术措施和拟采用的新技术和新工艺，拟选用的主要施工机械和设备方案。

（8）项目职业健康安全与环境管理规划。承包商的职业健康安全管理体系，项目职业健康安全与环境管理的程序、计划、实施、控制与协调的总体部署。

（9）项目资源管理规划。包括劳动力、主要材料、主要施工机具与设备的需要计划。

（10）项目信息管理规划。包括信息管理体系的总体思路、内容框架和信息流的设计等内容。

（11）项目沟通管理规划。与项目所涉及的各有关组织，如业主、政府部门、勘察设计单位、监理单位咨询服务单位、材料与设备供应商分包商等，以及个人之间的信息沟通、关系协调的原则、流程和方式的总体考虑。

(12) 项目风险管理规划。风险管理的主要原则，从宏观的角度，即立足于市场、宏观经济、政治、竞争对手、合同、发包人资信等方面，对施工项目的主要风险因素进行预测并提出相应的对策措施。

二、现代工程项目施工进度管理及计划的编制

施工项目的进度是一个综合的概念，除工期以外，还包括工作量、资源的消耗量等因素，所以对进度状况的管理必须是综合的、多角度的。工程进度拖延产生的原因也是多方面的，对工程进度拖延也必须采取综合措施。

(一) 现代工程项目施工进度管理及计划的编制内容

1. 进度管理及计划编制的基本内容分析

进度通常是指工程项目实施结果的进展情况，在工程项目实施过程中要消耗时间（工期）、劳动力、材料、资金等资源才能完成项目的任务。在现代施工项目管理中，由于工程项目对象系统的复杂性，进度的含义已越来越趋于综合化，它将工程项目任务、工期、成本有机地结合起来，形成一个综合的指标，能全面反映项目的实施状况。进度管理已不只是传统的对工期的管理，还将工期与工程实物、成本、劳动消耗、资源等统一起来。

工期和进度是两个既相互联系，又有区别的概念。

工期控制的目的是使工程实施活动与上述工期计划在时间上吻合，即保证各工程活动按计划及时开工、按时完成，保证总工期不推迟；进度控制的总目标与工期控制是一致的，但在控制过程中它不仅追求时间上的吻合，而且追求在一定的时间内工作量的完成程度或消耗的一致性。

工期作为进度的一个指标，它在表示进度计划及其完成情况时有重要作用，所以进度控制首先表现为工期控制，有效的工期控制才能达到有效的进度控制，但仅用工期表达进度会产生误导。进度的拖延最终一定会表现为工期的拖延。对进度的调整表现为对工期的调整，为加快进度，改变施工次序、增加资源投入，这意味着通过采取措施使总工期提前。

项目施工进度管理指为实现预订的进度目标而进行的计划、组织、指挥、协调和控制等活动。

2. 影响项目施工进度的因素

（1）项目经理部内部因素。①施工组织不合理，人力、机械设备调配不当，解决问题不及时；②施工技术措施不当或发生事故；③质量不合格引起返工；④与相关单位关系协调不当；⑤项目经理部管理水平低。

（2）相关单位因素。①设计图纸供应不及时或有误；②业主要求设计变更；③实际工程量增减变化；④材料供应、运输不及时或质量、数量、规格不符合要求；⑤水、电、通信出现问题；⑥分包单位没有认真履行合同或违约；⑦资金没有按时拨付。

（3）不可预见因素。①施工现场水文地质状况出现预计外的情况；②严重自然灾害。

3. 项目施工进度管理的目标及控制程序

（1）项目施工进度管理的目标。项目施工进度管理应以实现合同约定的竣工日期为最终目标。这个目标，首先是由企业管理层承担的。其根据是项目管理目标责任书中确定的进度管理目标。项目经理部根据这个目标在“施工项目管理实施规划”中编制施工进度计划，确定计划进度管理目标，并进行进度目标分解。总进度目标分解可按单位工程分解为交工分目标；按承包的专业分解为完工分目标；也可按年、季、月、旬、周计划分解为时间目标。

（2）项目施工进度控制程序。

第一，定进度管理目标。项目经理部要根据施工合同的要求确定施工进度目标，明确计划开工日期、计划总工期和计划竣工日期，确定项目分期分批的开竣工日期。

第二，编制施工进度计划。包括施工总进度计划与单位工程施工进度计划，具体安排实现计划目标的工艺关系、组织关系、搭接关系、起止时间、劳动力计划、材料计划、机械计划及其他保证性计划。分包人负责根据项目施工进度计划编制分包工程施工进度计划。

第三，建立保障制度。建立进度控制的组织系统、目标系统、工作制度、责任制度，并落实相应的保证措施，包括管理信息措施、组织措施、技术措施、合同措施、经济措施等。

第四，申请开工。向监理工程师提出开工申请报告，按监理工程师确定的日期开工。

第五，施工进度计划的实施与检查。项目经理应通过施工部署、组织协调、生产调度和指挥、改善施工程序和方法的决策等，应用技术、经济和管理手段实现有效的进度控制。项目经理部首先要建立进度实施、控制的科学组织系统和严密的工作制度，然后依据施工项目进度控制目标体系，对施工的全过程进行系统控制。正常情况下，进度实施系统应发挥监测、分析职能并循环运行，即随着施工活动的进行，信息管理系统会不断地将施工实际进度信息，按信息流程反馈给进度控制者，经过统计、比较分析后，确认进度无偏差，则系统继续运行；一旦发现实际进度与计划进度有偏差，系统将发挥调控职能，分析偏差产生的原因，纠正偏差或调整计划。

第六，施工进度计划的调整。在发现实际进度与计划进度产生偏差后，应及时对施工进度计划进行调整，确定调整的关键点和时间限制条件。在对原计划进度调整的过程中，应提出纠正偏差的方案和实施的技术、经济、合同保证措施，以及取得相关单位支持与配合的协调措施，确认切实可行后，将调整后的新进度计划输入进度实施系统，施工活动继续在新的计划控制下运行。当新的偏差出现后，再重复前述过程，直到施工项目全部完成。

第七，进度管理的分析与总结。全部任务完成后，进行进度管理的分析与总结，编写进度控制报告。

4. 项目施工进度管理的措施

（1）信息管理措施。建立对施工进度能有效监测、分析、反馈的信息系统和信息管理工作制度，随时监控项目施工的信息流，实现连续、动态的全过程进度目标管理。

（2）组织措施。建立项目施工进度实施和控制的组织系统；订立进度管理工作制度；落实各层次管理人员、具体任务和工作职责；确定项目施工进度目标，建立项目施工进度管理目标体系。

（3）技术措施。尽可能采用先进施工技术、方法和新材料、新工艺、新技术，保证进度目标实现；落实施工方案，一旦发生问题，能适时调整工作之间的逻辑关系，加快施工进度。

（4）合同措施。以合同形式保证工期进度的实现。

（5）经济措施。落实实现进度目标的保证资金；签订并实施关于工期和进度的经济承包责任制；建立并实施关于工期和进度的奖惩制度。

（二）现代工程项目施工进度计划的编制

施工进度计划是进度管理的依据。因此，如何编制施工进度计划以提高进度管理的质量便成为进度管理的关键问题。由于施工进度计划分为施工总进度计划和单位工程施工进度计划两类，在编制时应分别对待。

（1）施工总进度计划。施工总进度计划是对建设项目施工或对群体工程施工时编制的施工进度计划。由于施工的内容较多，施工期较长，所以其计划庞大、综合性强。

编制依据：施工合同，施工进度目标，工期定额，有关技术经济资料，施工部署与主要工程施工方案。

编制内容：编制说明、施工总进度计划表、资源需要量及供应平衡表等。施工总进度计划表为最主要内容，用来安排各单位工程的计划开竣工日期、工期、搭接关系及其实施步骤。资源需要量及供应平衡表是根据施工总进度计划表编制的保证计划，可包括劳动力、材料、预制构件和施工机械等资源的计划。

（2）单位工程施工进度计划。单位工程施工进度计划是对单位工程、单体工程或单项工程编制的施工进度计划的总称。由于它所包含的施工内容比较具体明确，施工期较短，故其作业性较强，是进度管理的直接依据。

单位工程施工进度计划的编制依据包括项目管理目标责任书；施工总进度计划；施工方案；主要材料和设备的供应能力；施工人员的技术素质和劳动效率；施工现场条件、气候条件、环境条件；已建成的同类工程实际进度及经济指标。

单位工程施工进度计划的内容包括编制说明、进度计划图（表）、资源需要量计划、风险分析及控制措施。其中最主要的是进度计划图（表）。如果编制成表，表头的内容是分部分项工程、单位、工程量、用工工日数（或机械台班数）、人数（或机械数）、每日工作班数、工作天数、日程进度线。如果编制成图，除包含前述的表中内容外，还应编制网络计划图。资源需要量计划根据进度计划图（表）进行平衡编制，用以保证进度计划的实现，必须做到积极可靠。风险分析及管理措施是根据“项目管理实施规划”中的“项目风险管理规划”和“保证进度目标的措施”调整并细化编制的。

编制单位工程施工进度计划应采用工程网络计划技术，即提倡使用网络计划。工程网络计划的优点在于：计划项目之间的关系明确，关键线路明确，便于使用计算机进行绘图、计算、优化、调整和统计等；同时，它是国际上通行的惯例，也是世界银行投资工程对投标文件的要求。

三、现代工程项目施工质量管理

质量反映事物的本质、特性，是前提；而数量则是反映事物存在和发展的规模、程度、速度、水平等的标志。没有质量就没有数量、品种、效益，就没有工期、成本、信誉。与其他工业产品比较，建设工程投资大，工期相对较长，人工、材料、能源投入多，建造过程受各种环境因素的影响，产品质量的时间范畴包括全生命周期，如果施工质量低劣，造成工程质量和安全事故，不但产品生产不能发挥应有的效用，而且会影响国计民生和社会环境的安定。所以，工程项目的质量是项目建设的核心，是决定工程建设成败的关键，是实现三大控制目标的重点。

（一）项目施工质量管理的内容

1. 项目施工的质量管理

（1）质量。质量是产品、体系或过程的一组固有特性满足要求的程度。对产品来说，如水泥的化学成分、细度、凝结时间、强度是固有特性，而价格和交货期是赋予特性；对过程来说，固有特性是过程将输入转化为输出的能力；对质量管理体系来说，固有特性是实现质量方针和质量目标的能力。要求包括明示的、隐含的和必须履行的需求或期望。“明示要求”，一般是指在合同环境中，用户明确提出的需要或要求（包括图纸、技术文件、标准等方面的要求）。“隐含要求”，一般是指其他环境中，用户尚未明确提出，而由供方通过市场调查、研究、预测等手段识别出来的用户需要。

（2）工程质量。工程项目的施工过程是产品的建造过程。产品分为有形产品和无形产品。有形产品是经过加工的成品、半成品、零部件，如单位工程、分部工程、预制构件、各种原材料等；无形产品包括服务、回访、维修、信息等。因此，工程质量包括有形产品的质量和无形产品的质量。

从功能和使用价值来看，工程项目的质量包括性能、寿命、可靠性、安全性及经济性等方面的内容。现代意义的工程项目质量还应包括以下内容。

第一，工序质量。在建筑施工过程中，把影响工程质量形成的因素控制并限定在一定程度及范围内，这就是工序质量。施工作业人员、机械设备、施工工艺及方法、质量检验、环境、测量等因素，影响工程项目质量的形成。工序质量的衡量标准是看整个施工过程是否稳定、均质并向质量目标趋近。

第二，工作质量。工作质量是指工程项目管理组织，包括建筑企业为生产用户满意的建筑工程（产品）所做的领导、组织管理、生产技术以及后勤服务等方面工作的质量。工作质量取决于人的因素，涉及各个部门、各个岗位工作的有效性。可以通过建立反映工作质量标准的责任制度来考核与评价工作质量。如返修率、一次交检合格率、漏检率等。

工作质量决定工序质量，工序质量决定工程（产品）质量。要以抓工作质量来保证工序质量，以提高工序质量来最终保证工程（产品）质量。

但需要指出的是，工程项目的质量不仅包括活动过程或过程的结果，还包括活动或过程本身，即还要包括生产产品的全过程。因此，工程项目的质量应包括工程项目决策质量、工程项目施工质量和工程项目回访保修质量。

（3）质量管理。质量管理是为确保工程项目的质量特性满足要求而进行的计划、组织、指挥、协调和控制等活动。

质量管理的首要任务是确定质量方针、目标和职责，核心是建立有效的质量管理体系，通过质量策划、质量控制、质量保证和质量改进四项具体活动，确保质量方针、目标的实施和实现。

1）质量策划。质量策划是指确定施工项目的质量目标，以及如何达到这些质量目标所规定必要的作业过程、专门的质量措施和资源，编制针对项目质量管理的文件。该文件可称为质量计划。

施工项目质量计划的编制依据：①合同中有关产品（或过程）的质量要求；②与产品（或过程）有关的其他要求；③质量管理体系文件；④组织针对项目的其他要求。

施工项目质量计划的主要内容：①质量目标和要求；②质量管理组织和职责；③所需的过程、文件和资源；④产品（或过程）所要求的评审、验证、确认、监视、检验和试验活动以及接收准则；⑤记录的要求；⑥所采取的措施。

质量计划应由施工项目经理部编制后，报组织管理层批准。

2）质量控制。质量控制是指对工程质量形成的各个阶段（过程）进行检验、评定，以便发现问题，找出影响质量的原因，并通过采取纠正措施，防止质量问题的重复发生，或是使已经发生的质量问题得到解决。

3）质量保证。质量保证是质量管理的一部分，指致力于满足质量要求的信任活动。质量保证是通过质量控制来实现的。

在内部，质量保证是为使企业管理层包括项目经理确信本工程项目质量或服务质量满足规定要求所进行的活动，它是质量管理职能的一个组成部分。

对外部，质量保证针对顾客或第三方认证机构，主要包含以下三个方面的内容。

第一，反映质量目标的、具体的标准为用户所满意，而且工程项目的全部质量特性符合标准的规定。

第二，要求承包商及其项目推行全面质量管理和有计划的、系统的质量保证活动，根据工程产品质量形成的过程，建立质量保证体系。以便承包商以及项目经理能向用户提出确实的证据来证明承包商及其项目部有足够的能力，可以持续不断地提供适合市场需要的、让用户满意的、使用时质量可以信赖的产品。用户在同承包商订货时，不再只是满足于了解产品的性能、规格、用途、价格及其技术标准，而且要求审查承包商及项目部的质量保证能力。

第三，承包商不只是对产品早期质量保证，还要求对产品整个使用寿命周期的质量保证。

4）质量改进。质量改进是质量管理的一部分，指致力于增强满足质量要求的能力。

项目经理部是质量控制的主要实施者，项目经理部按组织的要求定期编写质量报告，提出持续改进的措施，将有助于企业管理层了解项目经理部的质量工作，也能促进项目经理部的质量管理工作。企业可采取质量方针、目标、审核结果、数据分析、纠正预防措施以及管理评审等持续改进质量管理的有效措施。

（4）质量管理体系。质量管理体系是指在质量方面指挥和控制组织的管理体系。

质量管理体系的基础：①质量管理体系的理论说明；②质量管理体系要求与产品要求；③质量管理体系方法；④过程方法；⑤质量方针和质量目标；⑥最高管理者在质量管理体系中的作用；⑦文件；⑧质量管理体系评价；⑨持续改进；⑩统计技术的作用；⑪质量管理体系与其他管理体系的关注点；⑫质量管理体系与优秀模式之间的关系。

2. 项目施工质量管理的基础工作

（1）质量教育工作。人是质量管理中起着决定性作用的因素。施工项目质量教育工作包括两个方面的内容：一方面是培养人的质量意识，充分认识到维持并不断改进质量对于国家、企业、项目、个人的极端重要性，要求员工学习和掌握质量管理理论、技术和方法；另一方面是技术培训工作，要求生产工人熟练掌握“应知应会”的技术和操作规程，施工技术和管理人员熟悉施工验收规范、质量评定标准、原材料、半成品和构配件的技术要求和标准，以及管理工作的有关理论、业务和方法。

（2）标准化工作。质量管理的标准分为技术标准和管理标准两大类。技术标准有产品质量标准、操作标准、原材料和试验标准以及各种技术定额等，管理工作标准有各种规章制度、工作标准和经济定额等。质量管理的标准化工作就是指不断地在完善过程中提高企业标准化程度。

（3）计量工作。建筑施工生产中的计量工作是通过测试、检验、分析等方法运用技术与法制两种手段，确保工程（产品）质量。因此，在保证各种计量器具测量的精确性、生产中进行严格计量的同时，要不断提高计量人员的素质，努力实现检测现代化。

（4）质量信息工作。质量信息是指反映产品质量、工序质量、工作质量的各种资料、数据、消息、情报等，是开展质量管理活动的一种重要资源。它可以从企业内部，也可以从企业外部（如工程回访、用户、国内外同行业）收集。对质量信息工作的要求是准确、及时、全面和系统。

（5）质量责任制工作。建立健全质量责任制其本质是在组织质量管理体系运行过程中对人的行为建立一种“引导”与“制约”机制，以达到质量管理工作中“事有人管、人有专责”的要求，实现质量保证的目标。质量责任制可分为部门及岗位质量责任制和质量管理的经济责任制两种。

（6）开展质量管理小组活动。质量管理小组（简称 QC 小组）是指在项目施工生产或工作岗位上从事各种劳动的职工，围绕企业的质量方针、目标和施工项目存在的问题，以改进质量、降低消耗、提高经济效益和人的素质为目的而组织起来，运用质量管理的理论和方针开展活动的小组，是职工参与质量管理与质量管理科学有机结合的产物，对施工项目提高质量水平起着重要作用。

QC 小组的组建遵循从实际出发的原则，既有自愿组合的，也有行政组织的。

项目施工现场提倡工人、技术人员、领导干部相结合，人数以3~10人为宜，一般不超过15人，根据工作性质及内容不同，其类型有现场型、攻关型、管理型、服务型四种。

QC小组根据企业的质量方针目标，施工现场存在的关键或薄弱环节，以及用户的需要，选定活动课题之后，一般按PDCA［Plan（计划）、Do（执行）、Check（检查）、Act（处理）］循环的科学程序开展活动。

（二）项目施工质量控制

施工阶段是工程项目实体质量的形成阶段，因此，施工阶段的质量控制是施工项目质量管理的重点。

1. 项目施工质量因素的控制

影响施工项目质量的因素主要有五个方面：人力资源、材料、机械设备、施工方法以及施工环境。

（1）人力资源的控制。人力资源方面的因素主要指领导者的素质，操作人员的思想道德、质量意识、专业理论、技术水平和工作积极性等。人是施工过程的主体，因此施工时首先要考虑到对人的因素的控制，通过开展职业培训、岗位分析、建立和健全规章制度等一系列措施来保障工程项目的质量。

（2）材料的控制。材料（包括原材料、成品、半成品、构配件）是工程施工的物质条件，材料的质量是工程质量的基础，材料质量不符合要求，工程质量也就不可能符合标准。所以加强材料的质量控制，是提高工程项目质量的重要保证。

（3）机械设备的控制。施工阶段能否在综合考虑施工现场条件、建筑结构形式、施工工艺和方法、建筑技术经济等因素的基础上合理选择机械的类型和性能参数，并且能否正确操作机械设备，对项目质量有直接的影响。

（4）施工方法的控制。施工方法包括采取的技术方案、工艺流程、组织措施、检测手段、施工组织设计等。施工方案正确与否，直接影响工程质量控制能否顺利实现。往往会由于施工方案考虑不周而拖延进度，影响工程项目质量，增加投资。

（5）施工环境的控制。影响施工项目质量的环境因素较多，有工程技术环境，如工程地质、水文、气象等；工程管理环境，如质量保证体系、质量管理制度等；劳动环境，如劳动组合、作业场所、工作面等。环境因素对质量的影响，具有复杂而多变的特点。因此，根据工程特点和具体条件，应对影响质量的环境因素采取有效的措施严加控制。尤其是施工现场，应建立文明施工和文明生产的环境，保持材料工件堆放有序，道路畅通，工作场所清洁整齐，施工程序井井有条，为确保质量、安全创造良好条件。

2. 项目施工质量控制的特点

（1）影响质量的因素多。如设计、材料、机械、环境、施工工艺、操作方法、技术措施、项目人员、管理制度等，均直接影响施工项目的质量。

（2）容易产生质量变异。因项目施工是单件生产，产品固定，人员流动。不像工业产品生产有固定的自动线和流水线；有规范化的生产工艺和完善的检测技术；有成套的生产设备和稳定的生产环境；有相同系列规格和相同功能的产品。因为投入资源、施工条件、操作方法、环境和检测手段的细微变化，很容易产生施工质量的变异。

（3）容易产生第一判断、第二判断错误。施工项目由于工序交接多，中间产品多，隐蔽工程多，若不及时检查实质，事后再看表面，就容易产生第二判断错误，也就是说，容易将不合格的产品，认为是合格的产品；反之，若检查不认真，测量仪表不准，读数有误，就会产生第一判断错误，也就是说容易将合格产品，认为是不合格的产品。因此，在进行质量检查验收时，应特别注意。

（4）质量检查不能解体、拆卸。任何工程都是由分项工程、分部工程和单位工程所组成，施工项目是通过工序的连接来完成，存在隐蔽工程，同时，施工项目建成后，不可能像普通工业产品那样，再拆卸或解体检查内在的质量，或重新更换部件，即使发现质量有问题，也不可能像工业产品那样实行“包换”或“退款”。

（5）质量要受投资、进度的制约。施工项目的质量，受投资、进度的制约较大，一般情况下，投资大、进度慢则质量好，反之则质量差。加之整个工程建设周期较长，进入施工阶段，业主对工期、投资有相应的规划和要求，因此，项目在施工中，还必须正确处理质量、成本、进度三者之间的关系，使其达到对立统一，积极采取措施保证工程质量。

3. 项目施工质量控制的主要环节

（1）施工准备阶段的质量控制。

第一，技术资料及文件准备的质量控制。施工项目所在地的自然条件和技术经济条件调查资料应做到周密、详细、科学、妥善保存，为施工准备提供依据；施工组织设计文件的质量控制要求：①使施工顺序、施工方法和技术措施等能够保证质量；②进行技术经济比较，使工程质量好，经济效果也好；③认真收集并学习有关质量管理方面的法律、法规和质量验收标准、质量管理体系标准等；④工程测量控制资料应按规定收集、整理和保管。

第二，设计交底和图纸审核的质量控制。应通过设计交底、图纸审核，使施工者了解设计意图、工程特点、工艺要求和质量要求，发现、纠正和减少设计差错，消灭图纸中的质量隐患，做好记录，以保证工程质量。

第三，质量教育与培训。通过质量教育培训，增强质量意识和顾客意识。可以通过考试或实际操作等方式检查培训的有效性，并保存教育、培训及技能认可的记录。

（2）项目采购阶段的质量控制。①项目经理部应设置采购部门，制订采购管理制度、工作程序和采购计划；②项目经理应按质量策划中的物资采购规定选择和评价供应人，并保存评价记录；③项目采购工作应符合有关合同、设计文件所规定的数量、技术要求和质量标准，符合进度、安全、环境和成本管理等要求；④对采购的产品应根据验证要求规定验证部门及验证方式，如在供方现场实施验证，应在采购要求中事先做出规定；⑤采购资料应真实、有效、完整，具有可追溯性。

（3）施工阶段的质量控制。施工阶段质量控制的内容包括技术交底、工程测量、材料、机械设备、环境、计量、工序、特殊过程、工程变更和成品保护等。

第一，技术交底的质量控制应注意交底时间、交底分工、交底内容、交底方式和交底资料保存。

第二，工程测量的质量控制包括编制控制方案、保存测量记录、保护测量点线。还应注意对原有基准点、基准线、参考标高、控制网的复测和测量结果的复核。

第三，材料的质量控制应注意：在合格材料供应人名录中选择供应人；按计划采购；按规定进行搬运和储存；进行标识；不合格的材料不准投入使用；发包人供应的材料应按规定检验和验收；监理工程师对承包人供应的材料进行验证等。

第四，机械设备的质量控制应注意：按计划进行调配；满足施工需要；配套合理使用；操作人员应进行确认并持证上岗；搞好维修与保养等。

第五，为保证项目质量，对环境的要求：建立环境控制体系；实施环境监控；对影响环境的因素进行监控，包括工程技术环境、工程管理环境和劳动环境。

第六，计量工作的主要任务是统一计量单位，组织量值传递，保证量值的统一。对计量质量控制的要求：建立计量管理部门、配备计量人员；建立计量规章制度；开展计量意识教育；按规定控制计量器具的使用、保管、维修和检验。

第七，工序质量控制应注意：作业人员按规定经考核后持证上岗；按操作规程、作业指导书和技术交底文件进行施工；工序的检验和试验应符合过程检验和试验的规定；对查出的质量缺陷按不合格控制程序及时处理；记录工序施工情况；把质量的波动限制在要求的界限内；以对因素的控制来保证工序的质量。

第八，特殊过程是指在质量计划中规定的特殊过程，其质量控制要求：设置工序质量控制点；由专业技术人员编制专门的作业指导书，经技术负责人审批后执行。

第九，工程变更质量控制要求：严格按程序变更并办理批准手续；管理和控制那些能引起工程变更的因素和条件；要分析提出工程变更的合理性和可行性；当变更发生时，应进行管理；注意分析工程变更引起的风险。

第十，成品保护要求：首先要加强教育，提高成品保护意识；其次要合理安排施工顺序，采取有效的成品保护措施。成品保护措施包括护、包、盖、封，可根据需要选择。

（4）竣工验收阶段的质量控制。竣工验收阶段的质量控制包括最终质量检验和试验，技术资料的整理，施工质量缺陷的处理，工程竣工验收文件的编制和移交准备，产品防护，撤场计划。竣工验收阶段的质量控制主要有以下要求。

第一，最终质量检验和试验指单位工程竣工验收前的质量检验和试验，必须按施工验收规范要求进行检验和试验。

第二，对查出的质量缺陷应按不合格控制程序进行处理，处理方案包括修补处理、返工处理、限制使用和不做处理。

第三，应按要求整理技术资料、竣工资料和档案，做好移交准备。

第四，在最终检验和试验合格后，对产品采取防护措施，防止丢失或损坏。

第五，工程交工后应编制符合文明施工要求和环境保护要求的撤场计划，拆除、运走多余物资，达到场清、地平乃至树活、草青的目的。

（三）项目施工质量问题

工程项目施工过程中存在大量有关质量的数据，需要收集、整理、分析、推断工序或产品的质量状态，从而采取相应措施，实现控制生产过程、提高项目产品质量的目的。

应用数理统计方法进行质量控制的步骤：收集质量数据；数据整理；进行统计分析，找出质量波动的规律；判断质量状况，找出质量问题；分析影响质量的原因；拟定改进质量的对策、措施。

1. 项目施工质量问题的内容

项目施工质量问题包括工程质量缺陷、工程质量通病、工程质量事故。

（1）工程质量缺陷，是指工程达不到技术标准允许的技术指标的现象。

（2）工程质量通病，是指工程项目存在各类影响工程结构、使用功能和外形观感的常见性质量损伤，如“渗、漏、泛、堵、翘、裂、砂、锈”等，称为质量通病。

建筑安装工程最常见的质量通病主要有：基础不均匀下沉，墙开裂；现浇钢筋混凝土工程出现蜂窝、麻面、露筋；现浇钢筋混凝土阳台、雨棚根部开裂或倾倒、坍塌；砂浆、混凝土配合比控制不严，任意加水，强度得不到保证；屋面、厨房渗水、漏水；墙面抹灰起壳、裂缝、起麻点、不平整；地面及楼面起砂、起壳、开裂；门窗变形、缝隙过大、密封不严；水暖电卫安装粗糙，不符合使用要求；结构吊装就位偏差过大；预制构件裂缝，预埋件移位，预应力张拉不足；砖墙接槎或预留脚手眼不符合规范要求；金属栏杆、管道、配件锈蚀；墙纸粘贴不牢、空鼓、褶皱、压平起光；饰面板、饰面砖拼缝不平、空鼓、脱落；喷浆不均匀，脱色、掉粉等。

（3）工程质量事故，是指在工程项目实施过程和交付使用后，因为质量问题造成的人员伤亡、财产损失。

特点：①经济损失达到较大的金额；②有时造成人员伤亡；③后果严重，影响结构安全；④无法降级使用，难以修复，必须推倒重建。

工程项目质量事故按照性质和严重程度划分为一般事故；重大事故。

2. 项目施工质量问题分析

施工项目质量问题具有复杂性、严重性、可变性和多发性的特点，表现的形式多种多样。

（1）违背建设程序。如不经可行性论证；未弄清工程地质、水文条件仓促开工；无证设计，无图施工；任意修改设计，不按图纸施工；竣工后不进行试车运转等现象，为项目埋下了严重的质量隐患。

（2）工程地质勘察不准确。未认真进行地质勘察，提供地质资料、数据有误，导致采用错误的基础方案，造成地基不均匀沉降、失稳，使上部结构及墙体开裂、破坏甚至倒塌。

（3）地基加固处理不好。对软弱土、冲填土、杂填土等不均匀地基没有进行相应的加固处理或处理不当，均是导致重大质量问题的原因。

（4）设计计算问题。设计时由于考虑不周，致使结构构造不合理，计算荷载取值过小，内力分析有误，沉降缝及伸缩缝设置不当，悬挑结构未进行验算等，也是诱发质量问题的原因。

（5）建筑材料及制品不合格。采用的建筑材料不合格，诸如钢筋物理力学性能不符合标准，水泥受潮、过期、结块、安定性不良，砂石级配不合理、混凝土配合比不准等，均会严重影响施工质量。

（6）施工和管理问题。许多工程质量问题，往往是由于施工和管理水平太低造成的。如未经监理、设计部门同意，擅自修改设计；盲目施工，仓促施工；不按图施工；不按有关施工验收规范施工以及不按有关操作规程施工；操作人员素质较低，甚至缺乏基本的结构知识；技术组织措施不当；不重视质量检查和验收工作等，都是导致质量问题的祸根。

（7）自然条件影响。施工项目周期长、露天作业多，受自然条件影响大，因此任何不良的气候条件都可能造成重大的质量事故，应采取有效措施予以预防。

（8）建筑物使用不当。对建筑物使用不当，违规使用，也会造成质量问题。如不经校核、验算，就在原有建筑物上任意加层；任意开槽、打洞、削弱承重结构的截面等。

（四）项目施工的质量验收

在建筑工程项目管理中，施工项目的质量验收是施工项目质量管理的重要内容。首先，质量验收是生产过程中必要的和正常的工作；其次，只有通过质量验收才能确定工程项目的质量状态；再次，质量验收对工程质量起着把关作用，又起着预防作用，对上一过程进行严格检验，把好质量关，就是对下一过程质量问题的预防，防止不合格品进入项目，转入下一过程，防止不合格产品投入使用。

工程项目质量验收程序是按分项工程、分部工程、单位工程依次进行。工程项目质量等级，只有“合格”，凡不合格的项目皆不予验收。

1. 项目施工的质量验收专业术语

（1）分项工程。分项工程应按主要工种、材料、施工工艺、设备类别等进行划分。如混凝土基础子分部工程可分为模板、钢筋、混凝土、后浇带混凝土、混凝土结构缝处理等分项工程。

（2）分部（子分部）工程。①分部工程的划分应按专业性质、建筑部位确定。如建筑工程可划分为九个分部工程：地基与基础、主体结构、建筑装饰装修、建筑屋面、建筑给排水及采暖、建筑电气、智能建筑、通风与空调和电梯分部工程。②当分部工程规模较大或较复杂时，可按材料种类、施工特点、施工顺序、专业系统及类别等划分为若干个子分部工程。如主体结构分部工程可分为：混凝土结构、钢筋（管）混凝土结构、砌体结构、钢结构、木结构、网架等子分部工程。

（3）单位（子单位）工程。①具备独立施工条件并能形成独立使用功能的建筑物及构筑物为一个单位工程；②建筑规模较大的单位工程，可将能形成独立使用功能的部分划分为一个子单位工程。

（4）检验批。所谓检验批是指按同一生产条件或按规定的方式汇总起来的供检验用的、由一定数量样本组成的检验体。检验批由于其质量水平基本均匀一致，因此可以作为检验的基础单位。

分项工程可由一个或若干个检验批组成，检验批可根据施工及质量控制和专业验收。分项工程划分成检验批进行验收有助于及时纠正施工中出现的质量问题，确保工程的质量，也符合施工的实际需要。

检验批的划分原则是：第一，多层及高层建筑工程中主体部分的分项工程可按楼层或施工段划分检验批，单层建筑工程中的分项工程可按变形缝等划分检验批；第二，地基基础分部工程中的分项工程一般划分为一个检验批，有地下层的基础工程可按不同地下层划分检验批；第三，屋面分部工程的分项工程中的不同楼层屋面可划分为不同的检验批；第四，其他分部工程中的分项工程，一般按楼层划分检验批；第五，对于工程量较少的分项工程可统一划分为一个检验批；第六，安装工程一般按一个设计系统或设备组别划分为一个检验批；第七，室外工程统一划分为一个检验批；第八，散水、台阶、明沟等含在地面检验批中。

（5）主控项目。建筑工程中的对安全、卫生、环境保护和公众利益起决定性作用的检验项目。

（6）一般项目。除主控项目以外的检验项目。

2. 建筑工程的质量验收标准与程序

建筑工程质量验收顺序为：检验批质量验收—分项工程质量验收—分部（子分部）工程质量验收—单位（子单位）工程质量验收。

（1）检验批和分项工程质量验收。由于检验批和分项工程是工程项目质量的基础，所有检验批和分项工程均应由监理工程师（建设单位项目技术负责人）组织施工单位项目专业质量（技术）负责人等进行验收。

检验批质量验收合格规定如下。

第一，主控项目和一般项目的质量经抽样检验合格。

第二，具有完整的施工操作依据、质量检查记录。

分项工程质量验收合格规定如下。

第一，分项工程所含的检验批均应符合合格质量的规定。

第二，分项工程所含的检验批的质量记录应完整。

（2）分部（子分部）工程质量验收。由总监理工程师（建设单位项目负责人）组织施工单位项目负责人和技术、质量负责人等进行验收。地基与基础、主体结构技术性能要求严格，关系到整个项目的安全性，其分部工程的勘查、设计单位工程项目负责人和施工单位技术、质量部门负责人也应参加相关分部工程的验收。

分部（子分部）工程质量验收合格规定如下。

第一，分部（子分部）工程所含分项工程的质量均应验收合格。

第二，质量控制资料应完整。

第三，地基与基础、主体结构和设备安装等分部工程有关安全及功能的检验和抽样检测结果应符合有关规定。

第四，观感质量验收应符合要求。

（3）单位（子单位）工程施工单位自检。单位工程完成后，施工单位首先自行组织检查，评定检查结果，符合要求后向建设单位提交工程验收报告和完整的质量资料，请建设单位组织验收。

单位（子单位）工程质量验收合格规定如下。

第一，单位（子单位）工程所含分部（子分部）工程的质量均应验收合格。

第二，质量控制资料应完整。

第三，单位（子单位）工程所含分部工程有关安全和功能的检测资料应完整。

第四，主要功能项目的抽查结果应符合相关专业质量验收规范的规定。

第五，观感质量验收应符合要求。

（4）建设单位组织单位（子单位）工程验收。建设单位收到工程验收报告后，应由建设单位（项目）负责人组织施工单位（含分包单位）、设计单位、监理单位等项目负责人进行单位（子单位）工程验收。

单位工程有分包单位施工时，分包单位对所承包的工程项目应按上述的程序进行检查验收，总包单位要派人参加。分包工程完成后，应将工程有关资料移交总包单位。

当参加验收各方对工程质量验收意见不一致时，可请当地建设行政主管部门或工程质量监督机构协调处理，或由各方认可的咨询单位协调。

（5）备案。单位工程质量验收合格后，建设单位应在规定时间内将工程竣工验收报告和有关文件，报建设行政管理部门备案，防止不合格工程进入社会。

3. 工程项目的交接与保修回访

（1）工程项目交接。工程项目交接是对工程的质量进行验收之后，由承包单位向业主进行移交项目所有权的过程。

建设单位组织工程项目竣工验收，确认工程项目符合工程竣工标准和合同条款的规定，即向施工单位签发“工程竣工验收报告”。施工单位便可办理工程交接。交接的内容包括经整理的工程档案资料移交、工程竣工结算（由施工单位提出，建设单位审查认可后，共同办理结算签认手续）、固定资产移交。上述手续办理完毕，则合同双方的经济和法律关系除施工单位应承担的保修责任外即予解除。

（2）工程质量保修。工程质量保修是指施工单位对房屋建筑工程竣工验收后，对在保修期限内出现的质量不符合工程建设强制性标准以及合同的约定等质量缺陷，予以修复。

在正常使用条件下，建设工程的最低保修期限如下。

第一，基础设施工程、房屋建筑的地基基础工程和主体结构工程，为设计文件规定的合理使用年限。

第二，屋面防水工程、有防水要求的卫生间、房间和外墙面的防渗漏，为期5年。

第三，供热与供冷系统，为2个采暖期、供冷期。

第四，电气管线、给排水管道、设备安装和装修工程，为期2年。

第五，其他项目的保修期限，由发包方与承包方约定。

建设工程的保修期，自竣工验收合格之日起计算。

在保修期内，属于施工单位施工过程中造成的质量问题，要负责维修，不留隐患。一般施工项目竣工后，各承包单位的工程款保留5%左右，作为保修金。按照合同在保修期满退回承包单位。如属于设计原因造成的质量问题，在征得甲方和设计单位认可后，协助修补，其费用由设计单位承担。

（3）工程回访。工程回访是承包商的工作计划、服务控制程序和质量管理体系文件的构成内容。工程项目在竣工验收交付使用后，承包人应编制回访计划，主动对交付使用的工程进行回访。回访计划包括以下内容。

第一，主管回访保修业务的部门。

第二，工程回访的执行单位。

第三，回访的对象（发包人或使用人）及其工程名称。

第四，回访时间安排和主要内容。

第五，回访工程的保修期限。

工程回访一般由施工单位组织有关专业技术部门的人员参加。通过实地察看、召开座谈会等形式，听取建设单位、用户的意见、建议，了解建筑物使用情况和设备的运转情况等。每次回访结束后，执行单位都要做好回访记录。

工程回访的类型主要有例行性回访、季节性回访（了解房屋建筑的季节性使用质量状况）、技术性回访、保修期满前回访等。

工程质量保修和回访是在项目竣工后进行。此时，施工项目组已经解体，因此，这两项工作由施工企业负责。

四、项目施工成本的管理

（一）项目施工的成本及成本管理

1. 项目施工的成本

施工项目成本是指在项目施工过程中发生的全部生产耗费的总和。按照现行财务制度，施工项目成本包括直接成本和间接成本。

（1）直接成本。直接成本是指在工程施工中直接用在工程实体上的人工、材料、设备和施工机械使用费等费用的总和。

第一，人工费用。包括施工生产工人的工资、工资附加费和劳动保护费等。

第二，材料费用。包括施工过程中的构成工程实体的主要材料、结构件的费用和有助于工程形成的其他材料的费用，以及周转材料的摊销和租赁费。

第三，机械使用费用。包括施工过程中使用自有施工机械所发生的机械使用费和租用外单位施工机械的租赁费以及施工机械安装、拆卸和进出场费等。

第四，其他直接费用。是指在施工过程中发生的除上述三项直接费用以外的其他可直接计入各成本核算对象的费用，包括施工生产中发生的流动施工津贴、生产工具用具使用费、临时设施摊销费、材料二次搬运费、检验试验费、工程定位复测费、工程场地清理费用等。

（2）间接成本。间接成本主要是指为组织和管理施工生产活动所发生的费用。包括施工现场管理人员的人工费、教育费、办公费、差旅费、固定资产使用费、管理工具用具使用费、保险费、工程保修费、劳动保护费、施工队伍调遣费、流动资金贷款利息以及其他费用等。

2. 项目施工的成本管理

施工项目成本管理就是在保证工期、质量、安全的情况下，把项目施工成本控制在计划范围内，并寻求最大的成本节约的管理活动。

（1）项目施工成本管理的原则。

第一，成本最低化原则。施工项目成本控制的根本目的，在于通过成本控制的各种手段，不断降低项目成本，以达到能实现最低目标成本的要求。在实施成本最低化原则时，应在不断挖掘各种降低成本潜力的同时，从实际出发，制定能力允许范围内可能达到的合理的最低成本水平。

第二，全面成本管理原则。对施工项目成本的管理，要着眼于全过程、各环节，而不应只把注意力集中在某一点上。这就要求成本管理工作要随着项目施工进度的各个阶段和所有部分连续、全面地进行，不能疏漏，应使项目成本自始至终置于有效的控制之下。

第三，成本责任制原则。为了实现全面成本管理，必须对施工项目成本进行层层分解，以分级、分工、分人的成本责任制作保证。施工项目经理部应对企业下达的成本指标负责，班组和个人对项目经理部的成本目标负责，以做到层层保证，定期考核评定。成本责任制的关键是划清责任，并与奖惩制度挂钩，建立各部门、各班组和个人与施工项目成本的联系。

第四，成本管理有效化原则。成本管理有效化主要有两层意思。一是促使项目经理部以最少的投入，获得最大的产出；二是以较少的人力和财力，完成较多的管理工作，提高工作效率。

提高成本管理有效性，一是采用行政方法，通过行政管理关系，下达指标，制定实施措施；二是采用经济方法，利用经济手段实施管理；三是采用法制方法，根据国家的政策方针和实际情况，制定具体的规章制度，使人人照章办事，用法律手段进行成本管理。

第五，成本管理科学化原则。要实现成本管理科学化，必须把自然科学和社会科学中有关的理论、技术和方法运用于成本管理。例如，在施工项目成本管理中，可以运用预测与决策方法、目标管理的方法、不确定分析方法和价值工程等。

（2）项目施工成本管理体系。承包商应建立健全施工项目全面成本管理责任体系，明确业务分工和职责关系，把管理目标分解到各项技术工作和管理工作中。施工项目全面成本管理责任体系应包括以下两个层次。

第一，企业管理层。负责项目全面成本管理的决策，确定项目的合同价格和成本计划，确定项目管理层的成本目标。企业应建立和完善项目管理层，作为成本控制中心的功能，并为项目成本管理优化配置生产要素，创造动态管理的环境和条件。

第二，项目经理部。负责项目成本的管理，实施成本控制，实现项目管理目标责任书中的成本目标。项目经理部应建立以项目经理为中心的成本控制体系，并按内部各岗位和作业层进行成本目标分解，明确各管理人员和作业层的成本责任、权限及相互关系。

企业应按下列程序确定项目经理部的责任目标成本：一是在施工合同签订后，由企业根据合同造价、施工图和招标文件中的工程清单，确定正常情况下的企业管理费、财务费用和制造成本；二是将正常情况下的制造成本确定为项目经理的可控成本，落实项目经理的责任目标成本。

(3) 项目施工成本管理的任务。施工项目成本管理的主要任务包括成本预测、成本计划、成本控制、成本核算、成本分析和成本考核。

第一，施工项目成本预测。施工项目成本预测就是根据成本信息和施工项目的具体情况，运用一定的专业方法，对未来的成本水平及其可能发展趋势做出科学的估计，其实质就是在施工以前对成本进行估算。通过成本预测，可以使项目经理部在满足业主和施工企业要求的前提下，选择成本低、效益好的最佳成本方案，并能够在施工项目成本形成过程中，针对薄弱环节，加强成本控制，克服盲目性，提高预见性。因此，施工项目成本预测是施工项目成本决策与计划的依据。预测时，通常是对施工项目计划工期内影响成本变化的各个因素进行分析，比照近期已完工施工项目或将完工施工项目的成本（单位成本），预测这些因素对工程成本中有关项目（成本项目）的影响程度，预测出工程的单位成本或总成本。

第二，施工项目成本计划。施工项目成本计划是以货币形式编制的施工项目在计划期内的生产费用、成本水平、成本降低率以及为降低成本所采取的主要措施和规划的书面方案，是建立施工项目成本管理责任制、开展成本控制和核算的基础。一般来说，一个施工项目的成本计划应包括从开工到竣工所必需的施工成本，是该施工项目降低成本的指导文件，是设立目标成本的依据。

第三，施工项目成本控制。施工项目成本控制是指在施工过程中，对影响施工项目成本的各种因素加强管理，并采用各种有效措施，将施工中实际发生的各种消耗和支出严格控制在成本计划范围内，随时揭示并及时反馈，严格审查各项费用是否符合标准，计算实际成本和计划成本之间的差异并进行分析，减少施工中的损失浪费现象，发现和总结先进经验。

施工项目成本控制应贯穿施工项目从投标阶段开始直到项目竣工验收的全过程，它是企业全面成本管理的重要环节。因此，必须明确各级管理组织和人员的责任和权限，这是成本控制的基础，必须给予足够的重视。

第四，施工项目成本核算。施工项目成本核算是指按照规定开支范围对施工费用进行归集，计算出施工费用的实际发生额，并根据成本核算对象，采用适当的方法，计算出该施工项目的总成本和单位成本。施工项目成本核算所提供的各种成本信息是成本预测、成本计划、成本控制、成本分析和成本考核等各个环节的依据。

第五，施工项目成本分析。施工项目成本分析是在成本形成过程中，对施工项目成本进行的对比评价和总结。贯穿于施工成本管理的全过程，主要利用施工项目的成本核算资料，与计划成本、预算成本以及类似施工项目的实际成本等进行比较。了解成本的变动情况，同时也要分析主要技术经济指标对成本的影响，系统地研究成本变动原因，检查成本计划的合理性，深入揭示成本变动的规律，以便有效地进行成本管理。

第六，施工项目成本考核。施工项目成本考核是指施工项目完成后，按施工项目成本目标责任制的有关规定，将成本的实际状况指标与计划、定额、预算进行对比和考核，评定施工项目成本计划的完成情况和各责任者的业绩，并以此给予相应的奖励和处罚。通过成本考核，做到有奖有惩、赏罚分明，才能有效地调动企业的每个职工在各自的施工岗位上努力完成目标成本的积极性，为降低施工项目成本和增加企业的积累作出自己的贡献。

（4）项目施工成本管理的基础工作。完善的成本管理基础工作是进行有效的成本管理的必要条件和保证。成本管理的基础工作包括以下方面。

第一，建立和健全原始记录。原始记录是企业在施工生产活动发生时，记载业务事项实际情况的书面凭证。在成本管理中，与成本核算和控制有关的原始记录是成本信息的载体。企业应根据施工特点和管理要求，设计简明适用、便于统一组织核算的各类原始记录。施工项目成本管理有关的原始记录一般包括五个方面。

机械使用记录。反映施工机械交付使用、台班消耗、维修、事故等情况，如交付使用单、机械使用台账、事故登记表等。

材料物资消耗记录。反映材料领取、材料使用、材料退库等情况，如限额领料单、退料单、材料耗用汇总表、材料盘点报告单等。

劳动记录。反映职工人数、调动、考勤、工时利用、工资结算等情况，如施工任务单、考勤簿、停工单、工资结算单等。

费用开支记录。反映水、电、劳务以及办公费开支情况，如各种发票、账单等。

产品生产记录。反映已完工程、未完工程的成本记录。

第二，建立完善的计量验收制度。在施工生产活动中，一切财产物资、劳动的投入和耗费以及生产成果的取得，都必须进行准确的计量，才能保证原始记录正确，因而计量验收是采集成本信息的重要手段。施工活动中的计量单位一般分为三类，货币计量、实物计量和劳动计量。在成本核算中，各项费用开支采用货币计量；劳动生产结果采用实物计量；各项财产物资的变动结存，同时采用货币计量和实物计量。验收是对各种存货的收发进行数量和质量方面的检验与核实，一般有入库验收和提货验收，验收时要核查实物与有关原始记录所记载的数量是否相符。

第三，加强定额和预算管理。为了进行施工项目成本管理，必须具有完善的定额资料，搞好施工预算和施工图预算。定额是企业对经济活动在数量和质量上应达到的水平所规定的目标或限额。先进、合理的各类定额是制定定额成本、编制成本计划、监督费用开支、实施成本控制、进行成本分析的依据，对于降低劳动耗费、提高劳动生产率、简化成本核算、强化成本控制能力都有着重要的意义。涉及成本管理方面的定额，包括劳动生产率定额、设备利用率定额、物资消耗定额、费用开支定额、劳动生产定额等，除了国家统一的建筑、安装工程基础定额以及市场上的劳务、材料价格信息外，企业还应有施工定额，施工定额既是编制单位工程预算及计划成本的依据，也是衡量人工、材料、机械使用的标准。

第四，制定合理的内部结算价格。为了明确施工企业内部各个单位经济责任，企业内部对物资、分部分项工程、未完工程、已完工程在各单位之间的流转，以及相互提供的劳务，可以采用内部结算的形式进行核算和管理。内部结算价格是企业内部经济核算的依据。企业对建筑材料、辅助材料、燃料、动力、机械使用、辅助生产和劳务等都应制定合理的内部核算价格。以定额成本作为制定内部结算价格的基础。当材料、劳务等在企业内部各单位之间转移时，可先按内部核算价格结算，月末算出实际成本后，再计算实际成本和内部核算价格的成本差异。对转出单位而言，这个成本差异就是其成本控制的绩效，这就便于划清企业内部各单位之间的经济责任，推行责任成本管理制度。

（5）建立健全各项责任制度。责任制度是有效实施项目成本管理的保证。有关施工项目成本管理的各项责任制度，包括计量验收制度、定额管理制度、岗位责任制、考勤制度、材料收发领用制度、机械设备管理与维修制度、成本核算分析制度以及完善的成本目标责任制度等。企业应随着施工生产、经营情况的变化，及管理水平的提高等客观条件的变化，不断改进、逐步完善各项责任制度的具体内容。

（二）项目施工成本的预测

1. 项目施工成本预测的内容

项目施工成本预测就是根据历史成本资料和有关的经济信息，在认真分析当前各种技术经济条件、外界环境变化及可能会采取的管理措施的基础上，对施工项目未来的成本水平及其发展趋势所作出的成本描述和逻辑推断。

2. 项目施工成本预测的作用

（1）项目施工成本计划的编制基础。在编制施工项目成本计划之前，要在收集、整理和分析有关项目施工成本、市场行情和施工消耗等资料的基础上，对项目施工进展过程中的物价变动等情况和项目施工成本作出符合实际的预测。因此，科学的成本预测是编制正确、可靠的成本计划的基础。

项目施工成本预测是预测和分析的有机结合，是事后反馈与事前控制的结合。通过成本预测，有利于及时发现问题，找出项目施工成本管理中的薄弱环节，及时采取措施，控制成本。因此，项目施工成本预测，既是成本管理工作的起点，也是成本事前控制成败的关键。

（2）项目投标决策的依据。建筑施工企业在选择投标项目过程中，需要根据项目是否盈利、利润大小等因素确定是否对工程进行投标以及投标报价多少。因此，在投标决策时就要估计项目施工成本的情况，通过与施工图预算的比较，才能作出正确的投标决策。

3. 项目施工成本预测的程序

科学、准确的成本预测必须遵循正确的程序。

（1）制订成本预测计划。成本预测计划，是保证成本预测工作顺利进行的基础。成本预测计划主要包括：确定预测对象和目标，组织领导及工作布置，有关部门提供配合，进度计划、收集资料的范围等。如果在成本预测过程中，出现新情况或发现成本预测计划存在缺陷，则应及时修订成本预测计划，以保证成本预测的顺利开展并获得良好的预测质量。

（2）调查。调查可从三方面来进行。第一，市场调查。主要是了解国民经济发展情况，投资规模、方向和布局，以及主要工程的性质和结构，市场竞争形势等。第二，成本水平调查。主要是了解本行业各类工程的成本水平，本企业在各地区、各类投标中中标工程项目的成本水平和目标利润，建筑材料和劳务的供应情况、市场价格及其变化趋势。第三，技术发展调查。主要是了解国内外新技术、新设计、新工艺、新材料采用的可能性及对成本的影响。

（3）收集整理资料。根据成本预测计划，收集成本预测资料是进行成本预测的重要条件。成本预测资料包括：第一，企业下达的与成本有关的指标；第二，历史上同类项目成本资料；第三，项目所在地的成本水平；第四，工程项目中与成本预测有关的其他资料，如材料、机械台班、工时消耗等；第五，其他与成本有关的资料，如项目技术特征，新材料、新工艺、新设备等的使用，交通、能源供应等。

由于预测对象涉及的因素相当复杂，要求收集和分析的数据多，尽可能掌握与决策相关的详细资料。这些资料不仅包含各种核算的实际资料，还包括有关的计划、定额资料。不仅要收集有关的数据资料，而且要收集有关的制度、合同、决议、报告、备忘录等文字资料，必要时，还要收集国内国外同类施工项目的有关资料。

在收集资料的过程中，应随时分析资料的可靠件、连续性、全面性和完整性，尽可能排除会计、统计资料中那些偶然因素、虚假因素对成本造成的影响。成本预测资料的真实与准确决定了成本预测工作的质量。因此，对收集的资料进行细致的检查和整理是很有必要的。如各项指标的口径、单位、价格等是否一致；核算、汇总时间是否一致，资料是否完整，如有残缺，应采用估算、换算、查阅等方法进行补充；对不具有可比性或重复的资料，要去伪存真，进行筛选，以保证成本预测资料的完整性、连续性、真实性和适时性。

（4）建立预测模型。预测模型是用数字和语言描述与研究某一经济事件及各个影响因素之间数量关系的表达式。它是对客观经济事件发展变化的高度概括和抽象描述。简言之，预测模型是利用象征性的符号去表达真实的经济过程，发现事物发展变化的规律。如在定性预测中设定一些逻辑思维和推理程序。

为了使成本预测更加规范和科学，应根据经过分析整理的资料，在研究成本变化规律的基础上建立相应的预测模型。在实践中，对于短期的成本预测，可以采用较为简单的预测模型，考虑的因素也可以相应少些；而对于较长时期的成本预测，则应采用较为复杂的预测模型和多种预测方法，考虑的因素也应多些。

（5）选择成本预测方法。成本预测方法一般有定性预测方法和定量预测方法两类。定性预测方法主要有德尔菲法、专家预测法等，是在数据资料不足或难以定量描述时，依靠个人经验和主观判断进行推断预测。本书也介绍了成本预测方法中的时间序列预测法和回归分析法等，这些方法同样可以用于成本预测。

选择预测方法时，一般要考虑四个因素。第一，时间。不同的预测方法适用于不同的预测期限。定性预测一般多用于长期预测，定量预测则适用于中期预测和短期预测。第二，数据。不同的预测方法有不同的数据要求，应根据数据的特点，选择相应的数据模型。如有完整的月份成本数据，则可应用时间序列分析来进行预测；如有完整的同类项目产值与成本的数据，则可采用回归分析预测。第三，适用性。只有已证明有效的模型，才可用于实际预测。第四，精度。选择的预测方法应能获得足够精确的预测结果。

（6）成本预测。首先根据定性预测方法及一些横向成本资料的定量预测，对施工项目成本进行初步估计。其预测结果往往比较粗糙，需要对影响施工项目成本的因素如物价变化、劳动生产率、物料消耗、间接费用等进行详细预测，以便根据市场行情、分包企业情况、近期其他工程实施情况等，推测未来影响施工项目成本水平的因素有哪些，其影响如何。必要时可作量本利分析和敏感性分析。最后，根据初步成本预测结果以及对影响因素的判定，确定施工项目的预测成本。

（7）分析、评价预测结果，提出预测报告。运用模型进行预测的前提条件是预测对象的发展规律也会因为条件的不同而出现误差，使预测结果偏离实际结果。因此，需要对预测的结果进行分析评价，以便检验和修正预测结果。施工项目可以通过专业人员、技术人员根据经验检查，判断预测结果是否合理，是否会存在较大的误差。也可以通过其他预测方法进行验证，如根据掌握的最新资料重新预测或建立新的预测模型重新预测，甚至采用多种预测方法对同一对象进行预测并将每一方法下的成本预测结果进行概率评价，根据预测分析的结论，最终确定预测的结果，并在此基础上提出预测报告，确定目标成本，作为编制成本计划和进行成本控制的依据。

（8）分析预测误差。成本预测的结果与实施后实际发生的成本有出入，从而产生了预测误差。预测误差的大小，反映了成本预测的准确程度。对这种误差进行分析，有利于提高成本预测工作的质量。

（三）项目施工成本计划

1. 项目施工成本计划的内容

项目施工成本计划是以货币形式编制的施工项目在计划期内的生产费用、成本水平、成本降低率以及为降低成本所采取的主要措施和规划。

项目施工成本计划的作用：第一，成本控制的标准和依据；第二，编制其他计划的基础；第三，对生产能耗进行控制、分析和考核的依据。

2. 项目施工成本计划的组成

项目施工的成本计划一般由项目直接成本计划和间接成本计划组成。如果项目设有附属生产单位（如加工厂、预制厂、机械动力部、运输队等），那么，成本计划还包括产品成本计划和作业成本计划。

（1）直接成本计划。项目的直接成本计划主要反映施工项目直接成本的预算成本、目标成本、计划降低额、计划降低率。

直接成本计划主要包括以下内容。

第一，总则。包括施工项目的概述，项目管理机构、项目外部环境特点、对合同中有关经济问题的责任以及成本计划编制依据的相关资料介绍。

第二，成本目标及核算原则。成本目标包括施工项目降低成本计划及计划利润总额、投资和外汇总节约额、主要材料和能源节约额、流动资金节约额等。核算原则是指参与项目施工的各单位在成本、利润结算中采用何种结算方式，如承包合同中约定的结算方式、费用分配方式、会计核算原则、结算款所用币种，等等，如果有必要应予以说明。

第三，降低成本计划总表或总控制方案。编写项目施工成本计划时以表格形式反映，按直接成本项目分别填入预算成本、目标成本、计划降低额以及计划降低率。如有多家单位参与项目的施工，则要由各单位编制负责施工部分的成本计划表，最后汇总编制施工项目的成本计划表。

第四，目标成本估算说明。成本计划中要对各个目标直接成本项目加以分解、说明。以材料费为例，应说明钢材、木材、水泥、砂石、委托加工材料等主要材料和预制构件的计划用量、价格，周转材料、低值易耗品等摊销金额的预计，脚手架等租赁用品的计划租金，材料采购保管费的预计金额，等等，以便在实际施工中加以控制与考核。

第五，计划降低成本的途径分析。应反映项目管理过程中计划采取的增产节约、增收节支和各项技术措施及预期效果。可依据技术、劳资、机械、材料、能源、运输等各部门提出的节约措施，加以整理、分析、计算得到。

（2）间接成本计划。间接成本计划主要反映施工现场管理费用的计划数以及降低额。间接成本计划应根据施工项目的成本核算期，以项目总收入中的现场管理费为基础，制订各部门费用的收支计划，汇总后作为施工项目的间接成本计划。在间接成本计划中，收入应与取费口径一致，支出应与会计核算中间接支出项目的内容一致，各部门应按照节约开支、压缩费用的原则，制订施工现场管理费用计划表，以保证该计划的实施。

3. 项目施工成本计划的编制原则

成本计划的编制是一项涉及面较广、技术性较强的管理工作，为了充分发挥成本计划的作用，在编制成本计划时，必须遵循以下原则。

（1）合法性原则。编制施工项目成本计划时，必须严格遵守相关法律法规及政策，严格遵守成本开支范围和各项费用开支标准，任何违反财务制度的规定，随意扩大或缩小成本开支范围的行为，必然使计划失去考核实际成本的作用。

（2）可比性原则。成本计划应与实际成本、预算成本保持可比性。为了保证成本计划的可比性，在编制计划时应注意所采用的计算方法，应与成本核算方法保持一致（包括成本核算对象，成本费用的汇集、结转、分配方法等），只有保证成本计划的可比性，才能有效地进行成本分析，才能更好地发挥成本计划的作用。

（3）从实际情况出发原则。编制成本计划必须从企业的实际情况出发，充分挖掘企业内部潜力，使降低成本指标既积极可靠，又切实可行。施工项目管理部门降低成本的潜力在于正确选择施工方案，合理组织施工，提高劳动生产率，改善材料供应，降低材料消耗，提高机械设备利用率，节约施工管理费用等。但要注意，不能为了降低成本而偷工减料，忽视质量，不对机械设备进行必要的维护修理，片面增加劳动强度，加班加点，或减掉合理的劳保费用，忽视安全工作。

（4）与其他计划相结合原则。编制成本计划，必须与施工项目的其他各项计划如施工方案、生产进度、财务计划、材料供应及耗费计划等密切结合，保持平衡。即成本计划一方面要根据施工项目的生产、技术组织措施、劳动工资、材料供应等计划来编制，另一方面影响其他各种计划指标，在制订其他计划时，应考虑适应降低成本的要求，与成本计划密切配合。

（5）先进可行性原则。成本计划既要保持先进性，又必须切实可行。否则，就会因计划指标过高或过低而使之失去应有的作用。这就要求编制成本计划必须以各种先进的技术经济定额为依据，并针对施工项目的具体特点，采取切实可行的技术组织措施作保证。只有这样，才能使制订的成本计划既有科学根据，又有实现的可能，也只有这样，成本计划才能起到促进和激励的作用。

（6）统一领导、分级管理原则。成本计划的编制，应在项目经理的领导下，以财务和计划部门为中心，发动全体职工总结降低成本的经验，找出降低成本的正确途径，使成本计划的制订和执行具有广泛的群众基础。

（7）弹性原则。编制成本计划应留有充分余地，使计划具有一定的弹性。在计划期内，项目经理部的内部或外部技术经济状况和供产销条件，很可能发生一些在编制计划时未预料到的变化，尤其是材料的市场价格千变万化，给计划拟订带来很大困难，因而在编制计划时应充分考虑到这些情况，使计划保持一定的应变与适应能力。

4. 项目施工成本计划的编制依据

项目经理部应依据下列文件编制项目成本计划：合同文件、项目管理实施规划、可行性研究报告和相关设计文件、市场价格信息、相关定额及类似项目的成本资料。

（1）施工项目成本估算。成本估算是编制成本计划的基础。科学合理的成本估算是成本控制系统的总体控制目标，同时，它也使成本计划中设置的单元目标既具有可靠性，又具有可行性，并且还能在一定程度上激发项目执行者的进取心，充分发挥他们的工作能力。

（2）工作分解结构。工作分解结构也是编制成本计划的重要依据。它和成本估算都是为成本计划服务的。因此，国际上这两项工作多由一个咨询公司来完成，保证了二者的连贯性。

（3）项目进度计划。项目成本和进度本来就是一对相辅相成的指标，因此项目成本计划的编制与项目进度计划的编制、进度分目标的确定是紧密相连的。只有依据进度计划制订相应的成本计划，使资金、费用的安排与进度相适应，才能避免资金和进度脱节引起的项目实施受阻。

五、项目施工的安全生产与事故管理

安全生产与环境保护是我国的基本国策，职业安全卫生与环境状况是经济发展和社会文明程度的反映。建立相应的管理体系，使所有劳动者获得安全与健康，是社会公正、文明的基本标志，是保持社会安定团结和经济可持续发展的重要条件，也是承包商消除贸易壁垒、参与国际市场竞争的通行证。

（一）安全生产的内容

（1）安全生产方针。我国的安全生产方针是安全第一，预防为主。生产过程中的安全是生产发展的客观需要，特别是现代化生产，更不允许有所忽视。在生产活动中必须强化安全生产，把安全工作放在第一位，生产必须安全，安全促进生产。特别是在安全与生产发生矛盾时，生产任务越繁重，安全事故隐患就越多，更需强化安全第一的方针。同时，由于现代社会对安全工作的高度重视，项目的构成和施工技术越来越复杂，往往是多学科综合运用，稍有疏忽就会酿成事故。因此，需要加强研究，依靠科技进步，通过预测与分析，积极采取措施，把工伤事故和职业危害消灭在萌芽状态中，以预防的方法来保证安全生产。

（2）安全生产管理体制。我国的安全生产管理体制是企业负责、行业管理、国家监察、群众监督、劳动者遵章守纪。“企业负责”明确了企业（承包商）应认真贯彻执行国家安全生产的法律法规和规章制度，并对本企业的劳动保护和安全生产工作负责，也就是通常所说的安全生产工作不能由政府包办，“谁施工、谁负责”。

“行业管理”是指政府建设行政主管部门根据“管生产必须管安全”的原则，建立安全生产管理机构，配备安全技术干部，组织贯彻执行国家安全生产的方针、政策和行业的规章制度与规范标准，负责本行业安全生产管理工作的策划、组织实施和检查、考核。

“国家监察”是一种执法监察，国务院下设的国家安全生产行政主管部门主要是监察国家法律法规的执行情况，预防和纠正违反法规、政策的偏差。“群众监督”是人民主权原则、基本人权原则和法制原则的体现。群众监督的内容非常广泛，形式也多种多样，最主要的有以下两种形式：一种是参加基层居民自治组织，如居民委员会、村民委员会及其所属的治保委员会、调解委员会，以及职工代表大会等，协助人民政府办理一些事务，并且向人民政府反映群众意见、要求和提出建议。另一种是直接向各级国家机关、行政领导写信或面访，反映意见、要求和建议，对各级行政机关及其工作人员的行政行为进行广泛的监督。

“劳动者遵章守纪”是减少事故，实现安全生产的重要保证。根据对事故发生原因的分析，许多事故的发生大都与职工的不遵守安全生产规章制度、劳动纪律，违章操作行为有直接关系。

（3）安全生产管理制度。安全生产管理制度作为企业规章制度的重要组成部分，依据并体现国家法律、行政法规，承包商及项目全体员工在生产经营活动中必须贯彻执行。国家要求企业必须建立的五项基本制度是安全生产责任制度、安全技术措施计划制度、安全生产教育制度、安全生产定期检查制度、伤亡事故的调查和处理制度。除这五项基本制度外，根据生产的发展和管理的需要，国家还出台了其他的安全生产管理制度，如安全卫生评价，易燃、易爆、有毒物品管理，防护用品使用与管理，特种设备及特种作业人员管理，机械设备安全检修，文明生产以及安全监察等制度。

（二）事故原因的分析

（1）危险源与事故。危险源是可能导致人身损伤、财产损失、工作环境破坏的根源。危险源是安全控制的主要对象，安全控制也称为危险控制或安全风险控制。危险源可分为两类：第一类，危险源是可能发生意外释放的能量或危险物质，如电线和电、压力容器和炸药等；第二类，危险源是造成约束、限制能量措施失效或破坏的各种不安全因素。如人的不安全行为、物品的不安全状态和不良环境条件。建筑工地绝大部分危险和有害因素属于第二类危险源。

事故是指造成死亡、疾病、伤害、损坏或其他损失的意外情况。事故的发生是两类危险源共同作用的结果。第一类危险源是事故发生的前提，第二类危险源的出现是第一类危险源导致事故发生的必要条件。在事故的发生和发展过程中，两类危险源相互依存，相辅相成。第一类危险源是事故发生的主体，决定事故的严重程度；第二类危险源的出现难易，决定事故发生的可能性大小。建筑工地重大危险源，可能造成的事故危害主要有高处坠落、坍塌、物体打击、起重伤害、触电、机械伤害、中毒窒息、火灾、爆炸和其他伤害等。

（2）事故原因分析。事故原因有直接原因、间接原因和基础原因。

第一，直接原因。直接原因是最接近发生事故并直接导致事故发生的原因。包括人的不安全行为、物的不安全状态和环境的不安全因素。

人的不安全行为是人的生理和心理特点的反映，主要表现在身体缺陷、错误行为和违纪违章等方面。①身体缺陷指疾病、精神失常、智商低、紧张、烦躁、疲劳、易冲动、易兴奋、运动迟钝、对自然条件和其他环境过敏、不适应复杂和快速工作、应变能力差等；②错误行为指嗜酒、玩耍、嬉闹、追逐、误视、误听、误嗅、误触、误动作、误判断、意外碰撞和受阻、误入险区等；③违纪违章指粗心大意、漫不经心、注意力不集中、不履行安全措施、安全检查不认真、不按工艺规程或标准操作、不按规定使用防护用品、玩忽职守、有意违章等。

物的不安全状态表现为设施和装置的缺陷、作业场所的缺陷、物质和环境的危险源等。

环境也存在对施工现场安全影响的因素，如采光照明、色彩标志、环境温度、噪声、粉尘等现场环境条件。

第二，间接原因。间接原因是直接原因得以产生和存在的原因，即管理问题，包括承包商与项目的有关职业健康安全管理的目标与规划、责任制、管理机构、教育培训、技术管理、安全检查等。

第三，基础原因。基础原因是指造成间接原因的因素，包括经济、社会、文化、法律和民族习惯等。

基础原因决定了间接原因——管理问题，管理问题与物和环境的不安全状况结合构成了事故隐患。因此，职业健康安全管理的思路是立足于基础工作，从管人着手，积极采取措施，消除物的不安全状态和环境的不安全因素。

第二节　现代工程项目风险识别与分析

一、现代工程项目的风险识别及其属性

（一）现代工程项目风险的识别

风险会带来灾难，但风险与收益并存。风险并不可怕，可怕的是对风险一无所知或拒不承认。现代汉语中把风险定义为“可能发生的危险”。由此看来，可能性是与风险紧密联系的概念，肯定蒙受和肯定不蒙受损失不是风险。

风险的概念可应用于人类的各项决策活动中，只要其结果是不确定的。这种不确定性是由决策对未来的判断这一特点所决定的，从本质上来说，未来就是不确定的。由此，在处理风险时，时间就是需考虑的一个关键变量。

与其他行业相比，建筑业面临着更多的风险和不确定性。从最初的投资评价到项目建成并投入使用，通常是一个复杂的过程，包括耗时较长的设计和建造过程。这一过程需要大量不同专业的人员参与，以及对范围广泛的一系列相互独立又相互联系的活动的协调。不仅如此，这一复杂过程还会受到各种外界及不可控制因素的影响。

对投资者来说，两个最重要的问题就是项目的收益是否与其面临的风险相匹配，以及如何把损失降到最小。显然，与纯粹靠运气的博彩相比，决策者对风险的看法更侧重于损失发生的概率及可能的损失额。因此，作为辅助决策的风险量化技术就变得越来越重要。这些技术是建立在对风险产生的条件的正确分析的基础上的，如为什么在同一情况下，获得相同信息的两个人会作出不同的决策。

风险的识别可从多种角度去考察。第一，风险同人们的活动有关。人们从事活动，总是预期一定的结果，如果对于预期的结果没有十分的把握，就会认为该项活动有风险。第二，风险同将来的活动和事件有关。对于将来的活动、事件或项目，总是有多种行动方案可供选择，没有一个方案是完美的。第三，如果活动或项目的后果不理想，人们则会思考能否有更好的替换方案，能把以后的活动或项目做好。

因此，当事件、活动或项目有损失或收益与之联系并且涉及某种不确定性和涉及某种选择时，才称为有风险。这是风险定义的必要条件，不是充分条件，即具有不确定性的事件不一定有风险。故风险就是活动或事件中消极的、人们不希望后果发生的潜在可能性。

（二）现代工程项目风险的属性

1. 风险事件的随机性

给项目带来机会或造成损害的原因称为风险来源。

风险事件的发生及后果都具有偶然性。风险事件是否发生，何时发生，发生之后会有什么样的后果，人类通过长期的观察发现，这些问题都遵循一定的统计规律，这种性质叫随机性。

风险是潜在的。只是在具备了一定条件时，才可能发生风险事件。这“一定条件”称为转化条件。有了转化条件，风险不一定演变成风险事件。只有具备了另外的一些条件时，风险事件才会真的发生，这另外的条件称为触发条件。

了解风险由潜在转变为现实的转化条件、触发条件及其过程，对于控制风险非常重要。控制风险，实际上就是控制风险事件的转化条件和触发条件。当风险事件只能造成损失和损害时，应设法消除转化条件和触发条件；当风险事件可以带来机会时，则应当努力创造条件促使其实现。

2. 风险的相对性

在风险管理中，还使用风险因素和风险事故两个术语。

风险因素是指损失或损害发生的主观、客观条件，它是风险事件发生的潜在原因。对于工程项目，不合格的材料、漏洞百出的合同条件、松散的管理、不完全的设计文件、变化无常的建筑市场等都是风险因素。

风险事故是指直接造成损失或损害的风险事件。例如，一个工程正在进行施工，但施工电源发生故障，形成风险事故。

风险总是相对项目活动主体而言的，同样的风险对于不同的主体有不同的影响。人们对风险事故都有一定的承受能力，但是这种能力因活动、人和时间而异。对于项目风险，人们的承受能力主要受下列因素的影响。

第一，收益的大小。收益总是与损失的可能性相伴。损失的可能性和损失的数额越大，人们为弥补损失而得到的收益也越大。同样地，收益越大，人们愿意承担的风险也就越大。

第二，投入的大小。项目活动投入越多，人们希望成功的愿望越大，想冒风险的心理也就越小。通常来说，当投入少时，人们可以接受较大的风险，即使成功的概率不高也能接受；当投入逐渐增加，人们就开始变得谨慎起来，希望获得成功的概率提高，最好达到百分之百。

第三，项目活动主体的地位和拥有的资源。同一风险，不同的个人或组织承受能力不同，个人或组织拥有的资源越多，其风险承受能力越强。管理层中级别高的与级别低的相比，能够承担较大的风险。

3. 风险的可变性

风险的可变性随着风险事件的转变及触发条件的变化而改变。风险的可变性表现为以下几方面。

第一，风险性质的变化。例如，一个三人预算小组在没有计算机的条件下十天内要准确编制出一个6500万元的房屋建筑工程项目施工图预算，将承担着不能按时完成任务的极大风险，而现在应用计算机软件编程则不再是极大风险。

第二，风险后果的变化。风险后果包括后果发生的频率、收益或损失的大小。随着科学技术与文化素质的提高，人们认识和抵御风险事故的能力也逐渐加强，一定程度上能够降低风险事故发生的频率并减少损失。项目管理中，加强项目队伍配备，提高管理技能，就能使一些风险变成有风无险。而且由于传播技术、预测技术、检测技术、预控方法和手段的不断发展和完善，项目的某些风险可以较准确地预计和控制，因而减少了项目的不确定性。

第三，出现新的风险。随着项目活动的展开，为回避某些风险而采取行动时，另外的风险就会出现。例如，为了避免项目进度拖延而增加资源投入时，就有可能造成超支。

在对工程项目决策过程中，应对项目风险进行分析，其中重要的内容是进行不确定性分析，不确定性分析的方法主要包括盈亏平衡分析、敏感性分析和概率分析。

二、现代工程项目盈亏平衡、敏感性分析

（一）现代工程项目盈亏平衡分析

盈亏平衡点又称零利润点、保本点。通常是指全部销售收入等于全部成本时

（在分析图中销售收入线与总成本线的交点）的产量。以盈亏平衡点为界限，当销售收入高于盈亏平衡点时，企业盈利；反之，企业亏损。

在建设项目决策论证中，用盈亏平衡分析研究项目投产后，以利润为零时的产量为基础，测算项目的生产负荷状况，分析项目适应市场变化的能力，度量项目抗风险的能力。项目的盈亏平衡点越低，说明项目适应市场变化的能力越强，抗风险的能力越大，亏损的风险越小。

（二）现代工程项目敏感性分析

1. 敏感性分析方法的步骤

敏感性指项目经济评价指标对其相关不确定性因素变动的反应，如当不确定性因素有较小的变动，但导致项目经济评价指标的波动较大时，则称项目方案对该不确定因素敏感性强。通常把引起强敏感性的不确定因素称为“敏感因素”。敏感性分析的步骤一般如下。

（1）确定敏感性分析的经济评价指标。敏感性分析的经济评价指标，即敏感性分析的对象。应根据建设项目的特点和经济评价的实际需要，来确定进行敏感性分析的经济评价指标；在项目的机会研究阶段，各种经济数据不完全，可信度不高，常使用投资收益率、投资回收期指标；在项目的初步可行性研究和详细可行性研究阶段，可采用净现值、内部收益率指标。一般而言，敏感性分析的指标应与经济评价指标一致，不应超出经济评价指标的范围而另立分析指标。

（2）选取不确定变量因素，设定变量因素的变动幅度和范围。选取影响项目经济评价指标变化的主要变量因素。

（3）计算不确定因素的变动对分析指标的影响程度。计算方法是在固定其他变量因素的条件下，依次分别按照预先规定的变化幅度来变动其中某个不确定因素，并计算出该变量因素的变动对经济评价指标的影响程度（变化率），同时找出两者的一一对应关系，并绘成图或列成表。

（4）找出敏感因素。根据不确定因素的变动幅度与经济评价指标变动率的一一对应关系，通过比较找出对经济评价指标影响最强的因素，即为项目方案的敏感因素，在实际工作中，运用敏感性分析图来显示敏感因素，直观明了。

（5）综合分析决定项目方案的取舍。对找出的最强敏感性因素，应分析研究其存在不确定性的根源，并弄清哪些根源是主观原因，哪些是客观原因，以便采取相应的对策加以控制。如果不能有效地控制其不确定性，则此项目方案不可取，应重新考虑替代方案。

敏感性分析方法分为单因素敏感性分析和多因素敏感性分析。每次只变动一个因素而其他因素保持不变的敏感性分析法，称为单因素敏感性分析法。每次有两个及以上因素变动而其他因素保持不变的敏感性分析法，称为多因素敏感性分析法。项目风险评价中一般采用单因素敏感性分析方法。

2. 临界点与敏感性分析

临界点是指不确定因素的变化使项目由可行变为不可行的临界数值，也可以说是该不确定因素使净现值变为零或内部收益率等于基准收益率时的变化率。当该不确定因素为费用方面的因素时，临界点为其可增加的具体数值或百分率；当该不确定因素为效益因素时，临界点为其降低的具体数值或百分率。当不确定因素的变化超过了临界点所表示的不确定因素的极限变化时，项目净现值小于零或内部收益率小于基准收益率，表明项目将由可行变为不可行。

临界点的高低与设定的基准收益率有关，对于同一个投资项目，随着设定基准收益率的提高，临界点就会变低，而在一定的基准收益率下，临界点越低，表明该因素对项目效益指标影响越大，项目对该因素越敏感。

可以通过敏感性分析图求得临界点的近似值，但由于项目效益指标的变化与不确定因素变化之间不完全是直线关系，有时误差较大，因此最好采用试算法或函数求解。

第三节　现代工程项目风险管理

一、工程项目风险分析

（一）工程项目风险的构成要素

风险（Risk）在项目管理中是一个重要的概念，工程项目风险是指在工程建设项目实施过程中，由于工程项目中存在不确定性因素的影响，所导致可能出现的预期结果与实际结果间的差异而造成的损失。风险的概念可以从经济学、管理学、保险学等不同角度去认识。

项目风险是由风险因素、风险事件和损失三要素构成。

（1）风险因素，是指能增加或产生损失频率和损失幅度的条件，它是事故发生的潜在原因，是造成损失的内在原因或间接原因。由于风险因素的存在，在满足一定条件的基础上可能会引起风险事故。

（2）风险事件，是指能造成生命和财产损失的偶发事件，如失火、雷电、地震、偷盗、抢劫等事件。它是造成损失的直接原因或外在原因，是损失的媒介质，即风险只有通过风险事故的发生，才能导致损失；风险事故是风险损失从可能性转化为现实性的媒介。

（3）损失，是指一种非故意的、非预期的、非计划的经济价值的减少。有的学者将损失分为直接损失、间接损失和隐蔽损失三种。重要的是要找出一切已经发生和可能发生的损失，尤其是对间接损失和隐蔽损失进行深入分析。

1. 工程项目风险的不确定性

对于某事件，不去做，则没有风险。或者某事件，无论其发生与不发生，都不会带来损失，则该事件也不存在风险。风险具有两个特征：一是事件的不确定性，二是事件发生后产生有损失的后果。

根据风险的定义，事件的不确定性可分为以下类型。

（1）说明或结构不确定性。指人们由于认识不足，不能清楚地描述和说明项目的目的、内容、范围、组成和性质及项目与环境之间的关系。

（2）计量不确定性。指在确定项目变数数值大小时，由于缺少必要的信息、尺度或准则而产生的不确定性。在确定项目变数的数值时，人们有时难以获取有关的数据和观察结果。

（3）事件后果不确定性。当人们无法确认事件的预期结果及其发生的概率时，称此时的不确定性为事件后果的不确定性。风险是以项目的预期结果和实际结果相比而产生的，事件发生后产生损失的后果，从两个方面进行分析。①行动和事件的后果同人们的期望、预想的偏离。后果偏离预期越大，产生损失就越大，风险也越大。②人们从事各项活动的确可能蒙受损失或损害，对这种不利的后果不但要提高警惕，而且要知道如何防范和处理。

2. 影响工程项目的风险

现代工程项目的特点是规模大、技术新颖、持续时间长、参加单位多、与环境接口复杂，使其不确定性要比其他一些经济活动更高，因而项目风险的可预测性也就差得多，而且项目一旦出了问题，将很难补救。

很多项目所共有的问题如下。

（1）对于项目各组成部分之间的复杂关系，任何个人都不可能了如指掌。

（2）项目各组成部分之间不是简单的线性关系。

（3）项目处于不断变化之中，难得出现平衡或只能短时间维持。

（4）虽然项目管理队伍只想处理技术和经济问题，但找上门来的却经常是各种不同方面互相冲突的希望或者难以满足的要求。还有其他一些非常复杂、非线性极强、不确定性极高的非技术和非经济问题，都使最后完成的项目是各方互相冲突的希望和要求的一种折中。

项目不同阶段会有不同的风险。风险大多数随着项目的进展而变化，不确定性会随之逐渐减少。最大的不确定性存在于项目的早期。

工程项目的立项、分析、研究、设计和计划都是基于对将来情况（政治、经济、社会、自然等各方面）预测基础上的，基于正常的、理想的技术、管理和组织之上的。而在实际实施以及项目的运行过程中，这些因素都有可能会产生变化，在各个方面都存在着不确定性。这些变化会使原定的计划、方案受到干扰，使原定的目标不能实现。对建设项目风险的认识，要明确两个基本特点：第一，建设项目风险大；第二，参与工程建设的各方均有风险，但各方的风险不尽相同。

（二）工程项目风险的分类

风险是多种多样的，为了便于对各种风险进行识别、评估和管理，对风险按照一定的方法进行科学分类是十分必要的，对工程风险管理也具有重要意义。

1. 工程项目风险的一般分类方法

（1）按风险后果划分。

第一，纯粹风险。纯粹风险是指只会造成损失而不会带来收益的风险。例如自然灾害，一旦发生，将会导致重大损失，甚至人员伤亡；如果不发生，只是不造成损失而已，但通常不会带来额外的收益。此外，政治、社会方面的风险一般也都表现为纯粹风险。

第二，投机风险。投机风险是指既可能造成损失也可能创造额外收益的风险。例如，一项重大投资活动可能因决策错误或因遇到不测事件而使投资者蒙受灾难性的损失；但如果经营决策正确或赶上好机遇，则有可能给投资人带来巨额利润。投机风险具有极大的诱惑力，不能只注意其有利可图的一面，而忽视其带来灾难性的损失的可能。

（2）按风险产生的原因分类。

第一，自然风险。自然风险是指因自然力的不规则变化产生的现象所导致危害经济活动，物质生产或生命安全的风险，如地震、水灾、火灾、冻灾、旱灾、虫灾以及各种瘟疫等自然现象。自然风险形成有不可控制性和周期性，而且，自然风险事故一旦发生，其涉及的对象往往很广。

第二，社会风险。社会风险是指由于个人或团体的行为，包括过失行为、不当行为以及故意行为对社会生产及人们生活造成损失的可能性。例如，盗窃、抢劫、玩忽职守及故意破坏等行为对他人的财产或人身造成损失或损害的可能性。

第三，政治风险。政治风险又称为国家风险，它是指在国际贸易风险中，因政治原因或订约双方所不能控制的其他原因，使债权人可能遭受损失的风险。

第四，经济风险。经济风险是指经济活动中由于受市场供求关系、经济贸易条件等因素的影响，或经营者决策失误，对前景预期出现偏差等，遭受经济损失的风险。例如，价格波动、供求关系发生变化、通货膨胀、汇率变动等导致经济损失的风险。

需要注意的是，除了自然风险是相对独立的之外，社会风险、政治风险和经济风险之间存在一定的联系，有时表现为相互影响，有时表现为因果关系，难以分开。

（3）按风险影响范围划分。按风险的影响范围大小可将风险分为基本风险和特殊风险。

第一，基本风险是指作用于整个经济或大多数人群的风险，如自然灾害、高通胀率等，具有普遍性。显然，基本风险的影响范围大，后果严重。

第二，特殊风险是指作用于某一特定单体（如个人或企业）的风险，例如，车被偷、银行被抢、房屋失火等，不具有普遍性。特殊风险的影响范围小，虽然就个体而言，其损失有时也相当大，但相对于整个经济而言，其后果不严重。

在某些情况下，特殊风险与基本风险很难严格加以区分，基本风险与特殊风险的界定有时需要考虑具体的出发点。

2. 工程项目风险的潜在形态分类方法

（1）根据潜在的损失形态划分。将工程风险划分为财产损失风险、人身损失风险和责任损失风险。

第一，工程财产损失风险的类型主要包括三种。一是指由于风险事故的发生导致工程标的、附属工程、临时建筑和施工机具发生损毁、灭失和贬值的损失，如工程项目本身的物质损毁。二是指由于承保风险事故的发生可能产生的相关费用损失，如施救费用、清理场地费用和专业费用等。三是指由于物质损失导致工程延期完工产生的间接损失，如预期利润和延迟交付的罚金等。

第二，工程人身损失风险，是指由于风险事故的发生导致与工程建设有关人员的人身伤亡。在工程人身风险项下的“有关人员”，通常是指与工程保险的被保险人本身以及与其存在雇佣合同关系，或者其他的直接利害关系人，而与被保险人没有这种关系的人则属于工程责任风险的范畴。

第三，工程责任损失风险，是指在工程的建设期间，建设项目业主作为工程的所有人和建设项目的行为人，承包商作为项目建设的行为人或者施工机具的所有人在从事与工程建设有关的活动中，在工地及附近区域，由于疏忽或者过失造成第三者的人身伤亡或者财产损失，依法应当承担的经济赔偿责任。

（2）根据潜在损失承担主体划分，将工程风险划分为业主风险、承包商风险和其他关系人风险。

第一，业主风险。业主风险是指建设项目业主作为建设项目的所有人可能承担的风险。从物质损失的角度看，“不可抗力”风险，即自然及环境灾害风险就属于业主风险，除此之外，业主风险还包括技术性风险和人为风险。技术风险包括地质勘探、设计技术、施工技术、生产工艺、应用设备、原材料等原因产生的风险；人为风险包括勘察设计单位的技术和经验、承包商的资质和经验、监理单位的资质和信用、供应商的信用和管理、外来破坏、盗窃等产生的风险。

从责任损失的角度看，尽管项目的施工是由承包商完成的，一般来讲，承包商在施工过程中产生的第三者责任应当由其承担，但是，由于建设项目业主是工地（建设项目）的所有人，所以，一旦第三者在工地受到损害，其除可以向承包商提出损害赔偿的要求外，也可以向建设项目业主提出同样的要求。在许多情况下，建设项目业主往往会成为这类事故的第一责任人。

第二，承包商风险。承包商风险是指承包商作为项目建设的行为人可能承担的风险。从物质损失的角度看，承包商风险是指在实施项目建设过程中，可能由于承包商的施工人员的疏忽、过失，甚至恶意行为导致建设项目本身的损失。

从责任损失的角度看，承包商风险是指承包商风险是指承包商作为项目建设实施的行为人，可能由于承包商及其施工人员的疏忽或过失，导致第三方的人身伤亡或者财产损失，依法应当承担责任的风险。承包商风险还包括其对于施工人员意外伤害的雇主责任风险和对于施工机具由于意外事故造成损失的风险。

第三，其他关系人风险。其他关系人风险是指那些直接或间接与工程存在各种关系的人，基于这种关系，他们对于建设项目和责任拥有可保利益，上述的建设项目业主和承包商的风险则可能成为这些关系人的风险，如对建设项目进行了融资的银行。

二、工程项目风险管理的工作流程

（一）工程项目风险管理的内容

风险管理是为了达到一个组织的既定目标，而对组织所承担的各种风险进行管理的系统过程，其采取的方法应符合公众利益、人身安全、环境保护以及有关法规的要求。风险管理包括策划、组织、领导、协调和控制等方面的工作。

风险管理水平是衡量企业素质的重要标准，风险控制能力则是判定项目管理者能力的重要依据。因此，项目管理者必须建立风险管理制度和方法体系。

1. 工程项目风险管理的特点

第一，工程项目风险管理尽管有一些通用的方法，如概率分析方法、模拟方法、专家咨询法等。但要研究具体项目的风险，则必须与该项目的特点相联系。如该项目的类型、复杂性、系统性、工艺的成熟程度、环境条件等。

第二，风险管理需要大量地占有信息，要对项目系统以及系统的环境有深入的了解，并进行预测，所以不熟悉情况是不可能进行有效的风险管理的。

第三，风险管理在很大程度上仍依赖于管理者的经验，对环境的了解程度和对项目本身的熟悉程度。这不仅包括他们对风险范围、规律的认识，而且包括对风险的处理方法、工作程序和思维方式。

第四，风险管理在项目管理中，属于一种高层次的综合性管理工作。它涉及企业管理和项目管理的各个阶段和各个方面，涉及项目管理的各个子系统，所以它必须与合同管理、成本管理、工期管理、质量管理联成一体。

第五，风险管理的目的并不是消灭风险，而是在于有准备地、理性地进行项目实施，减少风险的损失。

2. 工程项目风险管理过程

工程项目风险管理是一个过程，由风险的识别、量化、评价、控制、监督等过程组成，通过计划、组织、领导、协调和控制等职能，综合运用各种科学方法来保证生产活动顺利完成。风险管理技术的选择要符合经济性原则，充分体现成本效益，不是技术越高越好，而是合理优化达到最佳，制定风险管理策略，科学规避风险。

风险管理具有生命周期性，在实施过程的每一阶段，均应进行风险管理，应根据风险变化状况及时调整风险应对策略，实现全生命周期的动态风险管理，在各阶段、各个方面实施有效的风险控制，形成一个前后连贯的管理过程。

工程项目风险管理过程包括项目实施全过程的风险辨识、风险评价、风险响应与风险监控。

（二）工程项目风险管理的流程

1. 风险辨识

（1）工程项目风险辨识过程。工程项目辨识风险的过程包括对所有可能的风险事件来源和结果进行客观的调查分析。

工程项目风险辨识具体可将其分为以下环节。

第一，收集数据。进行不确定性分析。影响工程项目的因素很多，且许多是不确定的。风险管理首先是要对这些不确定因素进行分析，识别其中有哪些不确定因素会使工程项目发生风险，分析潜在损失的类型或危险的类型。

第二，建立初步清单。在项目不确定性分析的基础上，将不确定因素及其可能引发的损失类型或危险性类型列入清单，清单中应明确列出客观存在的和潜在的各种风险，应包括影响生产率、操作运行、质量和经济效益的各种因素，对每种风险来源均要作文字说明。说明中一般包括风险事件的可能后果；风险发生时间的估计；风险事件预期发生次数的估计。

第三，确定各种风险事件和潜在损失。根据风险因素清单中各风险因素，推测可能发生的风险事件，以及相应风险事件可能出现的损失。

第四，进行风险分类或分组。根据工程项目的特点，按风险的性质和可能的结果及彼此间可能发生的关系对风险进行分类。

对风险进行分类的目的：一方面是为加深对风险的认识和理解；另一方面是为了进一步识别风险的性质。有助于制订风险管理的目标和措施。

第五，建立工程项目风险清单。按工程项目风险的大小或轻重缓急，将风险事件列成清单，展示出工程项目面临总体风险的情况，把全体项目管理人员统一起来，使各管理人员不仅考虑到自己管理范围内所面临的风险，而且使他了解到其他管理人员所面临的风险以及风险之间的联系和可能的连锁反应。工程项目风险清单的编制一般应在风险分类分组的基础上进行，并对风险事件的来源、发生时间、发生的后果和预期发生的次数进行说明。

（2）工程项目风险辨识方法。风险辨识方法有头脑风暴法、流程图法、检查表法、财务表格分析法、工程项目结构分解法等。在近些年也有学者提出情景分析法等新的风险辨识方法。风险辨识中所采用的信息收集方法主要如下。

第一，头脑风暴法。头脑风暴（Brain Storming，BS）法是最常用的风险辨识方法。其实质就是一种特殊形式的小组会，它规定了一定的特殊规则和方法技巧，从而形成了一种有益于激励创造力的气氛，使与会者能自由畅想，无拘无束地提出自己的各种构想、新主意，并因相互启发、联想而引起创新设想的连锁反应，通过会议方式去分析和识别项目风险。其基本要求如下：参加者 6～12 人，最好有不同的知识背景，可从不同的角度分析观察问题，但最好是同一层次的人；鼓励参加者提出主张；鼓励修改、补充并结合他人的想法提出新建议；严禁对他人的想法提出批评；数量也是一个追求的目标，提议多多益善。

第二，流程图法。流程图法是将工程项目的全过程，按其内在的逻辑关系制成流程，针对流程中的关键环节和薄弱环节进行调查和分析，找出风险存在的原因，发现潜在的风险威胁，分析风险发生后可能造成的损失和对工程项目全过程造成的影响有多大等。

运用流程图分析，项目人员可以明确地发现项目所面临的风险，但流程图分析仅着重于流程本身，而无法显示发生问题时间阶段的损失值或损失发生的概率。

第三，检查表法。检查表是有关人员利用他们所掌握的丰富知识设计而成的。如果把人们经历过的风险事件及其来源罗列出来，写成一张检查表，那么，项目管理人员看了会开阔思路，想到本项目会有哪些潜在的风险。检查表可以包括多种内容，这些内容能够提醒人们还有哪些风险尚未考虑到。

使用检查表的优点：使人们能按照系统化、规范化的要求去识别风险，且简单易行。其不足之处：专业人员不可能编制一个包罗万象的检查表，因而检查表具有一定的局限性。

第四，财务表格分析法。财务表格分析法是指通过分析资产负债表和损益表、营业报告以及财务目录、预算报表等相关资料，识别和发现未来的风险。

企业的日常经营活动与企业财务是紧密联系的，因此财务表格分析法不仅能发现财务风险，还能发现其他经营活动中的风险。在工程项目风险辨识中主要是通过工程成本控制、投标合同、采购合同等来进行辨识。

2. 风险评价

工程项目风险评价就是指项目管理人员对可能导致损失的风险因素进行系统分析和权衡，并依据风险对项目目标的影响程度进行风险分级排序，综合评估项目风险的整体水平。它是在项目风险辨识的基础上，通过建立项目风险的系统评价模型，对项目风险因素进行综合分析，把项目所有阶段的整体风险水平、各风险之间的相互影响、相互作用以及对项目的总体影响、项目主体对风险的承受能力等都进行了综合的考虑。

(1) 风险评价的目的。

第一，对项目各风险进行比较分析和综合评价，确定风险大小的先后顺序。对工程项目中各类风险进行评价，根据它们对项目目标的影响程度，包括风险出现的概率和后果，确定出各风险的轻重缓急程度，为风险控制提供依据。

第二，确定风险事件间的内在联系。工程项目中各种各样的风险事件，表面上看来是互不相干的，但当进行详细分析后，可能发现是由同一个风险因素引起的。风险评价就是要从项目整体出发，弄清各风险事件之间确切的因果关系，只有这样，才能制订出系统的风险管理计划。

第三，综合考虑各种风险之间相互转化的条件，研究如何才能化威胁为机会，明确项目风险的客观基础。例如，承包商对工程项目实施总承包，和分项施工承包相比，存在较多的不确定性，具有较大的风险。但如果承包商把握机会，将部分不熟悉的子项目分包给有经验的专业施工队伍，就可将风险转移，并获得较大的收益。还需要注意的是，原以为是机会的情况在某些条件下也可能会转化为威胁。

第四，量化已识别风险的发生概率和后果，减少风险发生概率和后果的不确定性。发现原估计和现状存在较大差异时，可根据工程项目进展情况重新估计风险发生的概率和可能的后果损失。

（2）风险评价的主要内容。

第一，风险存在和发生的时间分析。即风险可能在项目的哪个阶段、哪个环节发生。许多风险有明显的阶段性，有的风险是直接与具体的工程活动相联系的。这种分析对风险的预警有很大的作用。

第二，风险的影响和损失分析。风险的影响是个复杂的问题，有的风险影响面较大，有的风险影响面小，而风险之间是有联系的。在此需要分析各种风险的损失量，包括可能发生的工期损失、费用损失，以及对工程的质量、功能和使用效果等方面的影响。例如，由于设计图纸提供不及时，不仅会造成工期拖延，而且会造成费用提高（如人工和设备闲置、管理费开支），而在按原计划能避开的冬雨季施工，还会造成更大的拖延和费用增加。

第三，风险发生的可能性分析。利用已有数据资料（主要是类似项目有关风险的历史资料）和相关专业方法分析各种风险因素发生的概率。

第四，根据各种风险发生的概率和损失量，确定各种风险的风险量和风险等级。在风险衡量过程中，工程项目风险被量化为关于风险发生概率和损失严重性的函数。

（3）风险评价的主要方法。

工程建设中较为适用的风险估计方法有蒙特卡洛法（MC，Monte Carlo）、主观评分法、敏感性分析、层次分析法、情景分析法等。

第一，蒙特卡洛法。蒙特卡洛方法，又称随机抽样或统计试验方法。这种方法的实质是在计算机上做抽样试验，然后用具体的风险模型进行计算，最后用统计分析方法得到所求的风险值。它是估计经济风险和工程风险时常用的一种方法。

应用蒙特卡洛法可以直接处理每个风险因素的不确定性，但要求每个风险因素是独立的。这种方法的计算工作量很大，在计算机技术高度发达的今天，这已不再是困难的事。可以编制计算机软件来对模拟过程进行处理，大大节约计算时间。该方法的难点在于对风险因素相关性的识别与评价。总体而言，该方法无论在理论上，还是在操作上都比其他方法有所进步，目前已广泛应用于工程项目管理领域。

第二，主观评分法。主观评分法主要是利用专家的经验等隐性知识，直观判断项目每一单个风险并赋予相应的权重，如 0~9 的一个数，这是较为常用、简单，也是较容易应用的一种方法。在工程项目风险评价过程中，首先要识别出和评价对象相关的风险因素、风险事件或发生风险的环节，列出风险评价表。其次请有经验的专家对可能出现的风险因素或风险事件的重要性进行评价，赋予 0~9 相应的权重值，其中 0 代表没有风险，9 代表最大风险。然后把各个风险的权值加起来，同风险评价基准进行分析比较，综合得出风险水平。

主观评分法的使用较为简单，其可靠性主要取决于专家的客观性和评价标准的合理性。若专家的赋分和评价基准都比较客观，则其评价结果基本可信；但若专家的赋分不够客观或者选择的评价基准不够合理，会使评价结果的可靠性降低。当然在确定了整体风险水平低于评价基准时，还要考虑到单个风险水平是否低于单个风险评价基准。无论怎样，主观评分法同时考虑了众多风险因素对整体风险的影响，它的评价结果的可信度比仅考虑单因素要高。

第三，敏感性分析。项目风险评价中的敏感性分析是通过分析预测有关投资规模、建设工期、经营期、产销期、产销量、市场价格和成本水平等主要因素的变动对评价指标的影响及影响程度。一般是考察分析上述因素单独变动对项目评价的主要指标净现值（NPV）和内部收益率（IRR）的影响。

敏感性分析的方法一般用于项目决策阶段的可行性研究中，分析投资项目的风险，多用于方案的比选。

第四，层次分析法。层次分析法是一种定性分析和定量分析相结合的评价方法，在项目风险评价中运用灵活、易于理解，而且具有一定的精度。

其评价的基本思路是把复杂的风险问题分解为各个组成因素，将这些因素按支配关系分组，形成有序的递阶层次结构，通过两两比较的方式确定层次中诸因素的相对重要性，然后综合人的判断以决定诸因素相对重要性的顺序。

第五，情景分析法。情景分析法先通过对最可能影响工程项目实施环境的各种因素发生的变化进行定性分析，然后构想可能出现的多种可能，根据发展趋势的多样性和对系统内外相关问题的分析，设计出多种可能的未来前景，对系统发展态势作出自始至终的情景和画面的描述的方法。其还可以对可能的风险损失起因进行评价，提出预防和规避的有效措施。

在风险管理上，情景分析法主要被用于帮助决策者注意某些措施或政策可能引起的风险或危机性的后果；帮助识别需要进行检测的风险范围；研究某些关键因素对未来过程的重大影响；帮助识别和控制一些重大突发性风险的发生和影响，特别是当出现一些极端的情景时，可以有效帮助识别和把握主要的风险控制因素。

（4）更新工程项目风险清单。风险评价的成果是更新工程项目风险清单。工程项目风险清单是在风险辨识过程中形成，并在定性（量）风险分析过程中更新。工程项目风险清单是项目管理计划的组成部分。此时的更新内容主要包括项目的概率分析、实现费用和时间目标的概率、量化风险优先级清单、定量风险分析结果的趋势。

3. 风险响应

风险响应指为项目目标增加实现机会，减少失败威胁而制订方案、决定应采取对策的过程。风险响应过程在定性风险分析和定量风险分析之后进行，包括确认与指派相关人员对已得到认可并有资金支持的风险响应措施担负起职责。风险响应过程根据风险的优先级水平处理风险，需要时，将在预算、进度计划和项目管理计划中加入资源和活动。

风险响应措施必须适合风险的重要性水平，能经济有效地迎接挑战，在项目背景下应对及时和可行。风险响应措施应由所有相关方商定并由一名负责人负责。通常，需要从几个备选方案中选择一项最佳的风险响应措施。

常用的风险响应方法如下。

（1）风险控制。采用风险控制措施可降低预期损失或使这种损失具有可测性，从而改变风险。这种方法包括风险回避、风险预防、风险分隔、风险分散及风险转移等。

第一，风险回避。风险回避主要是中断风险源，使其不致发生或遏制其发展。风险回避有时可能不得不做出一些必要的牺牲，但较之风险真正发生进而可能造成的损失要小得多，甚至微不足道。如回避风险大的项目，选择风险小或适中的项目等。在项目决策时要注意，对于风险超过自己的承受能力，成功把握不大的项目，不介入、不参与。甚至有时在工程进行到一半时，因为预测到后期风险很大，必然有更大的亏损，不得不采取中断项目的措施。

风险回避虽然是一种风险防范措施，但应该承认这是一种消极的防范手段。因为回避风险固然能避免损失，但同时也失去了获利的机会。

第二，风险预防。风险预防是指要减少风险发生的机会或降低风险的严重性，设法使风险最小化。

风险预防是要采取各种预防措施以杜绝风险发生的可能。例如：供应商通过扩大供应渠道以避免货物滞销；承包商通过提高质量控制标准以防止因质量不合格而返工或罚款；管理人员通过加强安全教育和强化安全措施，减少事故的发生等。在商业交易中，各方都把风险预防作为重要事项。业主要求承包商出具各种保函就是为了防止业主违约或发生种种不测事件。

减少风险是指在风险损失已经不可避免的情况下，通过种种措施以遏制风险势头继续恶化或限制其扩展范围使其不再蔓延，也就是说使风险局部化。例如：承包商在业主付款误期超过合同规定期限情况下采取停工或撤出队伍并提出索赔要求甚至提起诉讼；业主在确信承包商无力继续实施其委托的工程时立即撤换承包商；施工事故发生后采取紧急救护，等等。这些都是为了达到减少风险的目的。

第三，风险分隔。风险分隔指将各风险单位分离间隔，以避免发生连锁反应或互相牵连。这种处理可以将风险局限在一定的范围内，从而达到减少损失的目的。风险分隔常用于工程中的设备采购。如为了尽量减少因汇率波动而导致的汇率风险，可在若干不同的国家采购设备，采用多种货币组合的方式付款。

第四，风险分散。风险分散与风险分隔不一样，它是通过增加风险单位以减轻总体风险的压力，达到共同分摊集体风险的目的。

工程项目总的风险有一定的范围，这些风险在项目参加者之间进行分摊，每个参与者都负一定的风险责任。风险分配通常在任务书、责任书、合同、招标文件中定义，在起草这些文件的时候都应对风险作出估计、定义和分配。

第五，风险转移。有些风险无法通过上述手段进行有效控制，经营者只好采取转移手段以保护自己，风险转移并非损失转嫁，也不能被认为是损人利己、违背商业道德，因为有许多风险对一些人的确可能造成损失，但转移后并不一定给他人造成损失。其原因是各人的优劣势不一样，因而对风险的承受能力也不一样。

风险转移的手段常用于工程承包中的分包、技术转让或财产出租。合同、技术或财产的所有人通过分包或转包工程、转让技术或合同、出租设备或房屋等手段，将应由自身全部承担的风险部分或全部转移至他人，从而减轻自身的风险压力。

（2）财务措施。采用财务措施即经济手段来处理确实会发生的损失。这些措施包括风险的财务转移、风险自留和风险准备金等。

第一，风险的财务转移。所谓的风险的财务转移，指风险转移人用外来资金补偿确实会发生或已发生的风险。

保险的风险的财务转移手段是购买保险。通过保险，投保人将自己本应承担的归咎责任（因他人过失而承担的责任）和赔偿责任（因本人过失或不可抗力所造成损失的风险责任）转嫁给保险公司，从而使自己免受或减少风险损失。

非保险的风险的财务转移手段则是实施除保险以外的其他经济行为。如根据承包合同，业主可将其对公众在建筑物附近受到伤害的部分或全部责任转移至建筑承包商。

非保险的风险的财务转移的另一种形式就是通过担保银行或保险公司开具保证书或保函。根据保证书或保函，保证人保证委托人对债权人履行某种明确的义务。保证人必须履行担保义务，债权人可以依据保证书或保函向保证人索要罚金，然后保证人可以向委托人追偿其损失。通常情况下，保证人或担保人签发保证书或保函时，要求委托人提交现金、债券或不动产作抵押，以备自己转嫁损失赔偿。通过这种形式，债权人可将债务人违约的风险转移给保证人。

非保险的风险的财务转移还有一种形式——风险中性化。这是一个平衡损失和收益机会的过程。例如，承包商担心原材料价格变化进行套期交易，出口商担心外汇汇率波动而进行期货买卖等。不过采取风险中性化手段没有机会从投机风险中获益。因此，这种手段只是一种防身术，只能保证自己不受风险损失而已。

第二，风险自留。风险自留即是将风险留给自己承担，不予转移。这种手段有时是无意识的，即当初并不曾预测到，不曾有意识地采取有效措施，以致最后只好由自己承担风险；但有时也可以是主动的，即有意识、有计划地将若干风险主动留给自己承担。这种情况下，风险承受人通常已做好了处理风险的准备。

主动的或有计划的风险自留是否合理、明智，取决于风险自留决策的有关环境。风险自留在一些情况下是唯一可能的对策。有时企业不能预防损失，回避又不可能，且没有转移的可能性，企业别无选择，只能自留风险。例如，在河谷中建厂的企业发现已没有其他可能的方法来处理洪水风险，而放弃建厂和损失控制的成本都极其昂贵，在这一特定领域投保洪灾保险也无法实现，投资人骑虎难下，只好采取自留风险的对策。

但如果风险自留并非唯一可能的对策时，风险管理人应认真分析研究，制订最佳决策。决定风险自留须符合以下条件：自留费用比保险公司收取的费用低；企业的期望损失低于保险人的估计；企业有较多的风险单位（意味着单位风险小，且企业有能力准确地预测其损失）；企业的最大潜在损失或最大期望损失较小；短期内企业有承受最大潜在损失或最大期望损失的经济能力；风险管理的目标可以承受年度损失的重大差异；费用和损失支付分布于很长的时期内，有很大的机会成本；投资机会很好；内部服务或非保险人服务优良。

第三，风险准备金。风险准备金是从财务的角度为风险准备，在计划（或合同报价）中另外增加一笔费用。例如，承包商经常根据工程技术、业主的资信、自然环境、合同等方面风险的大小以及发生可能性（概率）在投标报价中加上一笔不可预见风险费。准备金的多少是一项管理决策。从理论上说，准备金的数量应与风险损失期望相等，即为风险发生所产生的损失与可能性（概率）的乘积。

除此之外，还应考虑到项目边界条件各项目状态。例如对承包商来说，决定报价中的不可预见风险费，要考虑到竞争者的数量、中标的可能性、项目对企业经营的影响等因素。如果风险准备金高，报价竞争力降低，中标的可能性就小，不中标的风险就大。

4. 风险监控

在项目生命期，实施包含风险应对措施的项目管理计划时，应持续对项目工作进行监督以发现新风险和变化的风险。

风险的监控是指识别、分析新生风险，追踪已识别风险和“观察清单”中的风险，重新分析现有风险，监测应急计划的触发条件，审查风险应对策略的实施并评估其效力的过程。风险监控过程所使用的技术包括偏差和趋势分析，要使用项目实施过程中生成的绩效数据。风险监控过程同其他风险管理过程一样，在项目生命期内是不间断实施的过程。风险监控的其他作用：判断项目的假设是否成立；确定风险的原有状态是否已经发生改变及其趋势的分析；判断是否遵循了恰当的方针与程序；判断是否需要依据项目风险，对费用或进度应急准备金进行修改。

风险监控可能涉及选择替代对策、实施应急或备用计划、采取纠正措施，或修改项目管理计划。风险应对负责人应当定期向项目经理汇报计划的有效性、未曾预料的后果，以及为应对风险所需采取的中途纠正措施。

风险监控的主要内容如下。

（1）风险再评估。风险监控过程通常要求对新风险进行识别并对风险进行重新评估。应定期地进行项目风险再评估。例如，如果出现了预期的风险对标的实际影响与预期的影响不同，规划的应对措施可能无济于事。此时，需要进行额外的风险应对规划，从而对风险进行控制。

（2）风险审计。风险审计在于检查并记录风险应对策略处理易识别风险及其根源的效力，以及风险管理过程的效力。

（3）偏差和趋势分析。即通过绩效信息对项目实施趋势进行审查。可通过净值分析、项目偏差和趋势分析方法，对项目总体绩效进行监控。分析的结果可以揭示项目完成时在费用与进度目标方面的潜在偏离。与基准计划的偏差有可能反映了威胁或机会的潜在影响。

（4）技术绩效衡量。技术绩效衡量是比较项目执行期间的技术成果与项目计划中的技术成果两者间的偏差，如在某个里程碑时点已实现的功能比原来计划的更多或更少。通过衡量有助预测实现项目范围的成功程度。

（5）风险准备金分析。在项目实施过程中可能会发生一些对预算或进度应急准备金造成积极或消极影响的风险。风险准备金分析指在项目的任何时点将剩余的准备金金额与剩余风险量进行比较，以确定剩余的风险准备金是否仍旧充足。

（6）状态审查会。项目风险管理可以是定期召开的项目状态审查会的一项议程。该议程所占用会议的时间可长可短，这取决于已识别的风险、风险优先级以及风险应对的难易程度。

第六章　现代工程项目施工结算、索赔与财务管理

第一节　现代工程项目施工结算与收款

一、建设项目和竣工决算

（一）施工结算

1. 工程价款的结算

（1）工程价款结算的作用。工程价款结算是工程项目承包中的一项较为重要的工作，主要表现为以下方面。

工程价款结算是反映工程进度的主要指标。在施工过程中，工程价款结算的依据就是按照已完工程进行结算，根据累计已结算的工程价款占合同总价款的比例，基本能反映出工程的进度情况。

工程价款结算是加速资金周转的重要环节。加快施工单位结算工程款，有利于偿还债务和资金回笼，降低内部运营成本。通过加速资金周转，提高资金的使用效率。

工程价款结算是考核经济效益的重要指标。对施工单位来说，工程款按时结清避免了经营风险，才能获得相应的利润，达到良好的经济效益。

（2）工程价款结算方法。建筑安装工程价款的主要结算方法根据工程性质、规模、资金来源、施工工期以及承包内容不同，可分为定期结算、分段结算、年终结算、竣工后一次结算和目标结算等。

1）定期结算。定期结算又称按月结算，是指定期由承包方提出已完成的工

程进度报表，连同工程价款结算账单，经发包方签证，交银行办理工程价款结算。定期结算分为以下两种。

第一，月初预支、月末结算、竣工后清算。在月初（或月中），承包方按施工作业计划和施工图预算，编制当月工程价款预支账单，包括预计完成的工程名称、数量和预算价格等，经发包方认定，交银行预支约50%的当月工程价款，月末按当月施工统计数据编制已完工程月报表和工程价款结算账单，经发包方签证，交银行办理月末结算。同时，扣除本月预支款，并办理下月预支款。本期收入额为月终结算的已完工程价款金额。

第二，月末结算。月初（或月中）不实行预支，月终承包方按统计的实际完成分部分项工程量，编制已完工程月报表和工程价款结算账单，经发包方签证，交银行审核办理结算。

2）分段结算。分段结算是指以单项（或单位）工程为对象，按其施工形象进度划分为若干施工阶段，按阶段进行工程价款结算。

第一，阶段预支和结算。根据工程的性质和特点，将其施工过程划分为若干施工形象进度阶段，以审定的施工图预算为基础，测算每个阶段的预支款数额。在施工开始时办理第一阶段的预支款，待该阶段完成后，计算其工程价款，经发包方签证，交银行审查并办理阶段结算，同时办理下阶段的预支款。

第二，阶段预支，工程竣工结算。对于工程规模不大，投资额较小（承包合同价值在50万元以内），或工期较短（一般在六个月以内完成的工程），将其施工全过程的形象进度分阶段，施工企业按阶段预支工程价款，在工程竣工验收后，经发包方签证，通过银行办理工程竣工结算。

3）年终结算。年终结算是指单位工程或单项工程不能在本年度竣工，而要转入下年度继续施工，为了正确统计施工企业本年度的经营成果和建设投资完成情况，由承包方、发包方和银行对正在施工的工程进行已完成和未完成工程量盘点，结清本年度的工程价款。

4）竣工后一次结算。基本建设投资由预算拨款改为银行拨款，取消了预付备料款和预支工程价款制度，承包方所需流动资金全部由银行贷款。采用新的贷款制度的建设项目，或者按承包合同规定实行竣工结算的工程项目，工程价款结算实行竣工后一次结算。竣工后一次结算的工程，一般按建设项目工期长短不同分为，①建设项目工程竣工结算。即建设工期在一年内的工程，一般以整个建设项目为结算对象，实行竣工后一次结算。②单项工程竣工结算。即当年不能竣工的建设项目，其单项工程在当年开工、当年竣工的，实行单项工程竣工后一次结算。单项工程当年不能竣工的工程项目，也可以采用分段结算、年终结算或竣工后总结算的办法。

5）目标结款。在工程合同中，将承包工程的内容分解成不同的控制界面，以业主验收控制界面为支付工程价款的前提条件。也就是说，将合同中的工程内容分解成为不同的验收单元，当承包商完成单元工程内容并经业主（或其委托人）验收后，业主支付构成单元工程内容的工程价款。

6）双方约定并经开户银行同意的其他结算方法。

（3）工程价款结算程序。我国现行建筑安装工程价款结算中，有相当一部分实行按月结算。这种结算办法是按分部分项工程，按月结算（或预支），待工程竣工后再办理竣工结算，找补余款。

按分部分项工程价款结算，便于建设单位和银行根据工程进展情况控制分期拨款额度；也便于承包商的施工消耗及时得到补偿，且能按月考核工程成本的执行情况。

这种结算办法的一般程序包括以下方面。

1）预付备料款。预付备料款是指在工程开工之前的施工准备阶段由发包方预先支付一部分资金，主要用作购买材料、结构构件等的流动资金，也称工程备料款。预付款的有关事项，如数量、支付时间和方式、支付条件、扣还方式等，应在施工合同条款中予以规定。

第一，预付备料款的计算。计算预付备料款可采用两种方法。①百分比法。百分比法是按年度工作量的一定比例确定预付备料款额度的一种方法。由各地区各部门根据各自的条件从实际出发分别制定预付备料款的比例。②数学计算法。数学计算法是根据主要材料（含结构构件等）占年度承包工程总价的比重、材料储备定额天数和年度施工天数等因素，通过数学公式计算预付备料款额度的一种方法。年度施工天数按日历天数计算；材料储备天数根据当地材料供应的在途天数、加工天数、整理天数、供应间隔天数、保险天数等因素确定。

第二，预付备料款的支付。工程预付款是建设工程施工合同订立后由发包人按照合同约定，在正式开工前预先支付给承包人的工程款。实行工程预付款的，双方应当在专门条款内约定发包人向承包人预付工程款的时间和数额，开工后按约定的时间和比例逐次扣回。预付时间应不迟于约定的开工日期前 7 天。发包人不按约定预付，承包人在约定预付时间 7 天后向发包人发出要求预付的通知，发包人收到通知后仍不能按要求预付的，承包人可在发出通知后 7 天停止施工，发包人应从约定应付之日起向承包人支付应付款的贷款利息，并承担违约责任。

第三，预付备料款的扣回。发包人拨付给承包人的备料款属于预支性质，到了工程中后期，随着工程所需主要材料储备的逐渐减少，应以抵充工程价款的方式陆续扣回。扣款的方式：可以从未施工工程尚需的主要材料及构件的价值相当于备料款数额时起扣，从每次结算工程价款中按材料比重扣抵工程价款，竣工前全部扣清。在承包人完成金额累计达到合同总价的 10%后，由承包人开始向发包人还款，发包人从每次应付给承包人的金额中扣回工程预付款，发包人至少在合同规定的完成工期前 3 个月将工程预付款的总计金额按逐次分摊的办法扣回。当发包人一次付给承包人的金额少于规定扣回的金额时，其差额应作为债务结转下一次支付金额中。

2）中间结算（工程进度款的支付）。

第一，工程进度款的计算。工程进度款是指工程开工之后，按工程实际完成情况定期由发包人拨付已完工程部分的价款。工程进度款的计算，主要涉及两个方面：一是工程量的计量（清单计量、规则计量）；二是单价的计算方法。单价的计算方法主要根据发包人和承包人事先约定的工程价格的计价方法确定，通常采用可调工料单价法计算确定。

当采用可调工料单价法计算工程进度款时，在确定已完工程量后，按以下步骤计算工程进度款：根据所完成工程量的项目名称，配上分项编号、单价，得出合价；将本月所完成的全部项目合价相加，得出直接费小计；按规定计算措施费、间接费、利润；按规定计算主材差价或差价系数；按规定计算税金；累计本月应收工程进度款。

第二，工程进度款的支付。在确认计量结果后 14 天内，发包人应向承包人支付工程款（进度款）。发包人超过约定的支付时间不支付工程款（进度款），承包人可向发包人发出要求付款的通知，发包人接到承包人通知后仍不能按要求付款，可与承包人协商签订延期付款协议，经承包人同意后可延期支付。协议应明确延期支付的时间和从计量结果确认后第 15 天起计算应付款的贷款利息。发包人不按合同约定支付工程款（进度款），双方未达成延期付款协议，导致施工无法进行，承包人可停止施工，由发包人承担违约责任。

3）预留工程保修金。按有关规定，工程项目造价中应预留出一定的尾款作为质量保修费用，即保修金（又称保留金），待工程项目保修期结束后付款。一般保修金的扣除方法包括两个方面：第一，在工程进度款拨付累计金额达到该工程合同额的一定比例时，停止支付，预留部分作为保修金；第二，从发包人向承包人第一次支付的工程进度款开始，在每次承包人应得的工程款中扣留规定的金额作为保修金，直至保修金总额达到规定的限额为止。

2. 设备、工具、器具和材料价款的支付与结算

（1）国内设备、工具、器具和材料价款的支付与结算。

1）国内设备、工具、器具价款的支付与结算。按照我国现行规定，执行单位和个人办理结算都必须遵守以下结算原则：恪守信用，及时付款；银行不垫付。

建设单位对订购的设备、工具、器具，一般不预付定金，只对制造期在半年以上的大型专用设备和船舶的价款，按合同分期付款。

建设单位收到设备、工具、器具后，要按合同规定及时结算付款，不应无故拖欠。如果资金不足延期付款，要支付一定的赔偿金。

2）国内材料价款的支付与结算。建安工程承发包双方的材料往来，可按以下方式结算。

第一，由承包单位自行采购建筑材料的，发包单位可以在双方签订工程承包合同后，按年度工作量的一定比例向承包单位预付备料资金，并应在一个月内付清。备料款的预付额度：建筑工程一般不应超过当年建筑（包括水、电、暖、卫等）工作量的30%，大量采用预制构件及工期在6个月以内的工程，可以适当增加；安装工程一般不应超过当年安装工程量的10%，安装材料用量较大的工程，可以适当增加。在工程价款结算时，从竣工前未完工程所需材料价值相当于预付备料款额度时起，按材料所占的比重陆续抵扣。

第二，按工程承包合同规定由承包人包工包料的，发包人将主管部门分配的材料指标交承包单位，由承包人购货付款，并收取备料款。

第三，按工程承包合同规定由发包人供应材料的，可按材料预算价格转给承包人，材料价款在结算工程款时陆续抵扣，承包人不应收取备料款。凡是没有签订工程承包合同和不具备施工条件的工程，发包人不得预付备料款，不准以备料款为名转移资金；承包人收取备料款后2个月仍不开工或发包人无故不按合同规定付给备料款的，开户银行可以根据双方工程承包合同的约定，分别从有关单位账户中收回或付出备料款。

（2）进口设备、工具、器具和材料价款的支付与结算。进口设备分为标准机械设备和专制机械设备两类。标准机械设备是指通用性广泛、供应商（厂）有现货，可以立即提交的货物。专制机械设备是指根据业主提交的定制设备图纸，供应商（厂）专门为该业主制造的设备。

1）标准机械设备的结算。标准机械设备的结算，大都使用国际贸易广泛使用的不可撤销的信用证。这种信用证在合同生效之后一定日期内由买方委托银行开出，经买方认可的卖方所在地银行为议付银行。以卖方为收款人的不可撤销的信用证，其金额与合同总额相等。

第一，标准机械设备首次合同付款。当采购货物已装船，卖方提交下列文件和单证后，即可支付合同总价的90%。由卖方所在国的有关部门颁发的允许卖方出口合同货物的出口许可证，或不需要出口许可证的证明文件；由卖方委托买方认可的银行出具的以买方为受益人的不可撤销保函，担保金额与首次支付金额相等；装船的海运提单；商业发票副本；由制造厂（商）出具的质量证书副本；详细的装箱单副本；向买方信用证的出证银行开出以买方为受益人的即期汇票；相当于合同总价形式的发票。

第二，标准机械设备的最终合同付款。机械设备在保证期截止时，卖方提交下列单证后支付合同总价的尾款。说明所有货物无损、无遗留问题，完全符合技术规范要求的证明书；向出证行开出以买方为受益人的即期汇票；商业发票副本。

第三，支付货币与时间。合同付款货币：买方以卖方在投标书标价中说明的一种或几种货币，和卖方在投标书中说明在执行合同中所需的一种或几种货币比例进行支付。付款时间：每次付款在卖方所提供的单证符合规定之后，买方须从卖方提出日期的一定期限内将相应的货款付给卖方。

2）专制机械设备的结算。专制机械设备的结算一般分为预付款、阶段付款和最终付款。

第一，预付款。一般专制机械设备的采购，在合同签订后开始制造前，由买方向卖方支付合同总价的10%~20%的预付款。预付款一般在提出下列文件和单证后进行支付：由卖方委托银行出具以买方为受益人的不可撤销的保函，担保金额与预付款货币金额相等；相当于合同总价形式的发票；商业发票；由卖方委托的银行向买方的指定银行开具由买方承兑的即期汇票。

第二，阶段付款。按照合同条款，当机械制造加工到一定阶段，可按设备合同价一定的百分比进行付款。阶段的划分是当机械设备加工制造到关键部位时付一次款，货物装船买方收货验收后再付一次款。每次付款都应在合同条款中作较详细的规定。

机械设备制造阶段付款的一般条件：当制造工序达到合同规定的阶段时，制造厂应以电传或信件通知业主；开具经双方确认完成工作量的证明书；提交以买方为受益人的所完成部分的保险发票；提交商业发票副本。

机械设备装运付款，包括成批订货分批装运的付款，应由卖方提供下列文件和单证：有关运输部门的收据；交运合同货物相应金额的商业发票副本；详细的装箱单副本；由制造厂（商）出具的质量和数量证书副本；原产国证书副本；货物到达买方验收合格后，当事双方签发的合同货物验收合格证书副本。

第三，最终付款。最终付款指在保证期结束时的付款。付款时应提交：商业发票副本；全部设备完好无损，所有待修缺陷及待办的问题，均已按技术规范说明圆满解决后的合格证副本。

对进口设备、工具、器具和材料价款的支付，我国还经常利用出口信贷的形式。出口信贷根据借款的对象分为卖方信贷和买方信贷。

卖方信贷是卖方将产品赊销给买方，规定买方在一定时期内延期或分期付款。卖方通过向本国银行申请出口信贷，来填补占用的资金。

买方信贷有两种形式：一种是由产品出口国银行把出口信贷直接贷给买方，买卖双方以即期现汇成交；另一种是由出口国银行把出口信贷贷给进口国银行，再由进口国银行转贷给买方，买方用现汇支付借款，进口国银行分期向出口国银行偿还借款本息。

3. 资金使用计划的编制与应用

（1）编制施工阶段资金使用计划的相关因素。前序阶段的资金投入与策划直接影响到后序工作的进程与效果，资金的不断投入过程即是工程造价的逐步实现过程。施工阶段工程造价的计价与控制与其前序阶段的众多因素密切相关。

可行性研究报告、设计方案、施工图预算是施工阶段造价计价与控制的关键因素。与施工阶段造价计价与控制有直接关系的是施工组织设计，其任务是实现建设计划和实际要求，对整个工程选择科学的施工方案和合理安排施工进度，是施工过程控制的依据，也是施工阶段资金使用计划编制的依据。

总进度计划是确定资金使用计划与控制目标，编制资源需要与调度计划的最为直接的重要依据。总进度计划的相关因素：项目工程量，建设总工期，单位工程工期，施工程序与条件，资金资源的需要与供给能力和条件。

确定施工阶段资金使用计划时还应考虑施工阶段出现的各种风险因素对于资金使用计划的影响。在制订资金使用计划时要考虑计划工期与实际工期、计划投资与实际投资、资金供给与资金调度等多方面的关系。

（2）资金使用计划的作用。施工阶段资金使用计划的编制与控制在整个工程造价管理中处于重要而独特的地位，对工程造价的作用表现在以下方面。

第一，通过编制资金使用计划，合理确定工程造价施工阶段目标值，使工程造价的控制有依据，并为资金的筹集与协调打下基础。

第二，资金使用计划的科学编制，可以对未来工程项目的资金使用和进度控制有所预测，消除不必要的资金浪费和进度失控，也能够避免在今后工程项目中由于缺乏依据而进行轻率判断所造成的损失，减少盲目性，增加自觉性，使现有资金充分地发挥作用。

第三，通过资金使用计划的严格执行，可以有效地控制工程造价上升，最大限度地节约投资，提高投资效益。

第四，对脱离实际的工程造价目标值和资金使用计划，应在科学评估的前提下，允许修订和修改，使工程造价趋于合理水平，从而保障建设单位和承包商各自的合法利益。

（3）施工阶段资金使用计划的编制方法。施工阶段资金使用计划的编制方法，主要有以下三种。

第一，按投资构成分解来编制资金使用计划。工程项目的投资主要分为建筑安装工程投资、设备工具、器具购置投资及工程建设其他投资。由于建筑工程和安装工程在性质上存在着较大差异，投资的计算方法和标准也不尽相同。因此，在实际操作中往往将建筑工程投资和安装工程投资分解开来。这样，工程项目投资的总目标就可以按建筑工程投资、安装工程投资、工具、器具购置投资进一步分解。

按投资构成分解来编制资金使用计划的方法适用于有大量经验数据的工程项目。

第二，按不同子项目编制资金使用计划。大中型工程项目通常是由若干单项工程构成的，而每个单项工程包括多个单位工程，每个单位工程又是由若干个分部分项工程构成的，因此，首先要把项目总投资分解到单项工程和单位工程中。

一般来说，由于概算和预算大都是按照单项工程和单位工程来编制的，所以将项目总投资分解到各单项工程和单位工程是比较容易的。需要注意的是，按照这种方法分解项目总投资，不能只是分解建筑工程投资；安装工程投资和设备、工具、器具购置投资，还应该分解项目的其他投资。但项目其他投资所包含的内容既与具体单项工程或单位工程直接有关，也与整个项目建设有关，因此必须采取适当的方法将项目其他投资合理地分解到各个单项工程和单位工程中。最常用的也是最简单的方法，就是按照单项工程的建筑安装工程投资和设备、工具、器具购置投资之和的比例分摊，但其结果可能与实际支出的投资相差甚远。因此，实践中一般应对工程项目的其他投资的具体内容进行分析，将其中确实与各单项工程和单位工程有关的投资分离出来，按照一定比例分解到相应的工程上。其他与整个项目有关的投资则不分解到各单项工程和单位工程上。

另外，对各单位工程的建筑安装工程投资还需要进一步分解，在施工阶段一般可分解到分部分项工程。

第三，按时间进度编制资金使用计划。建设项目的投资总是分阶段、分期支付的，资金应用是否合理与资金时间安排有密切关系。

按时间进度编制的资金使用计划，通常可利用项目进度网络图进一步扩充后得到。利用网络图控制投资，要求在拟订工程项目的执行计划时，一方面确定完成某项施工活动所需的时间；另一方面要确定完成这一工作的合适的支出预算。

（4）施工阶段投资偏差分析。施工阶段投资偏差的形成过程，是由于施工过程随机因素与风险因素的影响，形成的实际投资与计划投资、实际工程进度与计划工程进度的差异，我们将它们称为投资偏差与进度偏差。

1）实际投资与计划投资。由于时间—投资累计曲线中既包含投资计划，也包含进度计划，因此有关实际投资与计划投资的变量包括拟完工程计划投资、已完工程实际投资和已完工程计划投资。

第一，拟完工程计划投资。拟完工程计划投资是指根据进度计划安排在某一确定时间内所应完成工程内容的计划投资，可以表示为在某一确定时间内，计划完成的工程量与单位工程量计划单价的乘积。

第二，已完工程实际投资。已完工程实际投资是根据实际进度完成状况在某一确定时间内已经完成工程内容的实际投资，可以表示为在某一确定时间内，实际完成的工程量与单位工程量实际单价的乘积。

在进行有关偏差分析时，通常进行如下假设：拟完工程计划投资中的拟完工程量，与已完工程实际投资中的实际工程量在总额上是相等的，两者之间的差异只在于完成的时间进度不同。

第三，已完工程计划投资。由于拟完工程计划投资和已完工程实际投资之间既存在投资偏差，也存在进度偏差，已完工程计划投资正是为了更好地辨析这两种偏差而引入的变量，是指根据实际进度完成状况，在某一确定时间内已经完成的工程所对应的计划投资额。可以表示为在某一确定时间内，实际完成的工程量与单位工程量计划单价的乘积。

2）投资偏差与进度偏差。

第一，投资偏差。投资偏差指投资计划值与投资实际值之间存在的差异，当计算投资偏差时，应剔除进度原因对投资额产生的影响。

在投资偏差分析时，具体又分为局部偏差和累计偏差。

局部偏差有两层含义：相对于总项目的投资而言，指各单项工程、单位工程和分部分项工程的偏差；相对于项目实施的时间而言，指每一控制周期所发生的投资偏差。

累计偏差则是在项目已经实施的时间内累计发生的偏差，又分为绝对偏差和相对偏差。绝对偏差是指投资计划值与实际值比较所得的差额。相对偏差则是指投资偏差的相对数或比例数，通常用绝对偏差与投资计划值的比值来表示。相对偏差能较客观地反映投资偏差的严重程度或合理程度，从对投资控制的要求来看，相对偏差比绝对偏差更有意义，应当予以高度重视。

绝对偏差和相对偏差的数值均可正可负，且两者符号相同，正值表示投资增加，负值表示投资节约。在进行投资偏差分析时，对绝对偏差和相对偏差都要进行计算。

第二，进度偏差。与投资偏差密切相关的是进度偏差，进度偏差为正值时，表示工期拖延；进度偏差为负值时，表示工期提前。

3）常用的偏差分析方法。常用的偏差分析方法有横道图法、时标网络图法、表格法与曲线法。

第一，横道图法。用横道图进行投资偏差分析，是用不同的横道标志拟完工程计划投资、已完工程实际投资和已完工程计划投资，在实际工作中往往需要根据拟完工程计划投资和已完工程实际投资确定已完工程计划投资后，再确定投资偏差与进度偏差。

根据拟完工程计划投资与已完工程实际投资，确定已完工程计划投资的方法是：已完工程计划投资与已完工程实际投资的横道位置相同；已完工程计划投资与拟完工程计划投资的各子项工程的投资总值相同。

横道图的优点是简单直观，便于了解项目的投资概貌，但这种方法的信息量较少，主要反映累计偏差和局部偏差，因而应用起来有一定的局限性。

第二，时标网络图法。时标网络图是在确定施工计划网络图的基础上，将施工的实施进度与日历工期相结合而形成的网络图。根据时标网络图可以得到每一时间段的拟完工程计划投资；已完工程实际投资可以根据实际工作完成情况测得；在时标网络图上，认真观察实际进度前锋线并经过计算，就可以得到每一时间段的已完工程计划投资。实际进度前锋线表示整个项目目前实际完成的工作面情况，将某一确定时点下时标网络图中各个工序的实际进度点相连就可以得到实际进度前锋线。

时标网络图法具有简单、直观的特点，主要用来反映累计偏差和局部偏差，但实际进度前锋线的绘制有时会遇到一定的困难。

第三，表格法。表格法是进行偏差分析最常用的一种方法。可以根据项目的具体情况、数据来源、投资控制工作的要求等条件来设计表格，因而适用性较强；表格法的信息量大，可以反映各种偏差变量和指标，对全面深入了解项目投资的实际情况非常有益；另外，表格法还便于用计算机辅助管理，提高投资控制工作的效率。

第四，曲线法。曲线法是用投资时间曲线进行偏差分析的一种方法。

4）偏差形成原因、形式及纠正方法。

第一，偏差形成原因：客观原因、业主原因、设计原因和施工原因。

第二，偏差分为四种形式：投资增加且工期拖延；投资增加但工期提前；投资减少但工期拖延；投资减少且工期提前。

第三，通常把纠偏措施分为组织措施、经济措施、技术措施、合同措施。

4. 工程竣工结算

工程竣工结算又称竣工结算，是指一个单位工程或单项建筑工程竣工，并经建设单位及有关部门验收后，承包人与建设单位之间办理的最终工程结算。工程竣工结算一般以承包人的预算部门为主，由承包人将施工建造活动中与原设计图纸规定产生的一些变化，与原施工图预算比较有增加或减少的地方，按照编制施工图预算的方法与规定，逐项进行调整计算，并经建设单位核算签署后，由发、承包人共同办理工程竣工结算手续，然后进行工程结算。工程竣工结算意味着发、承包双方经济关系的最后结束，因此发、承包双方的财务往来必须结清。

（1）工程竣工结算的作用。工程竣工结算的作用有以下方面：第一，企业所承包工程的最终造价被确定，建设单位与施工单位的经济合同关系完结；第二，企业所承包工程的收入被确定，企业以此为根据可考核工程成本，进行经济核算；第三，企业所承包的建筑安装工作量和工程实物量被核准承认，所提供的结算资料可作为建设单位编报竣工决算的基础资料依据；第四，可作为进行同类经济分析、编制概算定额和概算指标的基础资料。

（2）工程竣工结算的编制。工程竣工结算的编制与施工图预算基本相同，其费用构成和编制方法与施工图预算也基本相同，只是结合施工中历次设计变更资料、修改图纸、现场签证、工程量核定单、材料差价等实际变动情况，在合同所列基础上进行增、减调整计算。

1）工程竣工结算的编制依据。编制工程竣工结算除应具备全套竣工图纸、计价定额、材料价格或材料及设备购物凭证、取费标准以及有关计价规定外，还应具备以下资料：工程竣工报告及工程竣工验收单（这是编制工程竣工结算的首要条件，未竣工的工程或虽竣工但没有进行验收及验收没有通过的工程，不能进行工程竣工结算）；工程承包合同或施工协议书；经建设单位及有关部门审核批准的原工程概预算及增减概预算；施工图、设计变更图、通知书、技术洽商及现场施工记录；在工程施工过程中发生的参考概预算价格差价凭据、暂估价差价凭据，以及合同、协议书中有关条文规定需持凭据进行结算的原始凭证（如工程签证凭证、工程价款结算凭证等）；本地区现行的概预算定额、材料预算定额、费用定额及有关文件规定、解释说明等；其他有关资料。

2）工程竣工结算的编制内容。

第一，分部分项工程费应依据双方确认的工程量、合同约定的综合单价计算，发生调整的，以发、承包双方确认调整的综合单价计算。

第二，措施项目费的计算应遵循以下原则：采用综合单价计价的措施项目，应依据发、承包双方确认的工程量和综合单价计算；明确采用以“项”计价的措施项目，应依据合同约定的措施项目和金额或发、承包双方确认调整后的措施项目费金额计算；措施项目费中的安全文明施工费应按照国家或省级、行业建设主管部门的规定计算。施工过程中，国家或省级、行业建设主管部门对安全文明施工费进行了调整的，措施项目费中的安全文明施工费应相应地调整。

第三，其他项目费应按以下规定计算：计日工的费用应按发包人实际签证确认的数量和合同约定的相应项目综合单价计算；暂估价中的材料单价应按发、承包双方最终确认价在综合单价中调整；专业工程暂估价应按中标价或发包人、承包人与分包人最终确认价计算；总承包服务费应依据合同约定金额计算，发生调整的，以发、承包双方确认调整的金额计算；索赔费用应依据发、承包双方确认的索赔事项和金额计算；现场签证费用应依据发、承包双方签证资料确认的金额计算；暂列金额应减去工程价款调整与索赔、现场签证金额计算，如有余额，应归发包人所有。

第四，规费和税金应按照国家或省级、行业建设主管部门对规费和税金的计取标准计算。

3）工程竣工结算的编制方法。工程竣工结算的编制方法与承包方式不同。

第一，采用施工图概预算加减承包方式的工程结算书，是在被批准的原工程概预算基础上，加上施工过程中不可避免地发生的设计变更、材料代用、施工条件变化、经济政策变化等影响到原施工图概预算价格的变化费用，又称为预算结算制。

第二，采用施工图概预算加包干系数或每平方米造价包干的工程结算书，一般在承包合同中已分清承、发包单位之间的义务和经济责任，不再办理施工过程中所承包内容的经济洽商，在工程结算时不再办理增减调整。工程竣工后，以原概预算加系数或每平方米造价的价值进行计算。只有发生超出包干范围的工程内容时，才在工程结算中进行调整。

第三，采用投标方式承包的工程结算书，原则上应按中标价格（成交价格）

进行编制，但合同中对工期较长、内容比较复杂的工程，规定了对较大设计变更及材料调价允许调整的条文，施工单位在工程竣工结算时，可在中标价格基础上进行调整。当合同条文规定允许调整范围以外发生的非建筑企业原因发生中标价格以外费用时，建筑企业可以向招标单位提出签订补充合同或协议，作为结算调整价格的依据。

4）工程竣工结算编制程序中的重要工作。

第一，开展编制准备工作。编制准备包括的内容：收集与工程竣工结算编制工作有关的各种资料，尤其是施工记录与设计变更资料；了解工程开工时间、竣工时间和施工进度、施工安排与施工方法等有关内容；掌握在施工过程中的有关文件调整与变化，并注意合同中的具体规定；检查工程质量，校核材料供应方式与供应价格。

第二，对施工图预算中不真实项目进行调整。通过设计变更资料，寻找原预算中已列但实际未做的项目，并将项目对应的预算从原预算中扣减出来。计算实际增加项目的费用。费用构成依然为工程直接费、间接费、利润、税金。根据施工合同的有关规定，计算由于政策变化而引起的调整性费用。在当前预结算工作中，最常见的一个问题是因文件规定的不断变化而对预结算编制工作带来的直接影响，尤其是间接费率的变化、材料系数的变化、人工工资标准的变化等。

第三，确定计算大型机械进退场费。预结算制度明确规定，大型施工机械进退场费结算时按实计取，但招投标工程应根据招投标文件和施工合同规定办理。

第四，调整材料用量。引起材料用量尤其是主要材料用量变化的主要因素：设计变量引起的工程量的变化而导致的材料数量的增减；施工方法、材料类型不同而引起的材料数量的变化。

第五，按实计算材差（重点是“三材”与特殊材料价差）。一般情况下，建设单位委托承包商采购供应的“三材”和一些特殊材料按预算价、预算指导价或暂定价进行预算造价，而结算时如实计取。这就要求在结算过程中，按结算确定的建筑材料实际数量和实际价格，逐项计算材差。

第六，确定建设单位供应材料部分的实际供应数量与实际需求数量。材料的供应数量与工程需求数量是两个不同的概念，对建设单位供应材料来说，这种概念上的区别尤为重要。建设单位供应材料的供应数量，是建设单位购买材料并交给承包人使用的数量；材料的需求数量是完成建筑工程施工所需材料的客观消耗量。

第七，计算由于施工方式的改变而引起的费用变化。预算时按施工组织设计要求，计算有关施工过程费用，但实际施工时，施工情况、施工方式有变化，有关费用要按合同规定和实际情况进行调整，如地下工程施工中有关的技术措施、施工机械型号选用变化、施工事故处理等有关费用。

（3）工程竣工结算的计算方法。

1）工程量差调整。工程量差是指施工图预算或合同内所列分项工程量与实际完成的分项工程量不相符而需要增加或减少的工程量。这部分量差一般是由以下原因造成的。

第一，设计单位提出的设计变更。工程开工后，由于某种原因，建设单位提出要求改变某些施工做法，增减某些具体工程项目等。经与施工单位研究并征求设计单位同意后，填写设计变更洽商记录，经三方签证后作为结算增减工程量的依据。

第二，施工中遇到需要处理的问题而引起的设计变更。施工单位在施工过程中遇到一些原设计未预料到的具体情况，需要进行处理，经三方签证后作为结算增减工程量的依据。

第三，施工单位提出的设计变更。施工单位在施工中，由于施工方面的原因（如某种建筑材料供应不上，需要用其他材料代替；或因施工现场要求改变某些项目的具体设计而需变更设计时），除较大变更须经设计单位同意外，一般只需建设单位同意并在洽商记录上签字，即可作为增减工程量的依据。

第四，发包人在招标文件中所列的分项工程不准确。在编制竣工结算前，应结合工程竣工验收，核对实际完成的分项工程量。发现与施工图预算或合同价内所列分项工程量不符时，应按实调整。

2）材料价差调整。材料价差包括因材料代用所发生的价格差额和材料实际价格与招标文件中列出的主要材料表的基期价格存在的价差。

3）竣工调价系数法。按工程价格管理机构公布的竣工调价系数及调价计算方法计算差价。

4）调值公式法（又称动态结算公式法）。建筑安装工程费用价格调值公式包括固定部分、材料部分和人工部分等。

应用调值公式时应注意：计算物价指数的品种只选择对总造价影响较大的品

种；在签订合同时要明确调价品种和波动到何种程度可调整；考核地点一般在工程所在地或指定某地市场；确定基期时点价格指数或价格、计算期时点价格指数或价格应注意，计算期时点是特定付款凭证涉及的期间的最后一天的49天前一天。

（4）工程竣工结算的审查。工程竣工结算的审查应依据施工合同约定的结算方法进行，根据不同的施工合同类型，采用不同的审查方法。第一，工程竣工结算审查程序。工程竣工结算审查应按准备、审查和审定三个工作阶段进行，并实行编制人、校对人和审核人分别署名盖章确认的内部审核制度。第二，工程竣工结算报告审查内容。审查结算的递交程序和资料的完备性；审查与结算有关的各项内容。第三，工程竣工结算的审查时限。单项工程竣工后，承包人应按规定程序向发包人递交竣工结算报告及完整的结算资料，发包人应按规定的时限进行核对（审查），并提出审查意见。

建设项目竣工总结算在最后一个单项工程竣工结算审查确认后15天内汇总，送发包人后30天内审查完成。

（5）有关竣工结算的法律规定。

1）工程竣工验收报告经发包人认可后28天内，承包人向发包人递交竣工结算报告及完整的结算资料，双方按照协议书约定的合同价款及专用条款约定的合同价款调整内容，进行工程竣工结算。

2）发包人收到承包人递交的竣工报告及结算资料后28天内进行核实，给予确认或提出修改意见。发包人确定竣工结算报告后通知经办银行向承包人支付工程竣工结算价款。承包人收到竣工结算价款后14天内将竣工工程交付发包人。

3）发包人收到竣工结算报告及结算资料后28天内无正当理由不支付工程竣工结算价款，从第29天起按承包人同期向银行贷款的利率支付拖欠工程价款的利息，并承担违约责任。

4）发包人收到竣工结算报告及结算资料后28天内不支付工程竣工结算价款，承包人可以催告发包人支付结算价款。发包人在收到竣工结算报告及结算资料后56天内仍不支付的，承包人可以与发包人协议将该工程折价，也可以由承包人申请人民法院将该工程依法拍卖，承包人就该工程折价或拍卖的价款优先受偿。

5）工程竣工验收报告经发包人认可后28天内，承包人未能向发包人递交竣工结算报告及完整的结算资料，造成工程竣工结算不能正常进行或工程竣工结算价款不能及时支付，发包人要求交付工程的，承包人应当交付；发包人不要求交付工程的，承包人承担保管责任。

6）发、承包双方对工程竣工结算价款发生争议的，按争议的约定处理。在实际工作中，当年开工、当年竣工的工程，只办理一次性结算。跨年度的工程，在年终办理一次年终结算，将未完工程结转到下一年度，此时竣工结算等于各年度结算的总和。

（二）竣工决算

1. 竣工决算的认知

竣工决算是指在工程竣工验收交付使用阶段，建设单位以竣工结算等资料为基础编制的技术经济文件。它是以实物数量和货币指标为计量单位，综合反映竣工项目从筹建开始到项目竣工交付使用为止的全部建设费用、投资效果和财务情况的总结性文件，是竣工验收报告的重要组成部分。竣工决算是正确核定新增固定资产价值，考核分析投资效果，建立健全经济责任制的依据。通过竣工决算与概算、预算的对比分析，能够考核投资控制的工作成效，为工程建设提供重要的技术经济方面的基础资料，提高未来工程建设的投资效益。

竣工决算的作用主要有以下方面。

第一，竣工决算是国家对基本建设投资实行计划管理的重要手段。通过把竣工决算的各项费用数额与设计概算中的相应费用指标相比，可得出节约或超支的情况，通过分析节约或超支的原因，总结经验教训，加强投资计划管理以提高基本建设投资效果。

第二，竣工决算是对基本建设实行“三算”对比的基本依据。“三算”对比中的设计概算和施工图预算，都是在建筑施工前不同建设阶段根据有关资料进行计算，以确定拟建工程所需要的费用。在一定意义上，它们属于人们主观上的估算范畴。而建设工程竣工决算所确定的建设费用是人们在建设活动中实际支出的费用。因此，在“三算”对比中具有特殊的作用，能够直接反映出固定资产投资计划完成情况和投资效果。

第三，竣工决算是竣工验收的主要依据。按照国家基本建设程序规定，当批准的设计文件规定的工业项目经负荷运转和试生产，生产出合格的产品，民用项目符合设计要求，能够正常使用时，应及时组织竣工验收工作，对建设项目进行全面考核。

建设单位提出的验收报告，主要组成部分是竣工决算文件。作为验收依据，验收人员要检查建设项目的实际建筑物、构筑物和生产设备与设施的生产和使用情况，审查竣工决算文件中的有关内容和指标，确定建设项目的验收结果。

第四，竣工决算是确定建设单位新增固定资产价值的依据。竣工决算详细地计算了建设项目所有的建筑工程费、安装工程费、设备费和其他费用等新增固定资产总额及流动资金，可作为建设管理部门向企事业使用单位移交财产的依据。

第五，竣工决算是基本建设成果和财务的综合反映。建设工程竣工决算包括基本项目从筹建到建成投产或使用的全部费用。它除了用货币形式表示基本建设的实际成本和有关指标外，还能够表示建设工期、工程量和资产的实物量以及技术经济指标。它综合了工程的年度财务决算，全面反映了基本建设的主要情况。

2. 竣工决算的依据

竣工决算编制的主要依据：建设工程计划任务书和有关文件；建设项目总概算书和单项工程综合概算书；建设工程项目设计图纸及说明，其中包括总平面图、建筑工程施工图、安装工程施工图及有关资料；设计交底或图纸会审会议纪要；招标标底、承包合同及工程竣工结算资料；施工记录或施工签证单及其他施工中发生的费用记录，如索赔报告与记录、停（交）工报告等；竣工图及各种竣工资料；设备、材料调价文件和调价记录；历年基建资料、历年财务决算的批复文件；国家和地方主管部门颁发的有关建设工程竣工决算文件。

3. 竣工决算的内容

建设项目竣工决算应包括从筹集到竣工投产全过程的全部实际费用，包括建筑安装工程费；设备、工具、器具购置费及预备费等费用。竣工决算由竣工财务决算说明书、竣工财务决算报表、工程竣工图和工程竣工造价对比分析四部分组成。其中竣工财务决算说明书和竣工财务决算报表两个部分又称建设项目竣工财务决算，是竣工决算的核心内容和重要组成部分。

财政部将按规定对中央大中型项目、国家确定的重点小型项目竣工财务决算的审批实行“先审核、后审批”的办法，即对需先审核后审批的项目，先委托财政投资评审机构或经财政部认可的有资质的中介机构对项目单位编制的竣工财务决算进行审核，再按规定批复项目竣工财务决算。有关文件要求，项目建设单位应在项目竣工后三个月内完成竣工财务决算的编制工作，并报主管部门审核。主管部门收到竣工财务决算报告后，对于按规定报财务部门审批的项目，应及时审核批复并报财政部备案；对于按规定报财政部审批的项目，一般在收到决算报告后一个月内完成审核工作，并将经其审核后的决算报告报财政部审批。以前年度已竣工尚未编报竣工财务决算的基建项目，主管部门应督促项目建设单位抓紧编报。另外，主管部门应对项目建设单位报送的项目竣工财务决算认真审核，严格把关。审核的重点内容：项目是否按规定程序和权限进行立项、可行性研究和初步设计报批工作；建设项目超标准、超规模、超概算投资等问题审核；项目竣工财务决算金额的正确性审核；项目竣工财务决算资料的完整性审核；项目建设过程中存在主要问题的整改情况审核等。

（1）竣工财务决算说明书。竣工财务决算说明书主要反映竣工工程建设成果和经验，是对竣工决算报表进行分析和补充说明的文件，是全面考核分析工程投资与造价的书面总结，是竣工决算报告的重要组成部分。其内容主要包括。

1）建设项目概况，对工程总的评价。一般从进度、质量、安全和造价方向进行分析说明。进度方面主要说明开工和竣工时间，对照合理工期和要求工期分析工程是提前还是延期；质量方面主要根据竣工验收委员会或一级质量监督部门的验收评定等级、合格率和优良品率，对工程进行评价；安全方面主要根据劳动工资和施工部门的记录，对有无设备和人身事故进行说明；造价方面主要对照概算造价，用金额和百分率说明节约或超支的情况。

2）资金来源及运用等财务分析。主要对包括工程价款结算、会计财务的处理、财产物资情况及债权债务的清偿情况进行分析。

3）基本建设收入、投资包干结余、竣工结余资金的上交分配情况的分析。通过对基本建设投资包干情况的分析，说明投资包干数、实际支用数和节约额、投资包干结余的有机构成和包干节余的分配情况。

4）各项经济技术指标的分析。概算执行情况分析，根据实际投资完成额与概算进行对比分析；新增生产能力的效益分析，说明交付使用财产占总投资额的比例，不增加固定资产的造价占投资总额的比例，分析有机构成和成果。

5）工程建设的经验及项目管理和财务管理工作以及竣工财务决算中有待解决的问题。

6）其他需要说明的事项。

（2）竣工财务决算报表。建设项目竣工财务决算报表要根据大、中型建设项目和小型建设项目分别编排。大型、中型建设项目竣工决算报表包括：建设项目竣工财务决算审批表；大型、中型建设项目概况表；大型、中型建设项目竣工财务决算表；大型、中型建设项目交付使用资产总表；建设项目交付使用资产明细表。小型建设项目竣工财务决算报表包括建设项目竣工财务决算审批表、竣工财务决算总表、建设项目交付使用资产明细表等。

（3）工程竣工造价对比分析。对控制工程造价所采取的措施、效果及其动态的变化需要进行认真的对比，总结经验教训。批准的概算是考核建设工程造价的依据。在分析时，可先对比整个项目的总概算，然后将建筑安装工程费、设备工器具费和其他工程费用逐一与竣工决算表中所提供的实际数据及批准的概算、预算指标、实际的工程造价进行对比分析，以确定竣工项目总造价是节约还是超支，并在对比的基础上总结先进经验，找出节约和超支的内容和原因，提出改进措施。在实际工作中，应主要分析以下内容。第一，主要实物工程量。对于实物工程量出入比较大的情况，必须查明原因。第二，主要材料消耗量。考核主要材料消耗量，要按照竣工决算表中所列明的三大材料实际超概算的消耗量，先查明在工程的哪个环节超出量最大，再进一步查明超耗的原因。第三，考核建设单位管理费、措施费和间接费的取费标准。建设单位管理费、措施费和间接费的取费标准要按照国家和地方的有关规定，根据竣工决算报表中所列的建设单位管理费与概预算所列的建设单位管理费数额进行比较，依据规定查明多列或少列的费用项目，确定其节约或超支的数额，并查明原因。

4. 竣工决算的步骤

第一，收集、整理和分析有关依据资料。在编制竣工决算文件之前，应系统地整理所有的技术资料、工料结算的经济文件、施工图纸和各种变更与签证资料，并分析它们的准确性。完整、齐全的资料，是准确、及时编制竣工决算的必要条件。

第二，清理各项财务、债务和结余物资。在收集、整理和分析有关资料中，要特别注意建设工程从筹建到竣工投产或使用的全部费用的各项账务、债权和债务的清理，做到工程完毕账目清晰。既要核对账目，又要查点库存实物的数量，账与物相符，账与账相符。对结余的各种材料、工具、器具和设备，要逐项清点核实，妥善管理，并按规定及时处理，收回资金。对各种往来款项要及时进行全面清理，为编制竣工决算提供准确的数据和结果。

第三，核实工程变动情况。重新核实各单位工程、单项工程造价，将竣工资料与原设计图纸进行查对、核实，必要时可实地测量，确认实际变更情况；根据经审定的承包人竣工结算等原始资料，按照有关规定对原概预算进行增减调整，重新核定工程造价。

第四，编制建设工程竣工决算说明。按照建设工程竣工决算说明的内容要求，根据编制依据材料填写在报表中的结果，编写文字说明。

第五，填写竣工决算报表。按照建设工程决算表格中的内容，根据编制依据中的有关资料进行统计或计算各个项目的数量，并将其结果填到相应表格的栏目内，完成所有报表的填写。

第六，做好工程造价对比分析。

第七，清理、装订好竣工图。

第八，上报主管部门审查存档。

竣工决算在上报主管部门的同时，抄送有关设计单位。大型、中型建设项目的竣工决算还应抄送财政部、建设银行总行和省、自治区、直辖市的财政局和建设银行分行各 1 份。建设工程竣工决算的文件，由建设单位负责组织人员编写，在竣工建设项目办理验收使用 1 个月之内完成。

5. 竣工决算的新增资产价值

（1）新增资产的分类。建设项目竣工投入运营后，所花费的总投资会形成相应的资产。按照新的财务制度和企业会计准则，这些新增资产按资产性质可分为固定资产、流动资产、无形资产和其他资产四大类。

（2）新增资产价值的确定方法。

1）新增固定资产价值的确定。新增固定资产价值是建设项目竣工投产后所增加的固定资产的价值，它是以价值形态表示的固定资产投资最终成果的综合性指标。新增固定资产价值的计算是以独立发挥生产能力的单项工程为对象的。单项工程建成经有关部门验收鉴定合格，正式移交生产或使用，即应计算新增固定资产价值。一次交付生产或使用的工程一次计算新增固定资产价值，分期分批交付生产或使用的工程，应分期分批计算新增固定资产价值。新增固定资产价值的内容包括已投入生产或交付使用的建筑、安装工程造价；达到固定资产标准的设备、工具、器具的购置费用；增加固定资产价值的其他费用。

2）新增流动资产价值的确定。流动资产是指可以在一年内或者超过一年的一个营业周期内变现或者运用的资产，包括现金及各种存款以及其他货币资金、短期投资、存货、应收及预付款项以及其他流动资产等。

3）新增无形资产价值的确定。作为评估对象的无形资产通常包括专利权、非专利技术、生产许可证、特许经营权、租赁权、土地使用权、矿产资源勘探权和采矿权、商标权、版权、计算机软件及商誉等。无形资产是指企业拥有或者控制的没有实物形态的可辨认非货币性资产。

二、工程项目结算与收款管理制度的设置

有管理组织就应有配套的管理制度，全面的管理制度应该包括分工明确且合适的各成员部门职责、有效的目标指标及考核方法、完善的信息申报制度。

（一）指标设置

依据合同进行工程项目结算收款管理，应在施工合同签订与履行的各阶段设置相应指标，即针对施工承包合同签订阶段、项目建设阶段、项目已完工未结算阶段、项目已完工结算未收完款阶段设置相应指标。

（1）施工承包合同签订阶段。项目工程款回收工作应从施工承包合同签订开始，施工承包合同对项目实施过程中的工程款回收有直观影响的为合同约定的付款比例，在施工承包合同签订阶段可量化的指标也是合同约定的付款比例，其中包括预付款付款比例和进度款付款比例。工程建设合同的实施大多超过一年，预付款支付的期数、回扣的起扣时间及期数各不相同，年度内各项目的进度款确认时间及支付时间也各不相同，要综合考虑预付款支付比例及进度款支付比例对在建项目收款率的影响。

（2）项目建设阶段。项目的营业收入有三种确认方法：第一，按业主已确认的工程产值计营业收入；第二，按成本覆盖法计算出的工程产值计营业收入；第三，按项目现场实际完成的工作量乘以施工承包合同单价计算出的工程产值计营业收入。

施工承包合同的特点，基本约定按月或季度进行进度确认及进度款支付，且约定未经过监理验收的项目不予申报进度，施工合同的这一特点使得按第一种方法计算出来的营业收入与现场实际完成的工程进度有较大时间差距。而按成本覆

盖法计算出来的工程产值较易受成本统计方式影响，如果对成本费用分摊和成本支出滞后的处理不及时，或者已支出的成本按合同无法得到相应的收入，那么计算出来的工程产值与实际也有较大差距。

按项目现场实际完成的工作量乘以施工承包合同单价计算出的工程产值计营业收入的方法确认的工程产值作为营业收入更能体现和控制项目的收款情况，可促进项目部及时申报进度、确认变更并积极跟进监理、业主的审批与支付，且在公司设置工程营业收入指标的同时设置在建工程收款率指标有助于减少项目部虚报营业收入的行为。

（3）项目已完工未结算阶段。

1）项目已完成未结算阶段的主要指标设置。工程项目临近完工，建筑产品在结构上不影响使用，且项目后期建设资金紧张，业主方对付款的积极性降低。在项目已完工未结算阶段，项目的结算工作尤为重要。

完工项目结算指标的设置，可使用年度结算个数指标或者年度结算比例指标。结算个数指标即考核当年完成结算的项目个数；结算比例指标即考核当年完成结算项目的个数占全年已完工未结算项目个数的比例。

2）项目已完工未结算阶段的辅助指标设置。项目已完工未结算阶段的辅助指标，可使用重点项目指标。结算是为了收款，除重点项目指标外，收款计划应依据要求办理完结算的项目的合同约定来编制（结算后扣留的保证金、保证金以外的工程款付款期限等），以使收款指标既有激励功能又有合同依据。

（4）项目已完工结算未收完款阶段。项目完工结算后，除去履行保修义务，工作的重心就基本转移到了工程尾款收取上。依据已完工结算项目有关收款的合同约定及项目具体情况，编制各项目收款计划（不含账销案存项目），并从中找出影响较大的项目设置重点收款项目计划；对业主无理由拖欠或确实无力偿还欠款的项目，设置“账销案存项目欠款回收计划”或“运用法律手段收款计划”。

（二）信息填报制度设置

指标设置好后应有相应的信息收集，以便对比指标完成情况并进行相应考核激励。

（1）报表设置中合同管理与财务管理意识混杂，已完工项目要求填报应收账款中按合同规定未到期的保修金金额，但在建项目未要求填报应收账款中按合同规定无法收取的过程保留金金额，造成在建项目按合同约定实际可收取的工程款金额不明；已完工未结算项目要求填报“已报产值并列入财务收入的工作量”，财务部门对财务收入的计算并未统一计算方法，造成已完工未结算项目按合同约定实际可收取的工程款金额不明；对内部分包项目未设置数据抵减，造成重复计数；报表在汇总时未将国内项目与海外项目数据分开。

（2）报表的填报基本为财务人员，填报的数据以财务方法确认的居多，财务在对“业主确认产值”的理解上不统一，有些按业主实际批复产值填报，有些按成本覆盖法计算财务收入填报，数据无法反映项目按合同约定实际可收的工程款数额。

对报表填报制度进行修改，将工程按“在建项目”“已完工未结算项目”“已结算未收完款项目”进行分类，统一要求各类项目均填报“业主确认产值”数额及应收账款中“未到期金额”，统一“业主确认产值”填报标准，规定内部分包项目数据对抵方法，取消“三年以上账款回收”计划与执行数据填报，增加重点项目计划与执行数据填报。

第二节 现代工程项目施工索赔

一、现代建设工程的施工索赔

（一）建设工程索赔及施工索赔的内容

随着我国社会主义市场经济的建立和完善，商品交易中发生索赔是一种正常现象。因此，应该提高对索赔的认识，加强索赔理论和索赔方法的研究，正确对待索赔工作，这对维护合同签约各方的合法权益都具有十分重要的意义。

索赔是一种权利主张，是指合同在履行过程中，合同一方发生并非由于本方的过错或原因造成的，也不属于自己风险范围的额外支出或损失，受损方依据法律或合同向对方提出的补偿要求。

施工索赔是指在工程项目施工过程中，由于业主或其他原因，致使承包商增加了合同规定以外的工作和费用或造成的其他损失，承包商可根据合同规定，并通过合法的途径和程序，要求业主补偿在时间和经济上所遭受损失的行为。

施工索赔是一项涉及面广、学问颇深的工作，参与索赔工作的人员必须具有丰富的管理经验，熟悉施工中的各个环节，通晓各种建筑法规，并具有一定的财务知识。由于工程项目的复杂多变，现场条件、气候和环境的变化，标书及施工说明错误等原因的存在，索赔在承包过程中是必然存在的。索赔工作中重要的一环是证明承包商提出的索赔要求是正确的。但仅仅证明自己正确还是不能收回已损失的费用，只有准确地计算要求赔偿的数额，并证明此数额合情合理，索赔才能获得成功。

总之，施工索赔是利用经济杠杆进行项目管理的有效手段，对承包商、业主和监理工程师来说，处理索赔问题水平的高低，也反映出他们项目管理水平的高低。随着建筑市场的建立与发展，索赔将成为项目管理中越来越重要的问题。

（二）建设工程索赔的产生原因

在执行合同的过程中，承包商提出索赔理由大都是由于合同条款的变更而引起的。当承包商支付的实际工程费用大于工程收入时，就应检查其原因。如果查明原因是由业主造成的，才能提出索赔要求，并使自己受到的损失得到补偿。施工索赔的产生原因主要有以下种类。

1. 工程变更

一般在合同中均规定有变更条款，即业主均保留变更工程的权利。业主在任何时候均可以写成书面文件对施工图、说明书、合同进度表进行变更。工程变更的原则是：不能带来人身危险或财产损失；不能额外增加工程量，如要增加工程量必须有工程师的书面签证确认；不能增加工程总费用，除非是增加工程的同时也增加造价，但也必须有工程师或业主的书面签证。除上述 3 个方面外，工程师在发布工程通知书时，有权提出较小的改动，但不得额外加价，并且这种改动与建设本工程的目标应完全一致。

在工程变更的情况下，承包商必须熟悉合同规定的工程内容，以便确定执行的变更工程是否在合同范围以内。如果不在合同范围以内，承包商可以拒绝执行，或者经双方同意签订补充协议。

如果因这种变更，使合同造价有所增减，引起工期延迟，合同也要相应加以调整。除此之外，其他均应在原合同条款上予以执行。

2. 施工条件变化

这里所说的施工条件变化是针对以下两种情况，一是用来处理现场地面以下与合同出入较大的潜在自然条件的变更。例如，地质勘探资料和说明书上的数据错误，造成地基或地下工程的特殊处理而给承包商带来损失，承包商有权要求对合同价格进行公平合理的调整。二是现场的施工条件与合同确定的情况大不相同，承包商应立即通知业主或工程师进行检查确认。

3. 工程延期

在以下情况下，工程完成期限是允许推迟的：①由于业主或其雇员的疏忽失职；②由于提供施工图的时间推迟；③由于业主中途变更工程；④由于业主暂停施工；⑤工程师同意承包商提出的延期理由；⑥由于不可抗力所造成的工程延期。

在发生上述任何一种情况时，承包商应立即将备忘录送给工程师，并提出延长工期的要求。工程师应在接到备忘录 5 天内给承包商签认。如果业主要求暂停施工而没有在备忘录上标明复工日期和期限，那么承包商可以被迫放弃暂停施工的部分工程，并将停工部分进行估算，开具账单，请业主结付工程款，而且可以按被迫放弃的工程价值加一个百分比作为补偿管理费、专用设施和预期利润等所遭受的损失。

4. 不可抗力或意外风险

不可抗力，顾名思义即指超出合同各方控制能力的意外事件。其中任何一件不可抗力事件发生，都会直接干扰合同的履行，由此造成的施工时间延长、工程修理及其费用、终止合同，或业主、第三方的破产和损害及人身伤亡，承包商概不承担任何责任。业主应对就此引起的一切权利、要求、诉讼、损害赔偿费、各项开支和费用等负责，保证承包商免受损害并给予承包商补偿。

凡是发生上述情况的，承包商应迅速向业主报告，并提供适当的证明文件，以便业主核实。业主或其代表接到通知后也应及时答复。如长期拖延不予处理，也要负违约的责任。对于自然灾害的影响，承包商不仅可以要求顺延工期，而且应当声明，除顺延工期外，还应对由于灾害暂时停工而需要对承包价格进行合理的调整。

5. 检查和验收

如业主对已检查验收过的隐蔽工程和设备内部再次要求拆下或剥开检查时，

承包商必须照办。经检查，工程完全符合合同要求时，承包商应要求补偿因拆除、剥开部分工程所造成的损失，包括修复的直接费用和间接费用，以及因检查所引起的额外工程费用等。

6. 在工程竣工验收前业主占用

业主有权占用或使用已竣工的或部分竣工的工程。关于这一情况，在签订合同时应分清双方的责任和义务。一般这种占用或使用不得被认为是对已完成的、不符合合同规定的工程的验收。但是对于工程所遭受的损失和损害，如不是由于承包商的过失或疏忽造成，则不应该由承包商负责。如这种先期占用或使用使工程进度受到拖延给承包商造成额外费用，就应对合同价款和竣工期限进行公平合理的调整，承包商必须详细记录。

7. 业主提供设备

设备如由业主提供，合同中规定有设备的交付时间或履行合同日期，如业主未按期供应，按规定就要公平合理地调整合同价格，延长竣工期限。

8. 劳动力、材料费用涨价

如果材料价格及劳动力费用受到供求关系或市场因素的巨大影响，业主会在合同中同意准许材料价格及劳动力费用调整。因此，合同实施中如遇到市场价格上涨的情况，承包商应及时向业主提供工程价格调整的要求。

除以上情况外，还有许多引起承包商提出索赔要求的因素，如加快工程进度、波及效应等。承包商必须熟悉合同条款的具体规定，对各种因素进行仔细斟酌，严加推敲，以便适时地采取措施，保护自己的利益。

（三）建设工程施工索赔的类型划分

1. 按索赔的目的不同划分

按索赔的目的不同可分为要求延长工期和要求经济补偿，这是施工索赔业务中常见的分类方法。当提出索赔时，必须要明确是要求工期索赔还是经济索赔，前者是要求得到工期的延长，后者是要求得到经济补偿。

2. 按索赔的处理方式不同划分

按索赔的处理方式不同，可分为单项索赔和一揽子索赔两种。

（1）单项索赔。单项索赔是指在工程施工过程中出现干扰原合同实施的某项事件，承包商为此而提出的索赔。如业主发出设计变更指令，造成承包商成本增加、工期延长，承包商为变更设计这一事件提出索赔要求，就属于单项索赔。应当注意，单项索赔往往在合同中规定必须在索赔有效期内完成，即在索赔有效期内提出索赔报告，经监理工程师审核后交业主批准。如果超过规定的索赔有效期，则该索赔无效。因此对于单项索赔，必须有合同管理人员对日常的每个合同事件进行跟踪，一旦发现问题就应迅速研究是否对此提出索赔要求。单项索赔由于涉及的合同事件比较简单，责任分析和索赔计算不太复杂，金额也不会太大，双方往往容易达成协议，使承包商获得成功索赔。

（2）一揽子索赔。一揽子索赔又称总索赔，它是指承包商在工程竣工前后，将施工过程中提出但未解决的索赔汇总在一起，向业主提出一份索赔报告。这种索赔，有的是在合同实施过程中，因为一些单项索赔问题比较复杂，不能立即解决，经双方协商同意留待以后解决；有的是业主对索赔迟迟不作答复，采取拖延的办法，使索赔谈判旷日持久；有的是由于承包商对合同管理的水平差，平时忙于工程施工，没有注意对索赔的管理，当工程快完工时才发现自己亏了本，才准备进行索赔。

由于以上原因，在处理一揽子索赔时，因许多干扰事件交织在一起，影响因素比较复杂，有些证据因为时过境迁，责任分析和索赔值的计算困难加大，使索赔处理和谈判很艰难，加上一揽子索赔的金额一般较大，往往需要承包商做出较大让步才能解决。因此，承包商在进行施工索赔时，一定要掌握索赔的有利时机，力争单项索赔，使索赔在施工过程中逐项解决。对于实在不能单项解决，需要一揽子索赔的，也应力争在施工建成移交之前完成主要的谈判与付款。如果业主无理拒绝和拖延索赔，承包商还有约束业主的“武器”——合同；否则，工程移交后，承包商就失去了约束业主的“王牌”，业主有可能赖账，使索赔长期得不到解决。

3. 按索赔发生的原因不同划分

索赔发生的原因有很多，但归纳起来有 4 类：施工延期索赔、工程变更索赔、施工加速索赔和不利现场条件索赔。

（1）施工延期索赔。施工延期索赔主要是由于业主的原因不能按原定计划的时间进行施工所引起的索赔。如为了控制建设成本，业主往往把材料和设备规定为自己直接订货，再供应给施工的承包商，业主如不能按时供货而导致工期延期，就会引起施工延期的索赔。又如业主不能按合同约定提供现场必要的施工条件而延误开工或影响施工速度，承包商也会因此而要求延期索赔。还有设计图纸的错误或遗漏，设计者不能及时提交审查或批准的图纸等，都可能引起延期索赔。

（2）工程变更索赔。工程变更索赔是指因合同规定工作范围的变化而引起的索赔。这类索赔有时不如施工延期索赔那么容易确定，如某分项工程所包含的详细工作内容和技术要求、施工要求很难在合同文件中用语言描述清楚，设计图纸也很难对每个施工细节都表达得很详尽，因此实施中很难界定此工程内容是否有所变更，即使有变更，也很难确定其变更程度。但是对于明显的设计错误或遗漏、设计变更以及工程师发布工程变更指令而引起的工期延误和施工费用增加，承包商则应及时向业主提出工程变更索赔。

（3）施工加速索赔。施工加速索赔通常是施工延期或工程变更的结果，有时也被称为“赶工索赔”，而施工加速索赔与劳动生产率降低的关系极大，因此又被称为劳动生产率损失索赔。如业主要求承包商比合同规定的工期提前，或者因前一阶段的工程拖期，要求后一阶段工程弥补已经损失的工期，使整个工程按期完工。这样，承包商可以因施工加速成本超过原计划的成本而提出索赔，其索赔的费用一般应考虑加班工资以及雇用额外劳动力，采用额外设备，改变施工方法，提供额外监督管理人员，由于拥挤、干扰、加班引起疲劳的劳动生产率损失等所引起的费用增加。在国外的许多索赔案例中，承包商提出的劳动生产率损失通常很大，但一般不易被业主接受，这就要求承包商在提交施工加速索赔报告中提供施工加速对劳动生产率的消极影响的确切证据。

（4）不利现场条件索赔。不利现场条件索赔是指图纸和技术规范中所描述的条件与实际情况有实质性的不同或合同中虽未做描述，但遇到的是一个有经验的承包商无法预料的情况，一般是地下的水文地质条件，以及某些隐藏着的不可知的地面条件。如果承包商证明业主没有给出某地段的现场资料，或所给的资料与实际相差甚远，或所遇到的现场条件是一个有经验的承包商不能预料的，那么承包商对于不利现场条件的索赔通常都能成功。

不利现场条件索赔近似于工程变更索赔，然而又不大像大多数工程变更索赔。不利现场条件索赔应归咎于确实不易预知的某个事实。如现场的水文、地质条件在设计时只能根据某些地质钻孔和土样试验资料来分析和判断。这种不利现场条件的风险由业主来承担是合理的。

4. 按索赔的依据不同划分

索赔是为了得到经济补偿和工期延长，而索赔必须有其可靠的依据。因此，按索赔的依据不同，可分为合同内索赔、合同外索赔和道义索赔。

（1）合同内索赔。合同内索赔是指以合同条款为依据，在合同中有明文约定的索赔，如工程延误、工程变更、工程师给出错误数据导致放线的错误、业主不按合同规定支付进度款等。这种索赔，由于在合同中有明文约定，故往往容易成功。

（2）合同外索赔。合同外索赔一般是指难于直接从合同的某个条款中找到依据，但可以从对合同条件的合理推断或同其他的有关条款联系起来论证该索赔是属于合同约定的索赔。

（3）道义索赔。道义索赔是指索赔无合同和法律依据，承包商认为自己在施工中确实遭到很大的损失，想要得到优惠性的额外付款，只有在遇到通情达理的业主时才有希望成功。一般在承包商的确克服了很多困难，使工程圆满完成，而自己却蒙受重大损失时，若承包商提出索赔要求，业主可能会出自善意，给承包商一定的经济补偿。

5. 按索赔的业务性质不同划分

按索赔的业务性质不同，可分为施工索赔和商务索赔两种。

（1）施工索赔。施工索赔是指涉及工程项目建设中施工条件或施工技术、施工范围等变化引起的索赔，一般发生频率高、索赔费用大。

（2）商务索赔。商务索赔是指实施工程项目过程中的物资采购、运输、保管等活动引起的索赔事项。由于供货商、运输公司等在物资数量上短缺、质量上不符合要求、运输损失或不能按期交货等原因，给承包商造成经济损失时，承包商将向供货商、运输公司等提出索赔要求；反之，当承包商不按合同规定付款时，则供货商或运输公司将向承包商提出索赔。

6. 按索赔的当事人不同划分

按索赔的当事人不同，可分为承包商同业主之间的索赔，总承包商同分承包商之间的索赔，承包商同供货商之间的索赔，承包商同保险公司、运输公司的索赔和承包商同劳务供应商的索赔。

7. 按索赔的对象不同划分

按索赔的对象不同，可分为索赔和反索赔两种。

（1）索赔。索赔是指承包商向业主、供货商、保险公司、运输公司等提出的索赔（此处“索赔”主要指承包商向业主提出的索赔）。

（2）反索赔。反索赔是指业主、供货商、保险公司、运输公司等向承包商提出的索赔。

二、建设工程施工索赔管理

（一）建设工程施工索赔意识

在市场经济环境中，建筑承包商要提高经济效益，必须重视施工索赔问题，必须要有索赔意识。而索赔意识主要体现在以下三个方面。

（1）法律意识。索赔是法律赋予承包商的正当权利，是承包商保护自己正当权益的手段。强化索赔意识，实质上是强化承包商的法律意识。这不仅可以加强承包商的自我保护意识、提高自我保护能力，而且能够提高承包商履约的自觉性，从而自觉地避免侵害他人的利益。这样合同双方有一个好的合作气氛，有利于工程合同总目标的实现。

（2）市场经济意识。在市场经济环境中，建筑承包企业以追求经济效益为目标，而施工索赔是指在合同规定的范围内，合理合法地追求经济效益的手段。通过施工索赔可以提高合同价格，增加收益。

（3）工程管理意识。施工索赔工作涉及工程项目管理的各个方面，要想使施工索赔成功，必须提高整个工程项目的管理水平。在工程项目管理中，必须有专人负责索赔管理工作，将施工索赔管理贯穿于项目施工全过程、工程实施的各个环节和各个阶段。所以，搞好施工索赔能带动建筑施工企业管理和工程项目管理整体水平的提高。

在现代工程的施工中，施工索赔的作用不仅是争取经济上的补偿以弥补损失，而且包括三个重要作用。第一，可以防止损失的发生。即通过有效的施工索赔管理，可以避免影响正常施工的事件（简称干扰事件）的发生，也可以避免自己的违约行为。第二，可以加深对工程合同的理解。因为对工程合同条款的解释，通常都是通过工程合同案例进行的，而这些工程合同案例通常都是索赔案例。如果有较强的索赔意识，就会对工程合同理解得更透彻。第三，有助于企业素质和工程项目管理水平的提高。施工索赔管理是工程项目管理中高层次的管理工作，重视和加强施工索赔管理工作，可以带动整个工程项目管理水平和企业素质的提高。

（二）建设工程施工索赔管理任务

1. 索赔管理的主要任务

索赔的重要作用主要是对自己已经受到的经济损失进行追索补偿。索赔管理的主要任务包括以下两个方面。

（1）在工程实施中寻找和发现索赔机会。在任何工程实施中，干扰事件是不可避免的，问题是承包商能否及时发现并抓住索赔机会。承包商应有敏锐的感觉，并通过对工程承包合同实施过程进行监督、跟踪、分析和诊断，以寻找和发现索赔机会。

（2）处理索赔事件和解决索赔争执。承包商一旦发现索赔机会，则应迅速做出反应，进入索赔处理过程。在这个过程中有大量的、具体的、细致的索赔管理工作和索赔业务工作，主要包括：①向业主和监理工程师提出索赔的意向；②进行事件调查，寻找索赔理由和证据，分析干扰事件的影响，计算索赔价值，起草索赔报告（索赔文件）；③向业主提交索赔报告，通过谈判、调解或仲裁等方法，最终解决索赔争执，使自己的经济损失得到合理的补偿。

2. 反索赔管理的主要任务

承包商反索赔应避免经济损失，反索赔管理有以下任务。

（1）反驳对方不合理的索赔要求，包括对对方（包括业主、总包或分包）已提出的索赔要求进行反驳，尽力摆脱自己对已经产生的干扰事件的合同责任，否定或部分否定对方的索赔要求，使自己不受或少受损失。

（2）防止对方提出索赔。通过有效的合同管理，使自己完全按合同办事，处于主动的地位，即着眼于避免损失和争执的发生。

在工程实施过程中，签订合同的双方都在进行合同管理，都在寻找索赔的机会。所以，如果承包商不能进行有效的索赔管理，不仅容易丧失索赔机会，使自己的损失得不到补偿，而且可能反被对方索赔，蒙受更大的损失。

（三）索赔管理与项目管理

承包商承包工程要获得好的经济效益，必须高度重视施工索赔。要取得施工索赔的成功，必须进行有效的索赔管理。索赔管理是工程项目管理的一部分，它的涉及面很广，是工程项目管理的综合体现。它与工程项目管理的其他职能有密切的联系，主要表现如下。

1. 索赔与合同管理

工程合同是施工索赔的依据。索赔就是针对不符合或违反合同的事件，并以工程合同条文作为最终判定的标准。索赔是合同管理的继续，是解决双方合同争执的独特方法，所以人们将索赔称为合同索赔。

（1）签订有利于自己的合同是索赔成功的前提。索赔是以合同条文为理由和根据的，所以索赔的成败、索赔金额的大小取决于合同的完善程度和表达方式。签订有利于自己的合同，承包商在工程实施中将处于有利地位，无论进行索赔和反索赔都能得心应手，处理索赔事件时有理有利；签订不利于自己的合同，如责权利不平衡、单方面的约束条件太多、风险太大、合同中没有索赔条款或索赔权利受到严格的限制，则使承包商处于不利的地位，往往只能被动挨打，对经济损失防不胜防。因此，签订一个有利于自己的合同对索赔管理是至关重要的。

在工程项目的投标、议标和合同签订过程中，承包商应仔细研究工程所在地（或所在国）的法律、政策、规定及合同条件，特别是关于合同工程范围、义务、付款、价格调整、工程变更、违约责任、业主风险、索赔时限和争端解决等条款，必须在合同中明确当事人各方的权利和义务，以便为将来可能的索赔提供合法的依据和基础。

（2）从合同中寻找和发现索赔机会。承包商应从对合同的分析、监督和跟踪中寻找和发现索赔机会，即在合同签订前和合同实施前，通过对合同条款的审查和分析，预测和发现潜在的索赔机会。其中，应对合同变更、价格补偿、工期索赔条件、索赔的可能及程序等条款予以特别的注意和研究。在工程合同实施过程中要进行监督和跟踪，首先应保证承包商自己全面执行合同、不违约，并且监督和跟踪对方合同完成情况，将每天的工程实施情况与合同分析的结果相对照，一旦发现两者之间不相符，或出现有争议的问题，就应分析并进行索赔准备。这些索赔机会就是索赔的起点。因此，索赔的依据在于日常管理工作的积累，在于对工程合同执行的全面控制。

（3）合同变更可直接作为索赔事件。业主的工程变更指令、合同签约双方对新的特殊问题的协议、会议纪要、修正方案等都会引起合同变更。承包商不仅要落实这些变更，调整合同实施计划，修改原合同规定的责权利关系，而且要分析合同变更造成的影响。合同变更如果造成工期延误和费用增加，就可能导致索赔。

（4）合同管理可为处理索赔事件提供所需依据。在合同管理中要处理大量的合同文件和工程资料，这些文件和资料可作为索赔的证据。单项索赔事件一般是由合同管理人员负责处理，并由他们进行干扰事件的影响分析、收集证据、准备索赔报告、参加索赔谈判。对重大的一揽子索赔事件，必须成立专门的索赔小组负责具体索赔工作，合同管理人员在索赔小组中起主导作用。

在国际工程中，索赔已被看成是一项正常的合同管理业务。索赔实质上是对合同双方责权利关系的重新分配，索赔事件的解决结果也可作为工程合同的一部分。

2. 索赔与计划管理

索赔从根本上讲是由于干扰事件造成实际施工过程与预定计划的差异而引起的，而索赔值的大小由这个差异所决定。所以，计划必然是干扰事件影响分析的尺度和索赔值计算的基础。通过施工计划和实际施工状态的对比分析可发现索赔机会，具体如下。

（1）在实际施工过程中工程进度的变化，如施工顺序、劳动力、机械、材料使用量等的变化，都可能对工程施工产生影响，对前述变化进行定量分析就可以获取相应的索赔值。

（2）工期索赔可由计划和实际的关键线路分析得到。

（3）可以提供索赔值计算的基础和计算证据。

3. 索赔与成本管理

在工程项目管理中，工程成本管理包括工程预算与估价、成本计划、成本核算、成本控制（监督、跟踪、诊断）等，它们都与索赔有密切的联系。

（1）工程预算和报价是费用索赔的计算基础。工程预算和报价确定的是“合同状态”下的工程费用开支。如果没有干扰事件的影响，承包商可按合同完成工程施工和保修责任，业主如数支付合同价款。如干扰事件引起实际成本的增加，从理论上讲这个增加量就是索赔值。在实际工程中，索赔值以合同报价为计算基础和依据，并通过分析实际成本和计划成本的差异得到。要取得索赔的成功，必须做到：①工程预算费用项目的划分必须详细合理，报价应当符合实际，这样不仅可以及时发现索赔机会，而且对干扰事件影响的分析才能准确，才能使索赔计算方便合理，索赔要求有根有据；②由于提出索赔报告有严格的有效期限，索赔值必须符合一定的精度要求，因此，必须有一个有效的成本核算和成本控制系统。

（2）通过对实际成本的分析可以寻找和发现索赔机会。在工程预算基础上确定的成本计划是成本分析的基础。成本分析主要是研究计划成本与实际成本的差异，以及差异产生的原因。而这些原因就是干扰事件，就是索赔机会。在此基础上进行干扰事件的影响分析和索赔值的计算就十分清楚和方便了。

（3）成本分析资料是索赔值计算的证据。索赔值的准确计算，需要及时、准确、完整及详细的成本核算和分析资料，以作为索赔值计算的依据和证据，例如，各种会计凭证、财务报表和账单等。

4. 索赔与文档管理

索赔需要有证据，它是索赔报告的重要组成部分。没有证据或证据不足，索赔是不能成立的。文档资料可以及时、准确、有条理地为索赔提供分析资料和证据，用以证明干扰事件的存在和影响，证明承包商的损失确实存在，证明索赔要求的合理性和合法性。承包商应重视收集经济活动的证据，要有完整的实际工程记录，应建立工程文档管理系统，并委派专人负责工程文档资料的收集和整理工作；对于较大和复杂的工程项目，运用计算机进行文档管理，可以极大地提高工作效率，并能很好地满足索赔管理的需要。

索赔管理还涉及工程技术、工程设计、工程保险、企业经营、公共关系等各个方面。一个成功的索赔不仅在于合同管理人员和索赔小组的努力，而且依赖于工程项目管理各职能人员和企业各职能部门在工程实施的各个环节进行卓有成效的管理工作。因此，索赔和反索赔的能力是承包商经营管理水平的综合反映。

（四）索赔小组的构建

索赔小组由组长、合同专家、法律专家、索赔专家、预算师、会计师、施工工程师等人员组成，组长一般由工程项目经理担任。索赔是一项复杂细致的工作，涉及面广，除索赔小组成员的努力工作外，还需要工程项目管理各个职能人员和企业各个职能部门的密切配合，才能保证索赔的圆满成功。对重大索赔或一揽子索赔必须成立专门的索赔小组，负责具体的索赔处理工作和谈判。一个复杂的工程，其合同文件、各种工程资料的研究和分析要花很多时间，不能到索赔谈判时才拼凑人马，因此，需要及早建立索赔小组并进入工作。由于索赔工作的重要性，索赔小组作为一个工作集体，应具备全面的知识、能力和经验，具体要求如下。

（1）索赔小组成员应具备合同、法律等方面的专业知识，具有合同分析、索赔处理方面的能力和经验，并应参与工程项目的合同谈判和合同实施过程，熟悉工程合同的条款内容和施工过程中的各个细节问题。必要时还要请索赔公司或法律专家进行咨询，甚至直接参与索赔工作。

（2）索赔小组成员应具备建筑施工组织与计划安排等方面的专业知识、能力和经验，能编制施工网络计划和关键线路分析，以及计划网络与实际网络的对比分析，应参与工程施工计划的编制和实施过程的管理工作。

（3）索赔小组成员应具备工程成本核算、财务会计核算等方面的知识、能力和经验，参与工程报价以及工程计划成本的编制，懂得工程成本核算方法，如成本项目的划分和分摊的方法等。

（4）索赔小组成员应具备其他方面的知识和能力，包括索赔的计划和组织能力、合同谈判能力、文字写作和语言表达能力以及外语等。

总之，索赔小组成员为争取索赔的成功，应全面领会和贯彻执行企业总部的索赔总战略，认真细致地做好索赔工作，同时还应加强索赔过程中的保密性，这样才能取得索赔的圆满成功，为企业追回经济损失和增加盈利。

第三节　现代工程项目财务管理

财务管理是现代企业管理的重要组成部分。财务管理是商品经济条件下企业最基本的管理活动，商品经济越发展，财务管理越重要。特别是在现代建筑市场中，竞争日趋激烈，财务管理已成为建筑企业生存和发展的重要环节，也是提高经济效益的重要途径。

一、现代工程建筑施工企业财务管理内容

（一）现代工程建筑施工企业的财务活动

建筑施工企业财务，是建筑施工企业在生产经营中的财务活动及其与相关各方发生的财务关系。财务一般是指与钱物有关的事务，企业的财务活动实际就是企业的资金运动。

1. 建筑施工企业的资金运动过程

建筑施工企业的资金运动是一个不断循环的过程。每一循环的过程是：货币资金形态—储备资金形态—生产资金形态—商品资金形态—货币资金形态。这个过程说明，资金从流通过程进入生产过程，进而又回到流通过程。在流通过程中，通过商品出售取得货币收入，其中一部分用来补偿生产费用，加入下一个资金循环过程中去，另一部分是生产工人为社会创造的剩余价值，在国家和企业中进行分配。

资金的运动过程可以分为三个阶段，即资金筹集、资金运用和资金分配。

（1）资金筹集就是企业为进行生产经营活动通过确定资金需要量和选择资金来源渠道并取得所需的资金。取得资金的途径不外乎两种，一种是接受投资者投入的资金，形成资本金；另一种是向债权人借入资金，是企业的负债。根据投资主体的不同，资本金包括国家资本金、法人资本金、个人资本金和外商资本金。企业筹资的方式有国家投资、各方集资或发行股票等。企业负债包括长期负债（如长期借款、应付长期债券、长期应付款等）和短期负债（如短期贷款、应付短期债券、预提费用、应付及预收款项等）。

（2）资金运用就是把筹集到的资金投放在生产经营活动过程，这个过程既是资金形态变化的过程，又是资金耗费和资金增值的过程。

（3）资金分配是企业将取得的营业收入用来补偿成本和费用、缴纳税金和企业利润。企业的税后利润又按下列顺序进行分配，缴纳被没收的财物损失，支付滞纳金和罚款，弥补企业以前年度的亏损，提取法定公积金，提取公益金，向投资者分配利润。

2. 建筑施工企业的财务关系

建筑施工企业的资金运动是在各相关单位的经济往来中进行的。在资金的筹

集、使用和分配之中，产生了广泛的社会联系，形成了复杂的经济关系，即企业的财务关系。建筑施工企业的财务关系如下。

（1）建筑施工企业与国家之间的财务关系。主要是指企业与政府各主管部门之间的关系，这种关系反映了国家与企业之间的资金授权关系以及国家对企业的宏观调控关系。其中包括国家投资机构与企业间的投资关系，企业对国家税务机关的纳税关系，以及必要时国家对企业的政策性补贴关系等。

（2）建筑施工企业与金融机构之间的财务关系。这主要是存贷关系以及银行对企业资金运用的指导关系。

（3）企业与其他企业之间的财务关系。这种关系是一种等价交换原则相互提供产品或劳务的关系，也体现出各企业间的社会分工协作关系。

（4）企业内部各部门之间的财务关系。企业内部各部门业务性质不同，经营资金的来源和用途也不一样，并分别使用、分别核算，形成了企业内部各部门之间的资金分配和往来结算关系。

（5）企业与职工之间的财务关系。职工为企业创造财富，企业支付职工劳动报酬，体现了企业内的分配关系。

（6）企业与投资者的关系。企业与投资者是投资与被投资的关系。投资者是股东，企业接受投资，如果具有法人资格，则独立经营，股东对企业有收益、分红、重大经营事项决策权。企业与投资者在性质上是所有权关系。

（二）建筑施工企业的财务管理任务

建筑施工企业的财务管理，是企业按照生产经营活动的需要，对自身的财务活动进行计划、组织、控制的总称，是企业管理的重要组成部分，是企业组织资金运动、处理企业同各方面的财务关系的一项经济管理工作。

根据企业资金运动的经济内容，企业财务管理的内容包括：企业资金筹集、各种资产的管理、成本及其运用的管理、销售收入的管理、企业纯收入管理及财务收支管理等。

建筑施工企业财务管理的根本任务是遵循国家的政策、法令、制度，为实现企业的经营目的服务。其具体任务如下。

（1）合理筹措资金，满足企业生产经营的需要。在筹措资金时必须认真考虑企业资金结构的合理性、所承担的风险和资金成本大小等因素，从中选择满意的筹资方案。

（2）合理使用资金，提高资金运用效果。要做好资金使用计划、控制、核算、调配、分析工作。增收节支、少花钱、多办事、办好事，就要根据企业的财务状况，及时把握投资机会，保护和利用资产，不断提高资金利用效果。

（3）降低成本和费用，增加企业盈利。降低成本的根本途径是降低消耗，降低费用的根本途径是减少支出。降低成本和费用是企业盈利的主要来源。增加企业盈利的途径很多，但必须利用财务管理手段才能见效。

（4）正确分配盈利。企业的营业收入扣除成本费用的余额，就是盈利。盈利是企业职工创造的剩余产品的货币表现。合理分配盈利，关系到国家、企业和职工、投资者的经济利益，因此，必须按国家相关规定和财务制度进行合理分配。

（5）实行财务监督，维护财经纪律。

二、国际企业财务管理分析

（一）国际企业财务管理的特性

国际企业财务管理（International Financial Management）是现代财务管理的一个新领域，是按照国际惯例和国际经济法的相关条款，根据国际企业的财务收支特点，组织国际企业财务活动，处理国际企业财务关系的一项经济管理工作。这里所说的国际企业是相对国内企业而言的，国际企业泛指一切超越国境从事生产经营活动的企业，包括跨国公司、外贸公司、合资企业，以及其他多种形式的处于不同国际化演进阶段的企业。可以说，国际企业是从事国际经营活动的经济实体的总称。因此，一个国际企业可能不是跨国公司，但任何跨国公司都是国际企业。

国际企业财务管理和国内企业财务管理的基本原理和方法是一致的，只是由于国际企业的跨国经营活动，使其财务活动受到诸多国际性因素的影响，比国内企业财务管理复杂。与国内企业财务管理相比，国际企业财务管理具有如下特性。

（1）国际企业的理财环境具有复杂性。国际企业的理财活动涉及多国，而各国的政治、经济、商业法律及惯例、会计制度、资本市场、市场机制、外汇管制和文化环境等都有许多差异。国际企业在进行财务管理时，不仅要考虑本国的各方面环境因素，而且要密切注意国际形势和其他国家的具体情况，如汇率的变化、外汇的管制程度、通货膨胀和利率的高低、税种税率、资本抽回的限制程度、资金市场的完善程度和政治上的稳定程度等。由此可以看出，影响国际企业财务管理的环境因素相当复杂，国际企业财务管理人员在进行财务决策之前，必须对理财环境进行认真的调查、预测、比较和分析，以便提高财务决策的正确性和及时性。

(2) 国际企业的资金筹集具有更多的可选择性。无论是国际企业的资金来源还是筹资方式，都呈现多样化的特点，这使国际企业在筹资时有更多的可选择性。国际企业既可以利用母公司地主国的资金，也可以利用子公司东道国的资金，还可以向国际金融机构和国际金融市场筹资，国际企业可以利用这种多方融资的有利条件，选择最有利的资金来源，以便降低企业的资金成本。

(3) 国际企业的资金投放具有较高的风险性。从某种意义上来说，从事国际投资活动就是预测风险、避免风险的过程。国际企业除面临国内企业所具有的风险外，还面临国际政治、经济环境中的各种风险。经济环境中的风险主要包括汇率变动风险、利率变动风险、通货膨胀风险、经营管理风险和其他风险。政治变动的风险主要包括政府变动的风险、政策变动的风险、战争因素的风险、法律方面的风险和相关的其他风险。

另外，风险与机遇是共存的，复杂环境提供了组织财务活动更大的灵活性，国际企业由内部一体化出发，可以利用各所在国资本市场、法令等差异，创造许多套利机会获取新的经济利益。国际企业在税收套利、金融套利、法规套利等方面具有得天独厚的优势。

国际企业财务管理的内容包括外汇风险管理、国际营运资本管理、中长期融资管理、国际投资管理和国际税收管理。下面主要探讨外汇风险管理、国际投资管理和国际营运资本管理。

（二）外汇风险的管理

外汇风险管理是国际企业财务管理的一个主要内容，国际企业财务管理中的资金筹集、投资管理、营运资金管理，都涉及外汇问题。

外汇是一国持有、以外币表示、用以进行国际之间结算的支付手段。《中华人民共和国外汇管理条例》中所称外汇，是指下列以外币表示的可以用作国际清偿的支付手段和资产：①外币现钞，包括纸币、铸币；②外币支付凭证或者支付工具，包括票据、银行存款凭证、银行卡等；③外币有价证券，包括债券、股票等；④特别提款权（国际货币基金组织创设的一种用于会员国之间结算国际收支逆差的储备资产）；⑤其他外汇资产。由于不同国家之间的货币制度不同，一国货币不能在另一国流通使用，所以，外汇就成为清偿国际债权的手段。

外汇汇率又称汇率、外汇行市、汇价，是指一国货币单位兑换另一国货币单位的比率或比价，是外汇买卖的折算标准。折算两个国家的货币，要选定以哪一个国家的货币单位为标准，由于标准不同，外汇汇率有两种标价方法：直接标价法和间接标价法。

直接标价法又称应付标价法，是以一定单位的外国货币为标准，折算为一定数额的本国货币的方法。当前世界上除英、美等少数国家外，都采用直接标价法。如我国人民币汇率，就是采用这种方法。

间接标价法也称收进报价法，以一定数额的本国货币为标准，折算成若干单位的外国货币。当一定单位的本国货币可以兑换较多的外国货币时，说明汇率上升，本国货币升值。反之，当一定数额的本国货币只能兑换较少的外国货币时，说明汇率下降，本国货币贬值。美国纽约外汇市场过去曾采用直接标价法。

1. 外汇风险的种类

外汇风险是指在国际贸易交往中，由于货币汇率变动可能遭受的损失。外汇风险包括经济合同涉及的交易双方国家货币及第三国货币汇率变动所造成的经济损失。具体地说，若有某种特定的外币债权、债务或以外币计价的合同，在将来某个时候要与本币或其他外币兑换时，汇率发生了变动，则其外币价值就存在贬值的风险。外汇风险是多种多样的，可以概括为以下三类。

（1）交易风险。交易风险是指企业因进行跨国交易而取得外币债权或承担外币债务时，由于交易发生日的汇率与结算日的汇率不一致，可能使收入或支出发生变动的风险。交易风险主要表现在：①以外币表示的借款或贷款；②以外币表示的商品及劳务的赊账业务；③尚未履行的期货外汇合约；④以其他方式所取得的外币债权或应承担的外币债务。因此，对于国际施工企业来说，有效地预防外汇交易风险是很重要的。

（2）折算风险。折算风险又称会计风险、会计翻译风险或转换风险，是指企业在把不同的外币余额按一定的汇率折算为本国货币的过程中，由于交易发生日的汇率与折算日的汇率不一致，使会计账簿上的相关项目发生变动的风险。国际企业的外币资产和负债项目，在最初发生时，都是按发生日的汇率入账的，但在编制财务报告时，要对其中的某些项目用编表日的汇率进行换算。当某项资产或负债项目发生日的汇率与编表日的汇率不一致时，经过换算后，就会给企业带来会计账面上的损益，这种损益并不影响企业当期的现金流量，但在进行财务分析时，却会使各种财务比率发生变动。

（3）经济风险。经济风险是指由于汇率变动对企业的产销数量、价格、成本等产生的影响，从而使企业的收入或支出发生变动的风险。由于经济风险涉及企业财务、销售、供应、生产等各个方面，因此，一般对经济风险的管理由企业的经营管理部门承担，而交易风险与折算风险的管理一般都由财务部门来承担。

2. 外汇风险的管理程序

外汇风险管理是一项十分复杂的工作，必须按科学的程序进行。这一程序应包括以下方面。

（1）确定恰当的计划期。确定计划期的目的是预测汇率变动、为了估计受险金额可能发生的时间范围。一般而言，计划期应在一年以内，并要按季度来划分，如果汇率变动幅度较大，要适当缩短计划期。

（2）计算外汇风险的受险额。确定计划期后，计算这期间的外汇风险受险额，以及外汇风险受险额的分布结构，如币种、计算期等。现以交易风险为例说明如下：交易风险受险额等于结算期限相同的外币债权与外币债务之间的差额。为了正确计算企业所有的交易风险受险额，应分别按不同的币种、不同的结算期来分别计算。在计算过程中，若外币债权大于外币债务，其差额为正受险额，反之则称为负受险额。

（3）预测汇率变动情况。外汇风险产生的根本原因是汇率的变动，预测汇率的变动情况是外汇风险管理的关键和难点。汇率变动的预测包括相互联系的三个方面：变动的趋势、变动的日期和变动的幅度。进行汇率变动情况的预测需要综合考虑：①贸易差额的变化；②通货膨胀程度；③金融与财政政策；④贸易政策；⑤其他影响汇率的因素。

（4）综合分析外汇风险，采取适当的避险方法。这个步骤要求在前面分析的基础上，综合考虑各方面的影响因素，针对国际企业外汇业务的实际情况，判断外汇汇率的变动对本企业外汇业务的影响以及存在风险的程度，采取规避措施，选择最有效、最经济的规避方法。

3. 外汇风险的规避方案

（1）远期外汇交易。远期外汇交易又称期货外汇交易，是指外汇买卖双方预先订立合同，规定买卖外汇的币种、数额、汇率和实际交付日期，到期才办理实际交付的外汇交易。为了避免交易风险，国际企业可以与办理远期外汇交易的外汇银行签订一份合同，约定将来某一时间按合同规定的远期汇率买卖外汇。利用远期外汇交易，不仅能保证国际企业进出口业务时避免外汇损失，而且对证券投资、国外存款、直接投资等以外汇表示的资产，以及向国外资本市场借入资金等以外汇表示的负债都有保值避险的作用。

（2）外汇期权交易。期权是在一定时期内按一定汇价买进或卖出一定数量外国货币的权利。外汇期权可以分为买进期权和卖出期权。买进期权是指购买外汇期权的一方，有权在合同期满时或在此以前按规定的汇率购进一定数量的外币。卖出期权是指购买外汇期权的一方有权在合同期满或在此以前按规定的汇率卖出一定数额的外币。期权交易买入的是购买或卖出某项货币的权利，但又不承担相应的义务。也就是说，期权卖方提供给期权买方的一种可以在合约期内或在到期时，买卖或放弃买卖预先达成的期货合约的权利。有利于购买期权方时，就行使买卖权；反之，则放弃买卖权。

外汇期权是一种有效的避险形式，归纳起来有以下优点：第一，对期权合同的购入方来说，外汇期权类似于保险。因为期权合同购入的是权利而又不必承担义务，如果期权交易无利可图，则可以放弃这种权利。第二，对期权合同的购入方来说，使用外币期权可以使保值成本成为确定因素，不管汇率发生多大变动，期权持有者的保值成本都不会超过期权的购买价格即“期权费”。

（3）适当调整外汇受险额。国际企业可以采用适当的方法来调整外汇的受险额，以达到避免外汇风险的目的。国际企业的总公司与国外的分公司之间以及国外的各分公司之间通常有许多的资金往来。例如，在材料采购、产品销售、管理服务、资金筹措等方面都会产生资金调度问题，这便可以通过提前或延缓支付的方式来调整外汇受险额。提前或延缓支付的基本原则是：当预计某种外币即将贬值时，应加速收款而延缓付款；当预计某种外币即将升值时，应推迟收款而加速付款。

（4）平衡资产与负债数额。平衡资产与负债数额是指采用特定的方法，使企业资产负债表上的受汇率变动影响的资产与负债数额相等，汇率变动的影响同时出现在资产、负债两个方面，数额相等而方向相反，它们自动相互抵消。这样，就可以使汇率变动所形成的换算风险尽可能地缩减到最低程度。

（5）多角化经营。多角化经营是控制经济风险的最有效方法。经济风险涉及生产、销售、财务等各个领域，这些领域相互联系、相互影响，通过多角化经营，使相关各方面产生的不利影响能相互抵消。多角化经营主要体现在：①生产多角化。在生产安排上，产品的品种、规格、质量尽可能做到多样化，使之能更好地适应不同国家、不同类型、不同层次的消费者的需求。②销售多角化。在销售上，力争使产品能尽快打入不同国家的市场，并力求采用多种外币进行结算。③采购多角化。在原材料、零配件的采购方面，尽可能做到从多个国家和地区进行采购，并力争使用多种货币结算。④筹资多角化。主要从优化资本结构，降低资金成本和减少财务风险上考虑。⑤投资多角化。要尽可能向多个国家投资，创造多种外汇收入，避免单一投资带来的风险。

除此之外，国际企业还可以通过外汇的币种选择、签订货币保值条款、早付迟收、早收迟付等方法规避外汇风险。

（三）国际企业的投资方式及投资管理决策

国际企业投资是指国际企业以获得比国内更高的利润为目的，跨越国界投入一定数量的资金或其他生产要素的活动。随着贸易经济的发展，国际企业的投资越来越居于重要的地位。

1. 国际企业的投资方式

国际企业的投资方式是企业进行国际投资时所采用的具体形式，目前主要有国际合资投资、国际合作投资、国际独资投资、国际证券投资等。现根据国际惯例，介绍各种投资方式的特点。

（1）国际合资投资。国际合资投资是指某国投资者与另外一国投资者通过组建合资经营企业的形式所进行的投资。这里的合资经营企业通常是指两个或两个以上的不同国家或地区的投资者按照共同投资、共同经营、共负盈亏、共担风险的原则所建立的企业，该方式是国际投资的一种主要方式。目前合资企业的组织形式有无限公司、有限公司、两合公司和股份有限公司四种形式，合资企业的出资方式可以是现金、实物或工业产权。

国际合资投资的主要优点有，①进行国际合资投资可以减少企业的投资风险。进行合资经营，由东道国企业参与投资，东道国投资者对自己国家的经济情况了解得比较透彻，可以减少经营上的风险。②由于与东道国投资者合资经营，共负盈亏，外国投资者除可以享受特别优惠外，还可以获得东道国对本国企业的优惠政策。③进行合资投资，能迅速了解东道国的政治、社会、经济、文化等情况，并能学习当地投资者的先进管理经验，有利于加强企业管理，提高经济效益。

国际合资投资的主要缺点有，①进行国际合资投资所需时间比较长。一般来说，进行合资投资必须寻找合适的投资伙伴，但这比较困难，需要较长时间。另外，在国外设立合资企业，审批手续比较复杂，需要时间较长。②很多国家都规定，外资股权不能超过 50%，所以，国外投资者往往不能对合资企业进行完全控制。

（2）国际合作投资。国际合作投资是通过组建合作经营企业的形式所进行的投资。这里的合作经营企业又称契约式的合营企业，是指国外投资者与东道国投资者通过签订合同、协议等形式来规定各方的责任、权利、义务而组建的企业。

国际合作投资的优点有：①进行合作投资所需时间比较短。兴办合作企业的申请、审批程序比较简便，合作经营的内容与方式没有固定格式，便于双方协商，容易达成一致。②进行合作投资比较灵活。合作企业的合作条件、管理形式、收益分配方法以及合作各方的责任、权利、义务划分都比较灵活，可以根据不同情况，由合作各方协商在合同中加以规定。

国际合作投资的缺点主要在于这种企业组织形式不像合资企业那样规范，合作者在合作过程中容易对合同中的条款产生争议，影响合作企业的正常发展。

（3）国际独资投资。国际独资投资是指通过在国外设立独资企业的形式所进行的投资。独资企业是指根据某国的法律，经过该国政府批准，在其境内兴办的全部为外资的独资企业，国际独资投资在东道国一般会有许多限制条件，这是因为东道国一般都会根据国家的经济结构、产业结构等，制定不同的限制措施，以保护本国基础比较薄弱的行业，或国家必须拥有绝对控制权、关系国计民生的重要领域。

国际独资投资的优点有：①进行国际独资投资由投资者自己提供全部资本，独立经营管理，因而在资金的筹集、运用和分配上都拥有自主权，不会受到其他人干涉；②进行独资投资有利于学习所在国的先进技术和管理经验，有利于使投资者在更广大的范围内配置资源和生产能力；③进行独资投资可以利用各国税率的不同，通过内部转移价格的形式，进行合理避税。

国际独资投资的缺点有，①进行独资投资，对东道国的投资环境调查起来比较困难，不太容易获得详细的资料，投资者承担的风险较大；②在许多国家，独资企业设立的条件都比合资企业与合作企业要苛刻，经营范围受到很大限制。

（4）国际证券投资。国际证券投资是指投资者将其资金投资于非本国的公司、企业或其他经济组织所发行的证券上，以期在未来获得收益的投资方式。在国际证券市场上可以供企业投资的证券不仅限于股票和债券，还包括国库券和可转让的票据，如商业票据、可转让存单、银行存兑汇票等。

国际证券投资的优点有，①进行国际证券投资比较灵活方便。证券不像合资经营那样要经过谈判、协商和复杂的审批手续，只要有合适的证券，几乎可以立即进行投资。②进行国际证券投资可以降低风险。国际证券在发行时一般要经过国际公认的资信评估机构确认发行人的资信等级，有的还经过发行人所在国家的政府担保，因而，证券投资的风险一般要比合资、合作、独资投资的风险低。③进行国际证券投资可以增加企业资金的流动性和变现能力。企业持有国际证券，随时可以转让出售变成现金，因而，投资于证券比投资于企业和实物资产更具有流动性。

进行证券投资的缺点是证券投资只能作为一种获得股利或利息的手段，而不能达到学习国外先进的科学技术和管理经验的目的。

2. 国际企业的投资管理决策

企业进行国际投资，比进行国内投资风险更大，因此必须按科学程序进行投资分析和决策。进行国际企业的投资决策一般遵循以下程序。

（1）根据本企业生产经营的需要，决定是否投资。企业进行国际投资应根据自身经营的特点和国际市场状况，提出进行国际投资的设想。企业进行国际投资的动机很多，主要包括：①利用国际投资以谋取更高的投资回报率，获取更多的利润；②利用国际投资有利于占领国际市场；③利用国际投资有利于保证原材料的供应；④进行国际投资有利于取得所在国的先进技术和管理经验。

总而言之，企业的投资动机一般是以上各项因素的综合，但每个投资企业都有其最主要的动机，所以，每个企业都要根据自身的优势，制订相应的投资目标、计划和实施的策略。

（2）进行认真研究和分析，选择合适的国际投资方式。国际投资方式一般有合资经营、合作经营、独资经营、证券投资等多种方式，每种投资方式都有不同的特点，这就需要进行认真的分析和研究，选择最适合本企业需要的投资方式。

（3）选用适当的方法，对国际投资环境进行评价。投资环境，又称投资气候，是指在国外投资时所面临的特定生产经营条件。各国的政治、经济、社会文化条件不一样，从而会对投资效益产生不同的影响，为此，就需要用特定的方法，对投资环境进行研究，以选择投资环境比较好的国家进行投资，减少投资风险，提高投资效益。

（4）利用合适的投资决策指标，对投资项目的经济效益进行评价。对国际性投资项目进行评价，可以采用净现值、内部报酬率、现值指数、投资回收期和获利指数等指标，这些指标的含义和评价方法与国内投资基本相同。但进行国际投资必须采用双重评价法，即先用子公司东道国的货币，对子公司的投资项目进行评价，然后按一定汇率折算成母公司所在国的货币，再从母公司的角度对投资项目的效益进行评价。因此，在对国际性投资项目进行可行性分析时，其过程要比单一的国内投资复杂得多。

（四）国际企业营运资金管理程序

营运资金（Working Capital）是指企业的流动资产减流动负债后的余额。营运资金的管理包括流动资产的管理和流动负债的管理。国内企业流动资金管理的基本原理和方法，同样适合于国际企业的营运资金管理。但是由于国际企业理财环境比较复杂和企业营运资金自身的流动性与易变性，增加了企业营运资金管理的风险，使营运资金的管理更居于重要的地位。

不同的国际企业或同一国际企业在不同的发展时期，其战略目标不同，对营运资金的管理提出不同的要求，但无论其目标怎样变化，国际营运资金管理的最终目标可以概括为：国际企业通过资金在全球的合理流动和有效配置，以期实现各种流动资产持有水平的最优化，保证企业营运资金管理最终目标的实现。因此，营运资金管理的内容包括营运资金的存量管理和营运资金的流量管理两个方面。

营运资金的存量管理主要着眼于各种类型的资金处置。目的是使现金存款、应收账款和存货处于最佳水平。在国内企业中，存量管理的一般原则：以最少的营运资金，从营业活动中获得最大的边际收益。国际企业的管理原则与之类似，但国际商业环境的复杂性决定了国际企业必须立足于全球制定其发展战略，即必须将其资源在全球范围内进行最有效的配置，以实现全球经济效益的最大化。

营运资金的流量管理主要着眼于资金从一个地方向另一个地方的转移，其管理的目的是使资金得到合理的安置，确定最佳的安置地点和最佳的持有币种，以避免各种不可预见的风险和损失。

参考文献

[1] 武育秦，赵彬. 建筑工程经济与管理 [M]. 4 版. 武汉：武汉理工大学出版社，2012.

[2] 邓铁军. 工程项目经济与管理 [M]. 长沙：湖南大学出版社，2015.

[3] 何亚伯. 建筑工程经济与企业管理 [M]. 2 版. 武汉：武汉大学出版社，2009.

[4] 孟新田，刘建生. 工程经济学 [M]. 北京：中国建材工业出版社，2013.

[5] 武育秦，张西平. 建设工程经济与管理 [M]. 重庆：重庆大学出版社，2014.

[6] 张宜松. 建筑工程经济与管理 [M]. 重庆：重庆大学出版社，2014.

[7] 陆歆弘，金维兴. 中国建筑业与国家财政政策 [J]. 土木工程学报，2004，37 (9)：79-82.

[8] 王孟钧，邓铁军. 建筑业发展与建筑经济研究的理性思考 [J]. 建筑经济，2001 (8)：3-5.

[9] 苑东亮，徐德龙，李慧民. 建筑工程项目目标控制研究 [J]. 西安建筑科技大学学报（自然科学版），2010，42 (1)：100-104.

[10] 王晶华. 城市建筑工程造价成本预算仿真研究 [J]. 计算机仿真，2017，34 (4)：415-418.

[11] 项建国. 基于时间价值的工程等值结算模型敏感性分析 [J]. 建筑经济，2008 (7)：96-98.

[12] 张迪，陈大伟. 建筑施工企业安全生产许可制度改革创新研究 [J]. 建筑经济，2018，39 (3)：19-22.

[13] 于莉，王辉玲. 浅析建筑施工企业内部控制制度建设 [J]. 会计之友，2006 (2A)：41-42.

[14] 鲁华英. 现代品质工程的理解与实践 [J]. 中国港湾建设，2019，39 (8)：

85-89.

[15] 曹泽芳，刘笑，宁延. 工程价值特征分析 [J]. 建筑经济，2018，39 (11)：92-97.

[16] 汪丽. 基于价值工程的项目成本控制研究 [J]. 建筑经济，2018，39 (9)：48-51.

[17] 徐剑锋. 基于价值工程的企业价值型财务构建探析 [J]. 财务与会计，2018 (4)：67-68.

[18] 项建国，杨琦，俞慧刚. 基于时间价值的工程施工合同价格价值实现差异分析 [J]. 改革与战略，2008，24 (7)：26-28.

[19] 李丹南. 浅论项目成本管理 [J]. 中国商论，2018 (13)：99-100.

[20] 周绪聪，杨准，陈慧. 浅析化工建设工程施工费用控制和管理 [J]. 天然气化工，2019，44 (2)：104-108.

[21] 高洁. 浅谈工程总承包项目的索赔管理 [J]. 化工矿物与加工，2018，47 (7)：69-70.

[22] 季书战. 大型施工项目财务管理相关问题的几点看法 [J]. 财务与会计，2013 (11)：67-68.

[23] 李俊东. 浅谈国有大型集团企业重大建设项目派驻财务总监督管理模式 [J]. 财务与会计，2013 (10)：45-46.

[24] 张璠. 承包制建筑企业风险资产管理初探 [J]. 会计之友，2013 (22)：39-41.

[25] 孟文华. 对海外工程承包项目资金管理的思考 [J]. 财务与会计（理财版），2013 (9)：62-63.